本书系
绵阳师范学院课题
"近代早期英国单身妇女生存状况探析"
（QD2015B009）
最终成果

曾亚英 著

近代早期英国社会中的单身妇女研究

Single Women in Early Modern England

中国社会科学出版社

图书在版编目(CIP)数据

近代早期英国社会中的单身妇女研究/曾亚英著. —北京：中国社会科学出版社，2020.4
ISBN 978-7-5203-6074-6

Ⅰ.①近… Ⅱ.①曾… Ⅲ.①妇女史学—研究—英国—近代 Ⅳ.①D445.619

中国版本图书馆 CIP 数据核字(2020)第 038024 号

出 版 人	赵剑英
责任编辑	耿晓明
责任校对	李　莉
责任印制	李寡寡

出　　版	中国社会科学出版社
社　　址	北京鼓楼西大街甲 158 号
邮　　编	100720
网　　址	http://www.csspw.cn
发 行 部	010-84083685
门 市 部	010-84029450
经　　销	新华书店及其他书店
印　　刷	北京明恒达印务有限公司
装　　订	廊坊市广阳区广增装订厂
版　　次	2020 年 4 月第 1 版
印　　次	2020 年 4 月第 1 次印刷
开　　本	710×1000　1/16
印　　张	18.25
插　　页	2
字　　数	260 千字
定　　价	85.00 元

凡购买中国社会科学出版社图书，如有质量问题请与本社营销中心联系调换
电话：010-84083683
版权所有　侵权必究

目 录

绪 论 ··· (1)
 第一节 选题的目的与意义 ····················· (1)
 第二节 国内外研究现状 ························ (8)
 第三节 研究思路与理论方法 ·················· (19)
 第四节 重要术语阐释 ··························· (24)

第一章 单身妇女的经济生活 ····················· (27)
 第一节 未婚妇女的经济活动 ····················· (27)
  一 劳动力市场中的未婚妇女 ··················· (27)
  二 未婚妇女的放贷活动 ··························· (35)
 第二节 寡妇的经济活动 ························· (48)
  一 劳动力市场中的寡妇 ··························· (48)
  二 寡妇的放贷活动 ································· (56)

第二章 单身妇女对家庭财产的继承 ············· (65)
 第一节 未婚妇女与家庭财产的继承 ············· (65)
  一 未婚妇女对不动产的继承 ····················· (66)
  二 未婚妇女对动产的继承 ······················· (69)
  三 不动产与动产的相对价值 ····················· (73)
 第二节 寡妇对先夫遗产的继承与管理 ·········· (75)
  一 寡妇对先夫遗产的继承 ······················· (76)
  二 寡妇对先夫遗产的管理 ······················· (84)

第三章 单身妇女的社会影响力 …………………………… (93)
第一节 作为财产占有者和纳税人的单身妇女 …………… (93)
一 单身妇女的财产占有 ………………………………… (93)
二 单身妇女的纳税情况 ………………………………… (99)
第二节 单身妇女的政治影响力 …………………………… (108)
一 女王和单身女贵族的政治影响力 …………………… (109)
二 普通单身妇女的政治活动 …………………………… (119)

第四章 单身妇女的社会交往 ………………………………… (129)
第一节 未婚妇女的社会交往 ……………………………… (130)
一 未婚妇女与原生家庭 ………………………………… (130)
二 未婚妇女与其他亲属 ………………………………… (137)
三 未婚妇女与非亲属间的交往 ………………………… (141)
第二节 寡妇的社会关系网络 ……………………………… (144)
一 寡妇与其直系血亲 …………………………………… (144)
二 寡妇与其他亲属 ……………………………………… (150)
三 寡妇与非亲属间的交往 ……………………………… (155)

第五章 单身妇女的婚姻前景 ………………………………… (160)
第一节 未婚妇女的晚婚与独身 …………………………… (160)
一 导致晚婚或独身的社会环境 ………………………… (160)
二 影响未婚妇女婚姻前景的各类具体因素 …………… (164)
三 有主见的选择 ………………………………………… (169)
第二节 寡妇的改嫁与守贞 ………………………………… (174)
一 寡妇改嫁的社会经济特征 …………………………… (174)
二 寡妇改嫁的变化趋势 ………………………………… (183)
三 促使寡妇守贞的诸因素 ……………………………… (189)

第六章 单身妇女遭遇的司法惩戒 …………………………… (198)
第一节 单身妇女与打击卖淫 ……………………………… (198)

一　伦敦"繁荣"的卖淫景象 ………………………… (200)
　　二　社会对待妓女的严厉态度 ……………………… (210)
　　三　妓女被蓄意地等同于单身妇女 ………………… (215)
　第二节　单身妇女与巫术迫害 ………………………… (219)
　　一　猎巫运动与女性迫害 …………………………… (219)
　　二　男权重构与猎捕单身妇女 ……………………… (223)

第七章　单身妇女的社会形象 ………………………… (234)
　第一节　扭曲的老小姐形象 …………………………… (234)
　　一　作为社会牺牲品的老小姐 ……………………… (234)
　　二　为社会所诟病的老小姐 ………………………… (239)
　　三　老小姐形象转变的缘由 ………………………… (243)
　第二节　好色淫荡的寡妇形象 ………………………… (248)
　　一　有关寡妇的刻板印象 …………………………… (249)
　　二　负面寡妇形象流行的缘由 ……………………… (254)

结论　单身妇女境遇的变革与新的挑战 ……………… (261)

参考文献 ……………………………………………… (266)

后　记 ………………………………………………… (285)

绪　　论

第一节　选题的目的与意义

　　自20世纪六七十年代以来，妇女史在新史学和欧美妇女运动的影响之下蓬勃发展，大量研究机构和相关著述纷纷问世。妇女史以传统史学所忽视的女性群体之经历为研究对象，在重构这些历史失语者面貌的同时，也尝试从新的角度来解读历史，故而对当代史学发展产生了重大影响。时至今日，妇女史研究已历经半个世纪的快速发展。研究者从视妇女为一体，发展到能够比较熟练地区分她们之间的阶级、种族、民族、宗教和地域差异。其中，阶级和种族的区分长期作为妇女史研究的重要分析范畴而备受关注。事实上，还有一类比较隐秘但却对妇女生活影响至深的区分被忽略了，那便是婚姻状态的不同。

　　今天，未婚妇女、妻子和寡妇在法律上享有同样的权利和义务，这让我们很容易忘记婚姻状态之于妇女的重要性。事实上，在某些历史时期和地点，婚姻状态以深刻的方式塑造着女性生活的方方面面。在近代早期的英国，未婚妇女、妻子和寡妇就面临着不同的机遇和限制。法律条文将妻子称为"被掩盖的妇女"（femes coverts）。著名法学家威廉·布莱克斯通在其《英国法释义》中讲到："丈夫与妻子通过婚姻关系在法律上成为一个主体，亦即是说，在婚姻存续期间，妻子在人身上和法律上的存在处于暂时中止的状态，或者至少是在人身上和法律上被丈夫吸收，与之合并，成为他的一部分。妻子在丈夫的保护、庇佑下从事所有活动，……她在婚姻期间的身份被称为受监护者（coverture）"。① 她的"人身、财富、个性、收入和孩子等所有的一切都通过婚姻转到了丈夫的控制之下，他可以随心所欲地要求她的性服务，殴打她或限制她，孩子完全属于父亲"。② 与妻子不同，未婚妇女和寡妇在法律上被称作"单独的妇女"（femes soles），享有独立的法律人格。她们拥有完全的财产所有权，能单独继承和转让财产，也能以自己的名义签订借贷契约；她们也可以独自提起诉讼或是作为被告出席审判；从法律原则来讲，她们甚至还享有选举权。总之，她们的法律地位接近于男人。

除法律权利外，近代早期英国的未婚妇女、妻子和寡妇在其他社会权益上同样也受婚姻状态的影响和制约。就居住权利而言，妻子显然以主妇的身份生活在以丈夫为首的家户当中，协助丈夫维持家户的顺利运转；寡妇作为先夫在世间的代理人则有权接替先夫成为户主；对于未婚妇女来说，她们作为户主的权利却十分有限。她们虽为寡妇人数的两倍，但很少能够建立自己的家户。她们仅占户主总数的1.1%，而总人数更少的寡妇却高达12.9%。③ 在工作权利上，"妻子和寡妇是唯一不受同业公会明文禁止其经济活动的妇女群体"④。妻子通常作为丈夫的帮手参与生产活动，寡妇则有权继承先夫的事业并以自己的名义将之继续下去，有时候她们甚至还能够继承先夫的公职（当然是低级公职）。相比之下，未婚妇女在经济活动中的处境则更加艰辛。她们几乎无权参与同业公会。⑤ 在

---

① ［英］威廉·布莱克斯通：《英国法释义》，游云庭等译，上海人民出版社2006年版，第491页。

② R. B. Shoemaker, *Gender in English Society, 1650 – 1850: The Emergence of Separate Spheres?* London: Longman, 1998, p. 102.

③ Peter Laslett, "Mean Hosehold Size in England Since the Sixteenth Century", in Peter Laslett & Richard Wall, ed., *Household and Family in Past Time*, Cambridge: Cambridge University Press, 1972, p. 147.

④ Vivien Brodsky, "Widows in the Late Elizabethan London: Remarriage, Economic Opportunity and Family Orientations", in Lloyd Bonfield, ed., *The World We Have Gained: Histories of Population and Social Structure*, Oxford: Basil Blackwell Ltd., 1986, p. 142.

⑤ 同业公会是近代早期工商业活动的基本组织形式，类似于中世纪的行会。一般来说城市中的工商业活动基本都受同业公会的管理和限制。

绪 论

职业选择上也遭遇了比妻子和孀妇更多的限制，女仆行业被认为是最适合她们的职业。就领受济贫救济而言，不同婚姻状态的妇女也面临着区别对待。寡妇是最常获得救济的一类人。妻子也可能因为贫穷、疾病或失业等不幸遭遇而获得帮助。未婚妇女却往往被视为"有劳动能力的"或是"不值得"救济的穷人。1552年，南安普敦的圣迈克尔和圣约翰教区的官员分别对4名寡妇、7名男子、4名妻子和16名孩子进行了救济，同时却没有1名未婚妇女获得帮助。①

鉴于婚姻状态在塑造妇女经历上的重要性，本书在将之作为妇女研究中的一种分析范畴展现出来的同时，也力图发掘我们知之甚少的妇女群体——单身妇女（未婚妇女和寡妇）的生活经历。之所以将这类妇女确定为研究对象，还存在如下考虑：

首先，单身妇女人数众多，却没有得到史学家的足够重视。从拉斯莱特（Peter Laslett）对近代早期英国100个农村和城市样本所做的分析来看，寡妇构成了成年女性人口的14.9%，而未婚妇女高达30.2%。② 如此算来，已婚妇女仅略高于50%。在某些时间和地点，未婚和寡居妇女甚至还超过了已婚女性。例如1696年的南安普敦，有34.2%的妇女未婚，18.5%的妇女寡居③，已婚妇女显然已沦为成年女性人口中的少数群体。更何况就一名妇女的人生经历而言，"为人妻"也只是相对较短的一段时光而已。在前工业化时代的英国，男女初婚年龄都相对较高。大多数妇女在25岁甚至更晚的时候才结婚，其婚姻的持续时间往往也很短暂。"在结婚以后的17年左右，有二分之一的英国人都会因丧偶而终结第一次婚姻关系。"④ 如此算来，一名活到60岁的妇女可能仅有20年左右的时间为人妻，而在其余时间里她

---

① Amy M. Froide, *Never Married, Single Women in Early Modern England*, New York Oxford: Oxford University Press, 2005, p.35.
② Peter Laslett, "Mean Hosehold Size in England Since the Sixteenth Century", p.145.
③ Amy M. Froide, *Never Married, Single Women in Early Modern England*, p.2.
④ 许洁明：《十七世纪的英国社会》，中国社会科学出版社2004年版，第129页。

要么未婚，要么寡居。未婚和寡居生涯已然占据她生命中三分之二的时光。如此而言，我们将注意力固着在已婚妇女身上，将她们的经历放大为整个妇女群体之共同经历的做法显然值得商榷。

其次，对单身妇女的考察有助于我们更加全面地理解一些重要的历史概念和历史问题。例如，把注意力集中在未婚和孀居妇女身上将改变我们对英国核心家庭和亲属关系的传统看法。当代的一些家庭史家提出，近代早期的英国在"教会、国家和市场经济的压力"下，家庭核心成员的情感联系不断增强，而亲属和邻里的重要性日趋减淡[1]。但是，如果我们从未婚和孀居妇女的角度来看待这一问题的话，将会得出完全不同的结论。当一名妇女未婚或是寡居时，她可能拥有比已婚人士更加活跃的亲属关系、朋友关系或是邻里关系。这些关系也没有因为近代社会的到来而减弱。对未婚和孀居妇女的研究也有利于我们探知英国女性主义思想的萌生。英国女性主义思想往往被追溯至维多利亚时期，但根据我们对单身妇女的研究来看，这种思想实则在这一时期就初现端倪。这一时期的单身妇女为提高女性的经济、政治和法律权利做出了先驱性的努力。

再次，对单身妇女的研究也能告诉我们许多经济史和社会史方面的信息。在以往的妇女史研究中，除了考察妇女所从事的职业外，我们对于妇女是怎样通过其他手段，如放贷纳税等行为来对社会经济做出贡献的情况还知之甚少，也在很大程度上忽视了这些妇女是如何凭借自己的经济实力和法律身份而发挥社会影响力的事实。对她们的研究则有利于弥补传统妇女史研究中尚未揭露的知识，使我们能够更加全面地认识过去妇女的社会经历。

最后，对单身妇女的研究也展示了对边缘群体的历史建构过程。近代早期的英国社会希望所有妇女都处于男人的领导和控制之下。然而，这种社会观念却很难落实到单身妇女身上。作为没有男

---

[1] ［英］劳伦斯·史东：《英国十六至十八世纪的家庭、性与婚姻》（上），刁筱华译，麦田出版社 2000 年版，第 107—124 页。

绪　论

人控制的女人，她们是父权制链条中的薄弱环节。她们不仅可以独立地生活在男性所控制的家户之外，而且还广泛地参与社会经济和政治生活。她们僭越社会性别藩篱的行为必然引起男权社会的恐慌和忧虑。为了缓解和发泄这种不安情绪，男权社会通过经济、司法和意识形态的手段将之边缘化，以此来警告和教导广大妇女，以期她们能够按照父权社会的要求来塑造自己。

在时段的选择上，本书选取了英国从中世纪向现代社会过渡的时期——近代早期。按照学术界的普遍观点，这大致包括16世纪到18世纪中叶。之所以选择这段时期，原因有二。

第一，近代早期是妇女史研究中的薄弱环节。门德尔森（Sara Mendelson）和克劳福德（Patricia Crawford）就曾指出，虽然在20世纪70年代之后学术界涌现出了很多关注中世纪和19世纪英国妇女的著述，但是中世纪到19世纪之间的妇女史研究似乎落后了，16—17世纪成为妇女史研究中被忽略的黑暗年代。[1]

第二，近代早期是英国历史上相当重要的一段时期，也是单身妇女处境发生改变的时期，对她们的研究有助于更加全面地考察和理解英国的社会转型。

首先，在近代早期，英国持续了好几百年的封建经济逐渐走向解体，新兴资本主义生产关系日渐壮大。随着农业革命和圈地运动的开展，一种新的土地经营方式——租地农场开始在15世纪的英国农村出现。到16世纪中期，租地农场已有相当的发展，约有一半的土地都已经"冲出了旧生产经营结构的樊篱"[2]。至18世纪，英国最终发展成为资本主义大土地所有制国家。[3] 土地经营模式的这一变化致使原本自给自足的小农被成批铲除，流离失所的他们被

---

[1] Sara Mendelson, Patricia Crawford, *Women in Early Modern England, 1550–1720*, Oxford: Clarendon Press, 1998, p.1.
[2] 侯建新：《社会转型时期的西欧与中国》，高等教育出版社2005年版，第140—151页。
[3] 左家燕：《现代化早期英国社会的婚姻与家庭状况研究》，硕士学位论文，天津师范大学，2001年，第21页。

迫沦为工资劳动者（wage labourers）。在城市，中世纪工商业经营的基本单位——家庭作坊也开始被大量使用雇工劳动的手工工场所取代。总之，以家庭为基本生产单位的经济组织模式在近代早期衰落了。生产组织形式的根本性变革给广大妇女带来了巨大的冲击。她们中大部分人，特别是没有丈夫可以依靠的未婚妇女和寡妇不得不进入社会生产劳动领域，从原来依附于家庭的依附劳动者转变为独立的工资赚取者，这不仅在一定程度上增强了经济地位，也开拓了她们的眼界，为下一步的女性权利的争取打下了基础。

其次，英国传统的政治组织形态也发生了不小变化。议会的权力和权威不断提高，个人的权利和自由也得到了尊重和强调。这在一定程度上激发了妇女的维权和参政意识。当然，英国的政治民主化也不是一帆风顺的。4年内战、君主被弑以及激烈的政治争吵轮番上演。正是这种政治发展的动荡性使得长期被排除在外的妇女获得了参政的契机。此外，议会政治的发展也动摇了父权制存在的合理性。在议会君主制建立之前，"家国同构"的理念使得国王的权威与父权制在理论上相互支持。国王的权威总是被类比为家庭中父亲的权威。近代早期国王权威的衰落也必然会引起人们对父权的质疑和批判。正如同时代的玛丽·阿斯特尔（Mary Astell）指出的那样："男人反对国内的专制统治，却主张并实践家庭内的专制统治，那他们不是自私到极点吗？"[1]

最后，伴随经济政治领域所发生的巨大变化，一些新的社会观念和思潮也开始涌现。个人主义在这一时期兴起。根据史东的主张，它大致包括两方面的含义：其一是对个人人格日益加深的内省的关注；其二是对个人自主性的要求以及对个人之于隐私、自我表达以及社会秩序所设定范围内的自由行使个人意志的权利。[2] 这反映在政治上是追求个人人身安全和言论自由，在经济上要求私有财产神圣不可侵犯，在信仰上反对外界的过分干预。除个人主义外，

---

[1] [英]劳伦斯·史东：《英国十六至十八世纪的家庭、性与婚姻》（上），刁筱华译，麦田出版社2000年版，第202页。
[2] 同上书，第185页。

绪 论

人与人之间的平等性在这一时期也得到了强调。霍布斯（Thomas Hobbes）提出，人生来就在精神上和肉体上是平等的。[1] 理查德·欧维顿（Richard Ovinton）也提出质疑："难道我们不是一个上帝创造的，不是由一个耶稣拯救的吗[2]?"这些自由平等的新思想和新观念还随着文艺复兴和宗教改革的深入以及文化教育事业的发展而得到了广泛传播。近代早期是英国教育事业迅速发展的历史时期，女性教育开始受到重视。不仅有更多的教育机构向女性开放，而且接受教育的妇女也在增多。不仅上层妇女，就连"平民妇女现在也可以阅读"[3]。她们所受的教育内容也从原来的音乐、舞蹈、法语等魅力训练拓展到了写作、算术和地理等知识的培养。伴随女性所受教育程度的提高，自由平等这类新思潮在女性群体中自然也得到了相应的传播，进而影响了她们的思想观念和行为举止。玛丽·阿斯特尔和凯瑟琳·奇德利（Katherine Childley）之类的妇女甚至还提出了男女平等的主张。虽然这种对两性关系的全新认识在近代早期还只是零星火花，尚未形成一股社会思潮，但这毕竟昭示着女性自我意识的逐渐觉醒。

此外，受宗教改革的影响，这一时期的婚姻和性观念也发生了显著改变。在宗教改革之前，人们认为婚姻是因无法控制性欲而做出的无奈选择。宗教改革之后，婚姻则得到了前所未有的肯定和赞美。在新教徒看来"婚姻是由上帝在伊甸园中所创造并得到了上帝的祝福，完全是一种合法的存在"。婚姻也不再是低于守贞的次等选择，而是所有人的神圣需要。1549年英国政府所颁布的法令还进一步指出，一种合法的、神圣的婚姻生活要比伪装的贞洁好。[4] 独身不再被视为接近上帝的有效途径，也不再被认为具有比婚姻更高的价值。相反在新教徒看来，独身可能会带来更大的不纯，天主

---

[1] 左家燕：《现代化早期英国社会的婚姻与家庭状况研究》，第24页。
[2] 元振科：《17—18世纪英国社会转型时期婚姻的演变》，硕士学位论文，湖南师范大学，2009年，第48页。
[3] 孔杰：《16至18世纪中期的英国教育》，《开封教育学院学报》2008年第1期。
[4] 蔡骐：《英国宗教改革研究》，湖南师范大学出版社1997年版，第161页。

教修道院中频繁发生的性丑闻便是最好的例证。故而，新教徒不仅鼓励结婚，而且还关闭了英国所有的修道院。在此背景之下，单身日渐为社会所诟病。

在这样一个经济、政治、文化和风俗习惯都发生了巨大改变的历史时期，传统的两性关系也承受着时代的压力。虽然男尊女卑的传统观念在这一时期仍占据主导地位，但社会转型所带来的变化也向传统两性关系发起了严峻挑战。在经济领域，生产组织模式的变化使得更多妇女从依附于家庭的隐形劳动者转变为相对独立的工资赚取者，并在经济领域与男性展开了激烈竞争。在政治领域，近代早期的妇女也显然比中世纪的姐妹们更加活跃。在个人主义和平等观念的影响之下，她们抓住英国政治民主化进程所带来的契机，以多种方式捍卫和实践着自己的政治权利。在意识形态方面，一部分受过教育的妇女还闯入了尤尔根·哈贝马斯（Jürgen Habermas）所称之的"文学公共空间"当中，在男性掌握话语权的世界中公然表达自己的意见和看法。

在这群活跃于政治、经济和文化领域的妇女中，单身妇女显得尤为突出。由于没有丈夫可以依靠，她们比已婚妇女更加广泛地参与经济活动；由于没有丈夫的束缚，她们能够相对自由地涉足政治领域；由于没有丈夫需要照顾，她们可以将更多的时间和精力用于提升自己的学识修养和建立自己的社交网络。她们已然成为了父权制链条中最为薄弱的环节。为此，父权社会动用了种种手段对之进行束缚。不仅在经济活动和财产继承上为难和限制她们，以打击卖淫和巫术指控等司法手段来惩戒她们，而且还建构起负面的社会形象来规训她们。从这一角度来讲，英国的社会转型其实也是一个重构两性关系，强化男性权威的历史过程。

第二节 国内外研究现状

从学术研究现状来看，国内外的妇女史研究主要都集中在已婚妇女身上，对单身妇女的关注还相对欠缺。有关她们的历史信息通

◆ 绪　论 ◆

常作为历史人口统计学、女性犯罪史以及女性职业史的副产品而出现。历史人口统计学者在讨论近代早期英国的生育率时发现，晚婚和独身是影响生育率的重要变量。因此，他们必然要搞清楚单身妇女的人数及其在成年人口中所占的比例。然而，他们所提供的信息基本没有超越人口统计的框架。此外，学者们对诸如卖淫、婚前性行为、私生子、杀婴以及巫术等行为方面的兴趣也会涉及单身妇女。但是，这类研究往往将单身妇女与大量的负面行为联系起来，在一定程度上造成了对她们的偏见。相比之下，有关女性职业和财产权的历史研究给我们提供了相对更多的信息。这主要是因为绝大多数妇女在结婚之前都会工作一段时间，且寡妇往往也需要通过工作来谋得生存。在家庭财产的继承上，未婚妇女及寡妇也是相当重要的继承人。对她们的继承概率、继承份额和遗产类型的考察，也有利于我们窥视单身妇女的经济处境。

第一本关注前工业化时期欧洲未婚妇女生活经历的史学著作——《欧洲历史上的未婚妇女，1250—1800》[①] 直到 1999 年才问世。此书由科瓦雷斯基（Maryanne Kowaleski）、法曼（Sharon Farmer）、斯图亚特（Susan Mosher Stuard）、卡拉斯（Ruth Mazo karras）、克鲁格（Roberta L. Krueger）、维斯娜（Merry. E. Wiesner）、霍伊纳茨卡（Monica Chojnacka）、弗若伊德（Amy M. Froide）、亨特（Margaret R. Hunt）和兰泽（Susan S. Lanser）十位大家共同撰稿。科瓦雷斯基从人口统计学的角度讨论了中世纪和近代早期欧洲未婚妇女的人数是怎样随着文化体制、经济变化、社会阶层以及持有财富的不同而上下波动的。卡拉斯揭示了在中世纪欧洲有过性行为的未婚女往往面临着被等同于妓女的危险，并指出这种联系还一直持续到了近代早期。弗若伊德、亨特和兰泽则主要探讨了英国未婚女的生活经历。弗若伊德展示了近代早期英国未婚女和寡妇在居住、工作机会和济贫救济上遭遇了怎样的区别对待。亨特对女同性恋史进行了开创性

[①] 参见 Judith M. Bennett & Amy M. Froide, *Single Women in the European Past*, *1250 - 1800*, Philadephia: University of Pennsylvania Press, 1999.

的研究。她发现18世纪的女同性恋者多来自忙碌谋生的中下阶层，而不是富裕闲暇的贵族妇女。兰泽则探讨了18世纪英国社会对待老小姐的拒斥态度与民族国家兴起之间的关系。《欧洲历史上的未婚妇女，1250—1800》对妇女史研究的影响是巨大的。它揭露了欧洲历史上被遗忘的一类妇女之生活经历并指明了妇女史研究的新方向。

在此书的影响之下，关于这一时期英国未婚妇女的著述逐渐出现。夏普（Pemela Sharpe）以个案研究的形式向我们展示了未婚妇女独身的原因及其独立的不确定性。在夏普看来，未婚妇女即便拥有经济的独立甚至是性生活的自由，也不能够从家庭的束缚中彻底摆脱出来。父亲和兄长可能因为家庭经济状况的波动和贪欲而迫使她们推迟结婚甚至是反对她们结婚。[1] 斯皮克斯雷（Judith M. Spicksley）考察了17世纪英国未婚妇女活跃的放贷活动。[2] 拉森（Ruth Larsen）则以约克郡五个大贵族家庭中的未婚妇女为例，证实了未婚女贵族在政治、宗教、慈善和投资活动中所扮演的积极角色。[3] 2001年，希尔（Bridget Hill）出版了关于英国未婚妇女的第一本专著——《独身妇女：1660—1850英格兰的老处女》。书中，希尔讨论了在农业、手工业、商业和服务行业中年纪较大的未婚妇女——老处女的经济处境，此外还关注了她们卷入犯罪的情况以及其宗教、娱乐和休闲活动。[4] 虽然希尔在导言中追溯了"老处女"这一概念的发展变化并介绍了学者们对此概念的界定，但她却没能够准确地给出自己在著作中所使用的"老处女"一词的含义，而是将"老处女""单身妇女"及"未婚妇女"混淆使用。她的研究也

---

[1] 参见 Pamela Sharpe, "Dealing with Love: The Ambiguous Independence of the Single Woman in Early Modern England", *Gender and History*, Vol. 11, No. 2, 1999, pp. 209 – 232.

[2] 参见 Judith M. Spicksley, "Fly with a Duck in Thy Mouth: Single Women as Sources of Credit in Seventeenth-century England", *Social History*, Vol. 32, No. 2, 2007, pp. 187 – 207.

[3] 参见 Ruth Larsen, "For Want of a Good Fortune: Elite Single Women's Experiences in Yorkshire, 1730 – 1860", *Women's History Review*, Vol. 16, No. 3, 2007, pp. 387 – 401.

[4] 参见 Bridget Hill, *Women Alone: Spinsters in England, 1660 – 1850*, New Haven: Yale University, 2001.

绪 论

不是以档案为基础的原创性著述,而几乎是在二手资料的基础上合成的。继希尔之后,弗若伊德对英国城镇中的未婚妇女做出了扎实的研究。在《未曾结婚：近代早期英格兰的未婚妇女》①一书中,弗若伊德依靠广泛的原始资料,特别是遗嘱、城市档案以及日记和信件等材料,向我们展示了一幅明朗的、有血有肉的近代英国中产阶级未婚妇女的肖像画。弗若伊德证实了这些妇女拥有广阔的社会关系和独立的经济能力,也揭示了未婚妇女的晚婚和独身可能是其主动选择的结果而不是全然的被动接受。然而,弗若伊德的著作主要局限于城镇中的中产阶级未婚妇女,并且她可能也过于乐观地看待这一阶层中未婚妇女的处境。毕竟,那些取得生意成功的、发挥着社会影响力、具有自主意识的未婚妇女只是少数。

相比未婚妇女,寡妇吸引了更多历史学家的目光。自20世纪70年代伊始,国外学术界就持续关注近代早期英国寡妇的境况,尤其是她们的改嫁行为。托德（Barbara J. Todd）、布罗茨基（Vivien Brodsky）和博尔顿（Jeremy Boulton）在这一问题上进行了比较深入的探讨。②托德以阿宾顿地区为例,分析了寡妇的改嫁率、改嫁速度、改嫁寡妇的社会经济特征,同时也分析了不利于寡妇改嫁的各类因素。后两位学者则探讨了伦敦寡妇的改嫁情况。在布罗茨基看来,匠人和商人遗孀是最倾向于改嫁并且改嫁速度也最快的,上层孀妇和劳工遗孀则很少改嫁。对此,博尔顿提出了不同意见。他以伦敦东区的斯特普尼教区为例,证明了在这一最贫穷的教区中寡妇的改嫁率却是前工业化时代所有社区中比率最高的。除改嫁问

---

① 参见 Amy M., Froide, *Never Married, Single Women in Early Modern England.*
② 参见 Barbara J. Todd, "The Remarrying Widow: A Stereotype Reconsidered", in Mary Prior, ed., *Women in English Society, 1500 – 1800*, London: Methuen & Co. Ltd., Amy M. Froide, 1985. Vivien Brodsky, "Widows in the Late Elizabethan London: Remarriage, Economic Opportunity and Family Orientations", in Lloyd Bonfield, ed., *The World We Have Gained: Histories of Population and Social Structure*, Oxford: Basil Blackwell Ltd., 1986; Jeremy Boulton, "London Widowhood Revisited: The Decline of Female Remarriage in the Seventeenth and Early Eighteenth Centuries", *Continuity and Change*, Vol. 5, No. 3, 1990, pp. 323 – 355.

题之外，寡妇对家庭财产的继承也吸引着学者们的浓厚兴趣。艾瑞克森（Amy Louise Erickson）在其《近代早期英格兰的妇女与财产》中，分别讨论了当先夫留有遗嘱和未立遗嘱而亡时，寡妇被指定为遗嘱执行人或作为遗产管理人的可能性，同时也分析了她们所继承财产的类型及其所受的限制。通过研究，艾瑞克森发现无论先夫是否立有遗嘱，寡妇对家庭财产的继承在17世纪末开始减少，妇女在寡居期间的经济地位比以前更加薄弱了。[1] 2010 年，沃尔（Richard Wall）对1500—1849 年间英国姓氏为法勒（Farrer）的已婚男人所制定的遗嘱做出细致分析后也发现了相同的变化趋势。[2] 另外，有关寡妇文学形象的讨论也是研究热点之一。雷文（Richard Levin）、克拉克（Ira Clark）、卡尔顿（Charles Calton）和帕内克（Jennifer M. Panek）等人均指出，近代早期的大众文学塑造了一个好色淫荡的寡妇形象。[3] 雷文发现，近代早期的戏剧倾向于以"意志薄弱"来形容寡妇。用在寡妇身上的"意志薄弱"不像用在男人身上那样是指人类普遍存在的缺陷，而是专指寡妇不能控制自己的性欲，是淫荡的代名词。克拉克分析了都铎和斯图亚特王朝时期戏剧中追求寡妇的情节。在这类情节中寡妇往往被刻画成一个渴望性爱的淫妇。卡尔顿也发现，在16世纪的戏剧、笑话和故事中存在一个严重违背历史真相的、急于改嫁的寡妇形象。对此，帕内克在《近代早期英国喜剧中的寡妇与其追求者》中进行了详尽讨论。虽然帕内克所关注的主题并不新鲜，但是她通过运用戏剧、行为指

---

[1] Amy Louise Erickson, *Women and Property in Early Modern England*, London: Routledge & Kegan Paul plc., 1993.

[2] 参见 Richard Wall, "Bequests to Widows and Their Property in Early Modern England", *The History of the Family*, Vol. 15, No. 3, 2010.

[3] 参见 Richard Levin, "Frailty, Thy Name Is Wanton Widow", *Shakespeare Newsletter*, Vol. 55, No. 1, 2005; Ira Clark, "The Widow Hunt on the Tudor-Stuart Stage", *Studies in English Literature, 1500 - 1900*, Vol. 41, No. 2, 2001, pp. 399 - 416. Charles Carlton, "The Widow's Tale: Male Myths and Female Reality in 16th and 17th Century England", *Albion: A Quarterly Journal Concerned with British Studies*, Vol. 10, No. 2, 1978, pp. 118 - 129; Jennifer Panek, *Widows and Suitors in Early Modern English Comedy*, Cambridge: Cambridge University Press, 2004.

绪 论

导手册及民歌等文学资料和扎实的史学知识给我们提供了有关寡妇文学形象与寡妇地位方面的卓越见解。在帕内克看来，近代早期喜剧中流行的淫荡寡妇形象不是社会反对寡妇再婚的证据，而是男人用来平衡其内心忧虑的一种方法，因为寡妇在经济、性和性别秩序上对男人构成了威胁。

虽然国外学术界对寡妇生活经历的关注较早，也从多个角度进行了考察，但是有关英国寡妇的史学著作大都是关于中世纪的。迄今为止，还没有一部完全以近代早期英国寡妇的生活经历为研究对象的著作出现。仅有卡瓦略（Sandara Cavallo）与华纳（Lyndan Warner）主编的《中世纪和近代早期欧洲的鳏寡者》[①]给予了近代早期英国寡妇相对较多的关注。书中将三分之一的篇幅都用于描述近代早期英国寡妇的生活经历，所涉及的主题除了再婚和家庭财产的继承外，斯特雷顿（Tim Stretton）还开拓了一个新的研究主题——寡妇与法庭诉讼。斯特雷顿发现，在整个都铎和斯图亚特王朝时期，成千上万的寡妇在各类法庭中以法律为武器去争取或维护自己的各项权益，但她们同时也必须克服大量来自法律、经济和社会文化上的障碍。夏普则致力于揭露寡妇在申请济贫救济时所采用的策略。夏普指出，寡妇想要获得救济不仅需要像其他群体那样表明自己经济窘迫，而且还要强调自己没有改嫁并拥有良好的名声。这样的申请方式使得济贫救济成为一种控制手段，在很大程度上约束了寡妇的行为并强化了她们的弱者形象。虽然《中世纪和近代早期欧洲的鳏寡者》并不能够系统地展示近代早期英国寡妇的生活经历，但也为我们的研究提供了一些新的视角。

在有关未婚妇女和寡妇的史学研究都相对薄弱的情况下，将二者的生活经历结合起来并进行比较研究的著述更是屈指可数。近期的一些妇女史著述开始以人生阶段为脉络进行叙述，因而给未婚妇女和寡妇留下了一席之地。例如门德尔森和克劳福德于1998年所著的

[①] 参见 Sandara Cavallo & Lyndan Warner, eds., *Widowhood in Medieval and Early Modern Europe*, Harlow: Pearson Education Limited, 1999.

《近代早期英格兰的妇女》① 中有将近20页都是关于未婚妇女和寡妇的。赫夫顿（Olwen Hufton）主编的《她的前景：西欧妇女史》② 中，也对近代早期欧洲的未婚妇女和寡妇有所涉及。然而由于研究主题的限制，这些妇女史著述基本只是对未婚妇女和寡妇的生活经历进行概略性的描述，并没有对二者进行深入研究和系统比较。安陶尔（Laurel Amtower）和凯勒（Dorothea Kehler）主编的《中世纪和近代早期英格兰的单身妇女：她的生活与表现》③ 一书讨论了近代早期英国社会各种不同类型的单身妇女——独身妇女、寡妇和未婚女仆的生活经历，并解释了这些妇女为何会被社会视为一种威胁。美中不足的是，该书是由学术论文汇编而成，因此文章间缺乏必要的逻辑性和关联性，自然也没能对这些不同类型的单身妇女进行比较。

就目前学术界的情况来看，意识到了婚姻状态之于妇女的重要性并对拥有相同法律身份的未婚妇女和寡妇进行过比较的学者只有赫夫顿、沃尔和弗若伊德。④ 赫夫顿对18世纪英国和法国的中下层未婚妇女与寡妇所面临的工作机会和生活策略进行了对比研究。她提出，未婚妇女和寡妇在诸多方面存在着相似性：为了维持生活她们可能同时做着几份工作并且采取"类聚"的方式来降低生活成本，她们均处于社会压力的最前端。同时，她也揭示了二者之间所面临的不同境遇：社会承认寡妇继承先夫财产和工作上的权利，但是却为难未婚妇女。沃尔则以未婚妇女和寡妇的纳税情况为视角对

---

① 参见 Sara Mendelson, Patricia Crawford, *Women in Early Modern England, 1550 – 1720*.

② 参见 Olwen Hufton, *The Prospect before Her: A History of Women in Western Europe*, Vol. 1, New York: Alfred A. Knopf, 1998.

③ 参见 Laurel Amtower & Dorothea Kehler, *The Single Woman in Medieval and Early Modern England: Her Life and Representation*, Tempe: Arizona Center for Medieval and Renaissance Studies, 2003.

④ 参见 Olwen Hufton, "Women Without Men: Widows and Spinsters in Britain and France in the Eighteenth Century", *Journal of Family History*, Vol. 9, No. 4, 1984. Richard Wall, "Widows and Unmarried Women as Taxpayer in England before 1800", *The History of the Family*, Vol. 12, No. 4, 2007. Amy M. Froide, *Never Married, Single Women in Early Modern England*.

◈ 绪　论 ◈

二者进行了简单比较。沃尔发现，未婚妇女和寡妇在各类纳税名单中的实际占比都远低于根据人口统计所推测出来的应占比例。其中，未婚妇女所占的比例更为低下，这反映了她们所占有或拥有的财产更加微薄。相比赫夫顿和沃尔而言，弗若伊德对未婚妇女和寡妇进行了更加系统的研究。在其著作《未曾结婚：近代早期英格兰的未婚妇女》中，她花了整整一章来论述二者的差异。在弗若伊德看来，未婚妇女和寡妇在居住权利、工作机会和济贫救济上都存在明显的差异。未婚妇女在这三方面的处境都比寡妇艰难。她们很少能享有作为户主的权利，在工作机会上更受限制，就连获得济贫救济的机会也低于寡妇。当然，现实生活中这些差异通常是可以弥补的。对未婚妇女来讲，社会虽然希望她们作为依附者生活在以男人为户主的家户当中，但是她们往往可以凭借自己的年龄和财力而独立门户，贫穷的未婚妇女也可以通过"类聚"的居住模式来摆脱作为家户依附者的角色。与此同时，寡妇虽然有成为户主的权利，但是对于一些穷寡妇来说，她们可能因无力建立自己的家户而不得不依附在他人的家户当中或者像贫穷未婚妇女那样采取"类聚"的居住模式。在工作权利上，一方面未婚妇女可以通过缴纳更高的特许费而加入同业公会，另一方面，有权从事这些行业的寡妇可能也会因公会的刁难或自身原因而退出。因此，绝大部分寡妇和未婚妇女所从事的工作都是相似的，集中在低报酬、低技术含量、低稳定性和高劳动强度的传统女性行业当中。在济贫救济方面，未婚妇女得到救济的可能性虽然更小，但是当她们年老、生病、怀孕或打算结婚时也容易得到教区的帮助。如果是由未婚妇女施以慈善援助时，她们往往更加关心与之处于相同婚姻状况的姐妹，这在一定程度上补偿了未婚妇女在济贫救济上的劣势处境。最后，由于未婚妇女和寡妇都没有丈夫，因此一些未婚妇女还可以借此伪装成寡妇。当然，弗若伊德指出未婚妇女和寡妇的相似性并不是要否认她们之间的差别，而是为了更加清楚地认识到问题的复杂性。

　　受研究兴趣和研究资料的限制，国内学术界主要将注意力集中在中国妇女史方面，对西方妇女史的研究还显得相对薄弱。这不仅体现在有关西方妇女史的研究主题还比较狭窄上，而且也反映在对妇女群体的多样性认识不足上。就英国妇女史而言，国内学术界的研究主要集中在如下几个主题上：一是婚姻与家庭；二是就业问题；三是选举权问题；四是社会形象和社会地位问题。在对英国妇女群体的区分上，学者们普遍将阶级视为最重要的分析范畴，而很少关注她们之间在婚姻状态上的差别。在这一学术背景之下，有关英国单身妇女的历史信息显得尤为缺乏。我们只能在近期的一些通史类和主题性著述中获得些许零星的信息。

2009年，裔昭印广泛依据外国史料，第一次对西方妇女的发展历程做出了深入系统的阐述。在她所著的《西方妇女史》①中，裔女士对于不同历史时期，不同阶层的女性群体进行了细致研究。其中，也不乏单身妇女的信息。在对猎巫运动的考察中，裔女士就指出猎巫运动所迫害的女性主要都是年老的、贫穷的单身妇女。虽然裔女士所采用的史料主要源自德国、法国和苏格兰，所论及的地理范围也不局限于英国，但是她在论述中所使用的社会性别理论和方法却值得我们借鉴。在她看来，猎巫运动是男权社会为了强化对单身女性的控制和巩固男性权威而采用的一种手段。在王萍对英国女性形象的历史考察中我们也能发现单身妇女的相关信息。王女士在《现代英国社会中的妇女形象》②中概述了年龄较大的未婚妇女之大致情况，包括她们的人数、工作情况以及社会对待她们的态度。在王女士看来，这类未婚妇女的处境相当糟糕，因为她们如果不愿意或者无法靠家庭成员的施舍过活的话，那么就不得不在十分狭窄的工作领域中艰难谋生并承受社会舆论对她们的敌视。由于研究主题的原因，王女士在其近300页的著作中仅给这类妇女留下了5页的空间，所涉及的也主要是19世纪中产阶级未婚妇女的情况。在有关妇女职业史的考察中，我们也能获得一些有关单身妇女的信息。例如在谢敏对17—18世纪中期英国城市家庭女仆所做的研究

---

① 参见裔昭印《西方妇女史》，商务印书馆2009年版。
② 参见王萍《现代英国社会中的妇女形象》，江苏人民出版社2005年版，第58—62页。

绪 论

中，我们能比较详细地了解年轻未婚妇女的生存状况。① 国内对妇女财产权方面的研究则给我们提供了目前有关单身妇女最丰富的历史信息。周静女士在对18世纪英国妇女财产权的讨论中虽然没有明确以婚姻状态来区分妇女，但实际上也考察了未婚妇女、已婚妇女以及寡妇的财产继承权。作者提出，随着资本主义生产关系的发展，妇女开始获得财产的独立和处理财产的自由。② 徐慧女士对近代早期英国妇女财产权的研究则明确以婚姻状态来区分未婚妇女、妻子和寡妇在家庭财产继承上的境况。在徐慧看来，无论是处于哪一种婚姻状态中的妇女，她们都得到了慷慨的对待，她们获得的份额通常比普通法所规定的更大。③

虽然近代早期英国未婚妇女的生活经历鲜少引起国内学术界的重视，但是对寡妇的生活境遇，特别是她们的改嫁情况的讨论却开始较早。俞金尧和林中泽曾分别对中世纪晚期到近代早期西欧寡妇的再婚情况做出过论述。④ 俞金尧认为，在中世纪晚期和近代早期的欧洲，寡妇人数多，改嫁率较高，改嫁速度也快。在俞先生看来，这与欧洲比较开放的文化和舆论氛围、寡妇自身所拥有的财产和处置财产的权利、时代的经济体制以及现实生活的艰辛密不可分。林中泽先生的看法恰好相左。他认为虽然在当时的欧洲有不少寡妇改嫁，但是更多的寡妇却选择孀居。这是基督教传统对再婚的不赞同、社会习俗给再婚所设置的障碍以及寡妇的经济能力所带来的结果。二位学者的论述无疑是智者之见，但是二位先生均忽略了寡妇改嫁行为与地域环境和社会阶层之间的重要联系。2009年，

---

① 参见谢敏《17世纪到18世纪中期英国城市家庭女仆生存状况研究》，硕士学位论文，武汉大学，2005年。
② 参见周静《浅谈18世纪英国妇女财产权》，硕士学位论文，中国政法大学，2005年。
③ 参见徐慧《近代早期英格兰妇女财产权研究》，硕士学位论文，河南大学，2011年。
④ 参见俞金尧《中世纪晚期和近代早期欧洲的寡妇改嫁》，《历史研究》2000年第5期；林中泽：《中世纪和宗教改革时期西欧寡妇状况探析》，《学术研究》2004年第9期。

臧书磊和颜国芳又撰文描述了近代早期英国寡妇的生活状况。① 文中，二位学者分析了近代早期英国寡妇人数众多的原因，考察了不同社会阶层寡妇的生活状况，同时也讨论了寡妇的改嫁行为。在二位学者看来，经济条件是寡妇改嫁的重要变量。他们认为贫穷的寡妇很少改嫁，而富裕的寡妇则是最乐于改嫁的群体。

基于对国内外有关单身妇女研究状况的梳理，我们可以发现以下几点不足：第一，在国外学术界，学者们虽然意识到了婚姻状态在塑造过去妇女生活上的重要性并在此基础上从多个角度对近代早期英国未婚妇女和寡妇的生活境遇进行了探索，但缺乏对二者的系统研究和比较。第二，受后现代女性主义思潮的影响，国外学者们似乎过于强调未婚妇女和寡妇之间的差异性，而忽视了她们之间的诸多相似或相同之处。第三，就国内学术界而言，学者们对单身妇女的关注还十分薄弱，系统的研究尚未起步。

综上，本书旨在将婚姻状态作为妇女史研究的一项重要分析范畴展示出来，同时探讨我们目前仍然了解甚少的两类妇女——未婚妇女和寡妇的生活经历。笔者将揭示未婚妇女和寡妇的不同生活经历，不仅限于弗若伊德所提出的居住、工作权利和济贫救济这三个方面。事实上，未婚妇女与寡妇在社会关系网络、经济活动、家庭财产的继承以及社会影响力等诸多方面都存在一定差异。同时我们也将证实，作为没有丈夫的女人，她们又分享着一些共同经历。她们在工作权利上虽然存在着差异，但主要都集中在低技术、低报酬、低稳定性和高劳动强度的传统女性行业当中；相比已婚妇女，她们也都更加积极地参与营利性的放贷活动；作为法律上的独立个体，她们也像男性公民那样担负起国家和地方的税收；由于没有丈夫的约束，她们比已婚妇女更加自由地投入到各类政治活动中；她们所建构的社会关系网络也主要是以女性，特别是单身女性为中心。这些僭越"性别空间"的行为显然威胁到了传统的两性秩序和

---

① 参见臧书磊、颜国芳《试析英国近代早期寡妇的生活状况》，《湛江师范学院学报》2009 年第 4 期。

男性权威，故而招致父权社会的不满和敌视。为了清除和规训这些不符合社会性别规范的女性，父权机制加强了运作，从经济、司法和意识形态等方面强化了对妇女的控制。因而从女性主义的视角来看，英国的现代化不仅仅包括经济基础和社会结构的重建，而且也包括对两性秩序的整顿和男权的维护。在重构两性关系的过程当中，未婚妇女和寡妇因其"独立"性而被置于压力的最前端，遭受着最为严厉的规训和惩戒。

第三节　研究思路与理论方法

在研究理论上，本书主要运用了父权制理论与差异理论。父权制也称男权制，它表示男性占统治地位的两性不平等制度。这原本是一个社会学概念，是指一种社会结构，在这种结构中父亲就是家长。当女性主义者将这一概念引入到女性主义研究中时，对此注入了新的解释。美国著名女性主义学者贝纳特（Judith Bennett）指出父权制一词虽然源于男性在家庭中的统治地位，但是其含义现在已经扩展到了泛指一切不平等的制度。[1] 在具体的阐释上，不同的学术流派对父权制的界定又有所差异，但是这一理论大致包括以下几个方面的内容。第一，它是一种男性统治。男性的权威不仅仅展现在政治、经济、法律、宗教、教育和军事等公共领域，也表现在家庭领域。第二，是对男性的认同。传统文化总是将好的和正常的标准与男性和男性气质相联系，而将相反的含义赋予女性，从而使女性成为偏离主流社会文化规范的人，成为"他者"。第三，是将女性客体化。在男性事务和交易中，限制和阻碍女性的创造力，不让女性接触社会知识和文化成就。在意识形态上将女性摆在次等的位置上，贬低女性所扮演的社会角色。第四，父权制的思维模式。这包括非此即彼的二元思考方式，忽略了中间状态。[2] 简而言之，父

---

[1] Judith Bennett, "Feminism and History", *Gender and History*, Vol. 1, No. 3, 1989, p. 254.

[2] 李银河：《女性主义》，山东人民出版社2005年版，第6—7页。

权制可以被解释为一种普遍的社会体制或者是接受、强化或是建构男子霸权的一系列体制安排。它既体现在宏观层面的,如经济、政治和军事等公共领域上,也体现在两性之间的一切关系上,如家庭生活和性活动等私人关系上。它揭示了男性对女性的压迫和男女之间不平等的社会权利分配。父权制被视为人类集团中的一种基本权力制度,也被作为女性受压迫的根源加以对待。贝纳特就曾断言,研究妇女史必须要研究父权制的形成和发展。[1]

差异理论也是本书研究中所使用的一个重要理论。差异理论是当今女性社会学研究中的一个重要分析范畴,在西方已经成为"衡量女性研究是否成功的新标准"[2]。这种差异不仅可以用来分析男女之间的不同,而且也可以用来分析同一性别在种族、民族、国家、阶级、阶层和性行为方面的差异。在这一理论的使用上,多元文化女性主义者起到了先锋带头作用。她们与后现代女性主义者一样,坚持人类群体的多样化,弃绝女性沙文主义。这类学者认为,在一个国家内部并不是所有的妇女生来就是平等的或是被认为是平等的。她们之间因为自己所属的种族、阶级、婚姻状态、受教育程度、宗教信仰、职业以及性取向的不同而经历着不一样的压迫,她们所面临的问题也是不一样的,而这种差异恰恰被传统女性主义者所忽略。在传统的女性主义理论家看来,只要在面对男人时维持妇女的同一,又在妇女内部维持同一,就可以克服对妇女的压迫。换句话说,在她们看来,如果所有的人都是同样的,那么所有的人都将是平等的。对此,斯佩尔曼(Elizabeth Spelman)在《无关紧要的妇女:女性主义思想中的排斥问题》一书中进行了批判。斯佩尔曼认为传统的女性主义理论家没有认识到,否定人的差异和否定人的同一,都同样可能造成对人的压迫。因为如果一味地强调妇女之间的同一性,那么某些不具备这些特征的妇女事实上将不会被当成

---

[1] Judith Bennett, "Feminism and History", *Gender and History*, Vol.1, No.3, 1989, pp.254–267.

[2] 刘霓:《西方女性学——起源、内涵与发展》,社会科学文献出版社2001年版,第83页。

绪　论

妇女来对待。斯佩尔曼敦促当代女性主义理论家不要掩盖妇女之间的差异，不要认为所有不同经历的妇女都可以将自己融汇到"妇女"这一类别当中，并且在这一类别中将彼此的差异消融掉。[①] 差异理论虽然让我们认识到了妇女群体的多元性，但是由于对差异的强调也牵扯到了一些更加复杂的问题。例如强调差别可能会将个人的经验放在首位，从而导致某种形式的"身份政治学"的出现，致使我们无法对妇女做出任何概括性的论断。米斯（Maria Mies）和希瓦（Vandana Shiva）就提出"过分强调'差异'，这会使人们看不见所有的共同性，更加难以展开交流"[②]。尽管存在这样的危险性，我们也不能将差异理论视为是一种威胁，而是应该将这种差异的强调控制在一定的"度"内，以期更好地挖掘妇女之间的差异性和共性，从而多角度、多侧面地分析妇女的生活状况。

在内容结构的安排上，本书将分七章进行阐述。在第一章和第二章，笔者主要考察单身妇女的经济来源。在第一章"单身妇女的经济生活"中，笔者比较了未婚妇女和寡妇所享有的不同工作权利。理论上，寡妇在所有妇女群体中享有最为广阔的经济权利。她们可以继承先夫的公会成员身份和低级公职，在其他临时性的工作中也更容易得到官方的帮助。未婚妇女则是原则上最受限的一类人。她们只能扮演依附性的经济角色。女仆行业更是被认定为最适合她们的职业。然而在实际生活当中，寡妇和未婚妇女却都因男权的压制而集中在"三低一高"[③]的行业当中。此外，我们还探讨了在更加"消极"的经济活动（passive ecenomic）——放贷活动中未婚妇女和寡妇的参与情况。在近代早期的英国，未婚妇女和寡妇都积极参与放贷活动。她们不仅仅放贷给私人，而且还借款给政府。相较而言，未婚妇女不仅比寡妇更乐于放贷，而且还贷出了个人动

---

① ［美］罗斯玛丽·帕特南·童：《女性主义思潮导论》，艾晓明等译，华中师范大学出版社2002年版，第318页。
② Maria Mies & Vandana Shaiva, *Ecofeminism*, Halifax: Fernwood Publishing Co. Ltd., 1993, pp. 10 – 11.
③ 三低一高是指低技术、低报酬、低稳定性和高劳动强度。

产中的更大比例。这一现象的出现，不仅在于未婚妇女对现金的需求量更小，而且也在于社会对未婚妇女参与"消极"经济活动的支持，更是与未婚妇女所继承的家庭财产类型相关——她们更容易得到现金遗赠，故而增加了她们投身放贷活动的可能性。在第二章"单身妇女对家庭财产的继承"中，笔者就分别考察了未婚妇女和寡妇在家庭财产继承上的处境。作为一个父权制国家，英国在继承体制上明显偏爱儿子，土地更多地是由儿子而不是由女儿继承。但是，这种偏爱并没有延伸到对动产的划分上。女儿通常得到了更多的动产，因而在一定程度上平衡了儿子在不动产继承上的优势地位。相比之下，寡妇通常继承了比子女更多的家庭财产。她们比子女更多地成为先夫的遗嘱执行人和遗产管理人，也继承了更多的不动产和动产。虽然这种有利情形在17世纪晚期开始遭到削弱，男性越来越多地将财产遗赠给了子女，特别是儿子，但是寡妇仍然是主要的受赠人之一，并且明显比女儿更容易继承家庭财产。

　　凭借经济活动和遗产继承所得来的财富，单身妇女在社会上发挥着一定的影响力。在第三章"单身妇女的社会影响力"中，我们首先讨论了未婚妇女和寡妇占有财产和缴纳税收的情况。在近代早期，占有财产的未婚妇女和寡妇并不罕见。但相比男人而言，她们所占有的财产通常更少，这直接造成了她们在纳税人中所占的比例远远低于人口实际比例。如果进一步将未婚妇女和寡妇的情况作一比较的话，我们将发现无论是在财产占有还是在国家和地方税收的承担上，未婚妇女都逊色于寡妇。这也表明未婚妇女远比寡妇更加贫穷。其次，我们还考察了未婚和孀居妇女参与政治活动的情况。女王和女贵族是女性参与政治的典型代表。虽然她们享有的政治权利几乎都源于出生和血统，但是没有丈夫的束缚可以让她们更加完整地、更加自由地享受自己的权利。从大众层面来说，一些单身妇女凭借自己独立的法律身份、依靠自己所掌握的财富而积极投入到多种类型的政治活动当中。她们努力获取公职并试图参加选举，也进行着宗教和政治性质的效忠宣誓，在内战期间还积极投身革命活动。

◆ 绪　论 ◆

　　在考察了单身妇女在公共领域的表现之后，我们转而探讨她们的私人生活。在第四章"单身妇女的社会关系"中，笔者通过遗嘱、日记、通信以及回忆录等资料，勾勒出未婚妇女和寡妇的社会关系网络。虽然这些妇女没有或是丧失了对个体来说相当重要的社会关系——与配偶的关系，但这并不意味着她们是孤苦无依的。相反，无论是未婚还是孀居妇女都拥有相当广阔的社会关系网络。与已婚人士相比，单身妇女并没有将注意力局限在自己的核心家庭上，而是与兄弟姐妹、侄儿侄女、叔叔阿姨甚至是堂表兄弟姐妹及其他远亲都保持着有效互动。同时，她们也与邻里朋友维系着重要联系。她们所建构的社会关系网络还明显以女性为中心，尤其偏爱单身女性。第五章"单身妇女的婚姻前景"则探讨了妇女晚婚或是独身的原因，也探讨了影响寡妇守贞或是改嫁的因素。通过分析，我们发现单身妇女的情感状况并非完全属于个人问题，事实上它也受社会大环境，包括社会的经济状况、社会舆论、人口比例和地域环境等因素的影响。当然我们也不能忽略单身妇女的个人意愿，她们中不乏为了自己的独立和自由而主动摈弃婚姻的人。

　　第六章和第七章讨论了单身妇女在父权社会中所承受的社会压力和束缚。第六章"单身妇女遭遇的司法惩戒"讨论了近代早期英国社会利用司法手段对单身妇女所进行的打压和控制。单身妇女，特别是年轻的未婚妇女与妓女之间被蓄意地画上了等号。社会借助打击卖淫进而加大了对单身妇女的压制和束缚。此外，巫术指控也作为一种控制手段运作起来。巫术指控的受害人中绝大部分都是寡居和独身的老妇女。如果以女性主义的视角对此进行审视的话，我们将会发现这类法律手段所隐含的男性霸权。无论是打击卖淫还是猎捕巫师，所针对的主要都是那些"不受管制"（没有丈夫对其进行束缚）的妇女。这是父权社会对威胁到男性权威的单身妇女所做出的强烈反击。除司法手段外，父权文化还在意识形态上加强了对单身妇女的规训。第七章"单身妇女的社会形象"揭示出，近代早期的英国社会塑造了负面的老小姐和寡妇形象，并借此对单身妇女进行"软"约束。这种意识形态上的作用在科林斯（Patricia H. Collins）看来比经济和政治方面的作用更加强大。① 它通过潜移默化的影响敦促着单身妇女按照社会期望来塑造自己，确保她们的言行不违背社会性别秩序，从而更加有效和持久地维持着对单身妇女的压迫。

在对单身妇女的生活进行多角度探讨之后我们得出，单身妇女的处境在近代早期这一社会大转型期间虽然延续着中世纪的一些特征，但是变化也是相当明显的。与中世纪一样，单身妇女在各方面仍然处于屈从地位，但是这一时期经济、政治和思想领域等方面的变化将妇女从家庭的束缚中释放出来，使其有机会踏入公共空间。她们广泛参与社会劳动、积极投身放贷活动，并且基于财富、纳税、慈善和政治活动而彰显自己的社会影响力。她们还维系着一个超越核心家庭的广阔社会关系网络。在此背景之下，单身妇女的自我意识逐渐觉醒。她们开始质疑婚姻之于妇女的好处，甚至还提出了男女平等的主张。这些违背传统性别空间划分，扰乱传统性别秩序的行为引起了男权社会的恐慌和不安，于是父权机制加强了运作。单身妇女不仅在经济领域中遭遇了更多的刁难和限制，在司法领域遭受了更多的打击和迫害，而且在意识形态领域也承受着负面社会形象所带来的嘲讽和贬低。简而言之，近代早期英国传统的两性关系遭遇了主要由单身妇女所带来的诸多挑战，但这一挑战的力度还不足以打破父权机制，反而引起了史东所说的"父权制的强化"。

第四节　重要术语阐释

社会性别（Gender）是当代女性主义理论的核心概念。社会性别是一种社会标签，它是指社会文化中形成的属于男性或女性的群体特征和行为方式，以及基于此种划分的社会性别分工、价值判断

---

① Patricia Hill Collins, *Black Feminist Thought: Knowledge, Consciousness and the Politics of Empowerment*, New York: Routledge, 2000, p. 67.

绪　论

和权力结构。社会性别的引入是为了与生理性别（Sex）相区分，以证明男女的不平等不是由生理上的差异造成的，而是社会性别使然。

基于社会性别概念的还有社会性别秩序。社会性别秩序是指社会文化所建构出来的两性秩序。在近代早期的英国，或者说是在大部分文化中都表现为男尊女卑，女性从属于男性的秩序结构。

已婚妇女（Wives）：根据彭克宪先生所主编的《社会科学大词典》的解释，婚姻状况是指一个人当前的婚姻状况。这可分为四类：一是未婚，指尚未结婚。二是已婚，指已经结婚。又分为初婚和再婚。三是丧偶，指配偶的死亡。四是离婚，指已离婚。[①] 本文使用的已婚妇女一词是指那些处于婚姻关系续存期间的妇女，寡妇并不包括在内。

未婚（妇）女（Never-married women）：在近代早期的英国，女性在15岁以后就不再被称作女孩而是被称为妇女，即成年女性。因此，文中的未婚妇女一词则是指年龄在15岁以上未曾结过婚的成年妇女。

单身妇女（Single Women）：文中的单身妇女一词包括未婚妇女和孀居妇女。把她们归结为一类主要基于两方面的考虑：首先，她们均处于单身状态，没有丈夫的束缚。其次，她们在法律上拥有相同的法律身份。此处需要特别提出的两点是：

第一，文中的单身妇女不包括今天所理解的离异妇女。这主要是因为近代早期的英国仍然坚持至死方离的婚姻准则。宗教改革后的英国并没有像其他新教国家那样使得离婚合法化，而是仍然坚持基督教至死方离婚的婚姻准则。从17世纪中期开始，伴随英国社会的诸多变化，离婚自由化的呼声也开始出现，但是教会始终没有向世俗社会松口：即合法的婚姻关系可以解除。到了"17世纪末，当婚姻是一神圣物的概念随着宗教热情的减退而衰微，有心人便通

[①] 彭克宪：《社会科学大词典》，中国国际广播出版社1989年版，第332页。

过国会法案（Act of Parliament），让富有的贵族和其他遭遇同样困境的人能经由此法案而取得离婚，不过经由此法案来离婚必须要花很多钱，因此它几乎是只为那些有非常大笔钱财，急于需要籍第二次婚姻传给一位男性继承人的人所采行，特别是在1760年以前是如此。"在1750年前，英国国会仅通过了17例这样的离婚案件。虽然史东也讲到了在社会等级的另一端，即无产者当中也有除了死亡之外的办法来解决不愉快婚姻的方式，如永久性的遗弃和鬻妻。这种方式主要存在于英格兰西部的大城镇当中，并且遭到教会、世俗法庭以及媒体的谴责和制止。到了18世纪末，这类方式才开始变得普遍。① 鉴于上层社会能够借由法律而获得完全离婚的人数少之又少，而无产者基于风俗习惯的不合法离婚又到了18世纪末才在有限的地方流行开来，因此在我们所讨论的时段内，对绝大部分英国人来说，离婚几乎是不可能的。基于上述理由，文中将不考虑这些人数极少的离异妇女。

第二，文中的单身妇女也不包括司法分居的妇女。在至死方离的婚姻准则下，夫妻双方如果满足一定条件，可以申请司法分居。双方分居分食，但不解除双方婚姻关系。离婚的双方还要相互信守忠贞，更不能再婚。② 文中的单身妇女自然也将这类妇女排除在外，因为从法律地位上讲她们仍然属于已婚妇女的行列。

---

① ［英］劳伦斯·史东：《英国十六至十八世纪的家庭、性与婚姻》（上），刁筱华译，麦田出版社2000年版，第24—26页。
② 李喜蕊：《英国家庭法历史研究》，知识产权出版社2009年版，第72—78页。

第一章　单身妇女的经济生活

近代早期英国的经济组织模式经历了巨大变化。以家庭为单位的自然经济逐渐让位于资本主义的雇佣生产。生产方式的结构性变革给广大妇女带来了深远影响。大量妇女因此而走出家庭，成为独立的工资赚取者。17世纪末到18世纪初的伦敦，有80%以上的单身妇女和60%左右的已婚妇女都不同程度地沦为了工资劳动者。[①] 对这些置身于劳动力市场的妇女来说，婚姻状态深刻地影响着她们的劳动境遇。本章便要考察具有相同法律身份的未婚妇女和寡妇在劳动权利上遭遇了怎样的区别对待，同时也要讨论在更加"消极"的经济活动——放贷活动中她们的不同表现。

第一节　未婚妇女的经济活动

一　劳动力市场中的未婚妇女

菲利丝·斯拉特（Phillis Slatter）的寡母是牛津缝纫公会的成员，菲利丝一直与母亲一起生活和工作。1674年母亲向缝纫公会提出请求，希望他们能够授予菲利丝公会成员的身份，但遭到了断然拒绝。因为牛津缝纫公会从来没有接纳一名未婚妇女作为公会成员的先例。第二年母亲去世，菲利丝因无法以未婚妇女的名义继续寡母的生意而被迫嫁人。[②] 菲利丝的遭遇清楚地展示了未婚妇女与

[①] Peter Earle, "The Female Labour Market in London in the Late Seventeenth and Early Eighteenth Centures", *Economic History Review*, Vol. 42, No. 3, 1989, p. 337.

[②] Mary Prior, *Women in English Society, 1500 – 1800*, p. 108.

寡妇在经济生活中所面临的区别对待。虽然她们拥有相同的法律身份,但是公会规则和地方习惯却区别地对待二者——在承认寡妇工作权利的同时,却否认未婚妇女也享有相同的权利。

在近代早期的英国,未婚妇女基本无权加入同业公会。根据公会原则,其成员必须具备自由民身份并接受过正式的学徒训练。这一原则几乎将所有的未婚妇女都挡在了公会大门之外。因为对她们来说,通常不太可能获得自由民的称号。从1550到1750年,在南安普敦、埃克赛特、纽卡斯尔以及诺里奇未曾有过一名未婚妇女获得自由民身份。如果没有自由民身份就独立涉足公会行业的话,往往会招致惩罚。1624年,利物浦的未婚妇女伊丽莎白·温斯坦莱(Elizabeth Winstaneley)就因"运用了自由民的权利,但自己又不是一个自由民"而遭受惩罚。1649年,南安普敦市议会勒令未婚女芭芭拉·米德维特(Barbara Midwinter)在两个星期内离开本城,因为她没有自由民的身份却独立从事骨花边的制作。1657年,南安普敦市议会决定给未婚的玛丽·施林普顿(Mary Shrimpton)一个月的时间处理掉她的麻布和鲸须,此后不准再从事紧身胸衣的制作,除非受雇于本城的一位自由民。这意味着玛丽只能以雇工而非老板的身份从事生产活动。[1]

除自由民身份外,学徒训练又是限制未婚妇女独立参与公会行业的一大障碍。根据公会规章,公会成员必须要经过学徒阶段以获得足够的职业训练。然而,在任何地方未婚妇女作为正式学徒的人数都远远低于男子。在16世纪的布里斯托尔和17世纪早期的索尔兹伯里,女性仅构成了正式学徒人数的3%。就整个英国而言,到18世纪早期也仅有3%—7%的正式学徒是女性。[2] 未接受过学徒训练或是没有完成学徒训练便独立从业同样也会招致惩罚。在17世纪80年代的诺丁汉,玛丽·基钦(Mary Kitchen)、安·詹姆斯(Ann James)以及玛丽·凯林(Mary Keeling)都因为没有做满七

---

[1] Amy M. Froide, *Never Married, Single Women in Early Modern England*, pp. 92, 93.

[2] Ilana Krausman Ben-Amos, "Women Apprentices in the Trades and Crafts of Early Modern Bristol", *Continuity and Change*, Vol. 6, No. 2, 1991, pp. 229, 246.

第一章 单身妇女的经济生活

年的学徒就以手套贩卖商的身份从业而遭到指控。①

当然未婚妇女不是因缺乏自由民和学徒身份而被禁止参加同业公会的唯一一类人，但她们却是最容易遭到为难的一个群体。对那些没有自由民身份的男人来说，他们只需支付特许费便可获得独立从事工商业活动的特权。对自由民的遗孀来说，她们通常有权接管先夫的生意。非自由民的遗孀也可以通过支付特许费而获得从业资格。然而，我们在支付特许费的名单上却很少能发现未婚妇女的身影。在1680年以前的南安普敦，仅有三名未婚妇女在这类名单上出现过。18世纪中叶以前的阿宾顿甚至只有一名未婚妇女出现于此类名单上。这人便是28岁的伊丽莎白·蒙斯（Elizabeth Muns）。1644年，她在支付了4先令的特许费后做起了手套生意。②

对这类支付特许费而获得从业资格的未婚妇女来说，她们还遭遇了极不公正的待遇。她们通常需要支付更加高昂的费用。1694年南安普敦的简·扎因斯（Jane Zains）为了能够从事亚麻布生意而缴纳了2先令6便士的特许费。之后的两年里她支付的费用更高，达到了5先令。这足足比男人和寡妇所支付的费用要高15—30倍。有时候官员也会对男人和寡妇征收相对较高的特许费，但这只是在他们比较富裕的情况下才是如此。然而对未婚妇女，无论她们多穷、社会地位多低，都被征收了更加高昂的费用。另外，未婚妇女通常还必须在从业的第一年缴纳一大笔"入行费"（Entry Fine），之后这笔费用才会减少到与男人和寡妇相同的金额。1739年，南安普敦的官员向未婚妇女玛丽·史密斯（Mary Smith）征收了1先令2便士的"入行费"，到第二年玛丽缴纳的才是2便士的标准费用。独身妇女伊丽莎白·惠勒（Elizabeth Wheeler）在继承她姑姑的亚麻生意时则支付了高达5英镑的"入行费"，到了第二年才按照2便士的标准费用来支付。③ 高昂的特许费和第一年大笔的"入

---

① Amy M. Froide, *Never Married, Single Women in Early Modern England*, p. 93.
② Barbara J. Todd, "Widowhodd in a Market Town: Abingdon, 1540-1720", Ph. D thesis, University of Oxford, 1983, p. 181.
③ Amy M. Froide, *Never Married, Single Women in Early Modern England*, pp. 96-98.

行费"显然剥夺了很多未婚妇女加入同业公会的可能。

当然,我们也不能完全悲观地看待未婚妇女在同业公会中的处境。虽然她们遭受了严厉的限制和不平等的对待,但一些未婚妇女仍能以独立经营者的面貌出现在历史画卷当中。她们最可能涉足的行业是女用外套制作、女帽类生意、手套制作、花边和纽扣制作等传统女性行业。曼彻斯特的伊丽莎白·艾金森(Elizabeth Atkinson)成功经营着一间女帽店。[1] 南安普敦的简·马丁(Jane Martin)做着亚麻和女帽类物品的买卖并取得了相当的成功。她以包铁皮的大货车运送货物(只有大商人会这样做),还在18世纪40年代赞助了圣迈克尔教堂的修复。少数未婚妇女甚至独立参与非女性行业。南安普敦的简·巴克(Jane Barker)和米尔德里德·阿诺德(Mildred Arnold)做着药剂师的工作。玛丽·罗特(Mary Rowte)则是一名成功的女铁器商人,留下了价值超过100英镑的遗产。[2] 伊普斯威奇的伊丽莎白·克雷顿(Elizabeth Craighton)印刷和出售书籍长达半个世纪之久。[3]

到18世纪,未婚妇女还投入到了一种日渐扩大的新兴行业——女性教育业当中。这一时期,越来越多的家庭、寄宿学校以及慈善学校都聘请女教师来对孩子——特别是女孩进行教导。这些女教师基本来自中产阶级下层。她们往往是具备一定知识素养但没什么收入的未婚妇女。事实上"直到二战,这也是一个未婚妇女主导的行业"[4]。有些未婚妇女甚至还自己开办了学校。布里斯托尔的玛丽·莫尔(Mary More)姐妹于1757年开办了一所寄宿学校并取得成功。[5] 1764年的利兹也有一所由罗宾逊小姐和斯蒂尔小姐经

---

[1] Bridget Hill, *Women Alone*, p. 46.
[2] Amy M. Froide, *Never Married, Single Women in Early Modern England*, pp. 97 – 101.
[3] Hilda L. Smith, *All Men and Both Sexes: Gender, Politics and the False Universal in England, 1640 – 1832*, Univesity Park: The Pennsylvania State University Press, 2002, p. 83.
[4] Olwen Hufton, "Women Without Men: Widows and Spinsters in Britain and France in the Eighteenth Century", *Journal of Family History*, Vol. 9, No. 4, 1984, p. 372.
[5] Janet Todd, ed., *A Dictionary of British and American Women Writers 1660 – 1800*, Totowa: Rowman & Allanheld, 1985, p. 224.

营的寄宿学校。南安普敦的谢尔高德（Shergold）姐妹则租用了本城最大的建筑物之一用作教育年轻女士的寄宿学校。[1]

此外，随着女性教育事业的发展和文化市场的扩大，女性通过写作来谋生或增加收入的机会也相应地增加了。到17世纪末18世纪初，在所有的出版物中妇女著述已从17世纪初的0.5%上升到了1.5%左右。[2] 这些女性作家大都是未婚妇女。我们所熟知的女作家玛丽·阿斯特尔、伊丽莎白·艾尔斯托伯、伊丽莎白·卡特、莎拉·菲尔丁、玛丽亚·埃奇沃斯以及简·奥斯汀等人都未曾结婚。在解释这一现象上，希尔指出这是"因为未婚妇女比其他妇女有更多的时间来追求妻子和母亲所需知识以外的学问"[3]。虽然从写作中获得的收入微薄且不稳定，但这却是未婚妇女在男性掌握话语权的世界中表达自我、体现自我意识的重要手段。

需要指出的是，无论是作为公会成员而独立从业的未婚妇女，还是在新兴女性教育行业中谋生的未婚妇女，再或者是未婚女作家，这毕竟都只是未婚妇女中的少数群体。事实上，大部分未婚妇女仍然在传统女性行业中扮演着依附性的而非独立的经济角色。

女仆行业是未婚妇女涉足最多的行业。根据夏普的统计，女仆在15—19岁的女性中占了27%，在20—24岁的女性中占了40%，在25—29岁的女性中占15%。[4] 在1695—1725年的伦敦女性劳动力市场中，也有高达62%的未婚妇女都是女仆。[5] 未婚妇女在女仆行业中的云集，一方面是因为女仆行业收入和福利较高，另一方面也是因为社会观念的推动和地方法规的强制。在近代早期，女仆行业是一项绝对值得从事的职业。首先，女仆通常可以在工作期间获得

---

[1] Amy M. Froide, *Never Married*, *Single Women in Early Modern England*, p. 99.
[2] Mary Prior, *Women in English Society*, *1500－1800*, p. 266.
[3] Bridget Hill, *Women Alone*, pp. 83－84.
[4] Sara Mendelson, Patricia Crawford, *Women in Early Modern England*, *1550－1720*, p. 107.
[5] Peter Earle, "The Female Labour Market in London in the Late Seventeenth and Early Eighteenth Centuries", *Economic History Review*, Vol. 42, No. 3, 1989, p. 339.

各种好处。她们的工资水平不仅明显高于普通女性劳动者，① 而且一般还能获得免费食宿，故而她们的工资往往能更加有效地积攒下来。女仆还时常得到主人的礼物或是遗赠，而且一些慷慨的主人还可能在女仆出嫁时给她们提供一笔嫁妆。其次，女仆的工作也并非局限于家务劳动。这意味着除了清洁、缝纫和洗衣做饭等家务劳作之外，女仆还要帮助培养孩子、帮忙家庭生意、协助经营一家店铺或是客栈，因此能够习得多方面的技能。再次，这一岗位也可以给女仆提供与更高或是更富裕阶层接触的机会，并借此获得向上流动的可能性或其他好处。一部分女仆甚至还向上流动成为了女主人。玛格丽特·库克（Margery Cooke）便是这样。她是托马斯·弗林特（Tomas Flint）的女仆。在托马斯的妻子死后4个月，她便成为了女主人。凯瑟琳·克拉克（Catherine Clerke）也在给鳏夫威廉·克利伯里（William Clibbery）做了两年的女仆之后嫁给了威廉。②

除行业本身的优势吸引大量未婚妇女加入女仆队伍外，社会的鼓励和强制也不容忽视。在近代早期的英国，女仆行业被认为是最适合未婚妇女从事的职业。在南安普敦，没有从事女仆行业而是做着各种散工的未婚妇女被叫作"打杂女"（charmaids）。在诺里奇，这类未婚妇女被称为"非女仆"（out of service）。其他一些地方则将之叫作"越位之人"（out of place）。③ 这些称呼暗示了社会对未婚妇女的期望就是让其扮演依附性的女仆角色，这才是她们"正确位置"的社会含义所在。不仅如此，政府甚至还会对那些做散工的未婚妇女进行惩罚。在诺里奇，这类妇女常常面临这样的选择：要么被关押在感化院，要么是在规定时间内找到一个女仆岗位。南安

---

① 参见 Hill Meldrum, *Domestic Service and Gender*, 1660 – 1750; *Life and Work in London Household*, Harlow: Longman, 2000, p. 188. K. D. M. Snell, *Annals of the Labouring Poor; Social Change and Agrarian England*, 1660 – 1900, Cambridge: Cambridge Unviersity Press, 1985, p. 413.

② R. B. Outhwaite, *Marriage and Society Studies in the Social History of Marriage*, London: Europa Publications Limited, 1981, p. 89.

③ Paul Griffiths, *Youth and Authority: Formative Experiences in England*, 1560 – 1640, Oxford: Clarendon Press, 1996, pp. 71, 353.

普敦也于 16 世纪后期和 17 世纪初针对做散工的未婚妇女发表反复声明并进行惩处。在 1608—1616 年间，南安普敦的伊丽莎白·昆坦（Elizabeth Quinten）因做"打杂女"而四次被捕，并于 1615 年被投入了轻罪监狱。①

然而，对未婚妇女来说，好的女仆岗位并非唾手可得。"人口的增加、失业、贫穷和年龄结构的年轻化使得在 17 世纪末很难找到一个女仆职位。"② 同时，女仆行业本身也存在很多问题和危险。从法庭记录来看，雇主的肆意谩骂和肉体惩罚司空见惯，拖欠或恶意克扣工资也时有发生。更为糟糕的是，女仆通常还面临着性骚扰和性侵的可能性。主人、同事和寄宿者都可能对其实施性侵害。她们一旦怀孕或是事情被人知晓，往往会遭到解雇，并且还会因丧失名节而无法再次获得这类工作。此外，女仆行业还存在一个致命弱点——它在很大程度上只是一个青春饭碗。随着妇女年龄的增长，获得这一职位的可能性就不断下降。"据统计，在 15—29 岁的未婚妇女中有 60.55% 的人都是女仆，在 30—40 岁的未婚妇女中这一百分比急速下降到 19.42%。"③ 对于那些无法或是不愿意从事女仆行业的未婚妇女来说，她们通常会投身于纺织行业。

纺织行业集中了不少未婚妇女。未婚妇女（spinster）一词最初就是指从事纺织的女子，后来才表示一种婚姻状态。词汇含义的演变向我们展现了未婚妇女从事纺织是多么的寻常。根据经济史专家庞茨的意见，纺织业包括毛纺织、丝织业、亚麻大麻编织业、服装制造业等诸多部门。④ 从未婚妇女的情况来看，她们几乎参与到了纺织业的各个部门当中。据统计，"在 18 世纪早期，10 名未婚妇女中就有 7 人从事过纺纱"⑤。伊登（F. M. Eden）在他的研究中得

---

① Amy M. Froide, *Never Married, Single Women in Early Modern England*, p. 31.
② Ibid., p. 30.
③ D. A. Kent, "Ubiquitous but Invisible: Female Domestic Servants in Mid-Eighteenth Century London", *History Workshop*, No. 28, 1989, p. 115.
④ N. J. G. Pounds, *An Economic History of Medieval Europe*, London: Longman, 1974, p. 301.
⑤ Bridget Hill, *Women Alone*, p. 28.

出的比例更高，认为有90%的未婚妇女都曾做过纺纱女工。[①] 花边制作也几乎都是依赖于女性，特别是未婚妇女的劳动。托马斯·巴奇勒（Thomas Batchelor）指出，贝德福德郡的花边制造吸收了除家庭女仆之外四分之三的未婚妇女。[②] 手套制作也是未婚妇女经常涉足的部门。伍斯特、伍德斯托克、耶奥维尔、勒德洛、赫里福和莱明斯特都是手套制作的中心。虽然手套制作并不完全是未婚妇女的工作，但是"从我们可以获得的资料来看，那些和父母一起生活的及大部分寄宿的未婚妇女均从事过手套制作"[③]。

在传统女性行业中谋生的未婚妇女所面临的主要问题就是工资待遇微薄。在18世纪后半期的坎伯兰郡，纺纱女工每天只能获得4到6便士。在兰开夏，一名纺毛女工所获得的收入也不会超过每星期3先令或4先令。[④] 花边制作行业也同样如此。绝大多数的花边工人只能获得每星期6先令的收入，其中还需要支付线钱，因此她们的实际收入可能只有每周3—4先令。[⑤] 手套制作和针线行业中女工的收入同样不容乐观。虽然具有专门技能的针线女工能够获得每星期10先令甚至是12先令，但是大多数妇女只能挣得5先令。[⑥]

为了评判这些行业中未婚女的生活状况，我们还需要参照最基本的食宿支出。据乔治（Dorothy George）的估计，伦敦的标准房租在1795年前是每周2先令6便士。[⑦] 伍德沃（Donald Woodward）又计算出在17世纪人们享用相对有营养的饮食大概需要每天2便

[①] F. M. Eden, *State of the Poor or a History of the Labouring Classes in England, from the Conquest to Present Period*, Vol. 2, London: Printed by J. Davis, 1797, p. 139.

[②] Thomas Batchelor, *General View of the Agriculture of the County of Bedford*, London: Printed by B. McMillan, 1813, p. 596.

[③] Susan Wright, "Holding up Half the Sky: Women and Their Occupations in Eighteenth-Century Ludlow", *Midland History*, Vol. 14, No. 1, 1989, p. 58.

[④] F. M. Eden, *State of the Poor*, Vol. 2, pp. 73, 294.

[⑤] Amy M. Froide, *Never Married, Single Women in Early Modern England*, p. 31.

[⑥] Peter Earle, "The Female Labour Market in London in the Late Seventeenth and Early Eighteenth Centuries", *Economic History Review*, Vol. 42, No. 3, 1989, p. 343.

[⑦] Bridget Hill, *Women Alone*, p. 38.

第一章 单身妇女的经济生活

士到 3 便士。① 由此我们可以估算出,在 17 世纪生活所必需的食宿花销至少是每星期 3 先令 8 便士。如此看来,未婚女的收入可能仅够勉强养活自己。如果遭遇失业或生病等特殊情况,她们的生活可能就无法继续。为了节约开支,这些收入有限的未婚女通常会与自己的姐妹、亲戚、朋友或同事等三五人一起生活。大家一起承担房屋的租金、平摊取暖和照明的开支、一起分摊饮食花费,等等。这便是赫夫顿所称之"未婚妇女的类聚"(Spinster Clustering)。赫夫顿还指出,这种类聚在纺织业发达的地区尤为常见。② 这也折射出在这类行业中谋生的未婚女生活之艰辛。也许,正是这种艰辛以及她们在劳动力市场中所遭受的为难和限制,在一定程度上推动着她们参与放贷活动。

二 未婚妇女的放贷活动

在近代早期的英国,货币的短缺使得放贷活动不仅成为一项必要的金融手段,而且也广泛存在于整个社会。大约在 1500 年,一名意大利旅行者向其领主陈述他在英国的经历时就曾惊讶于当地民众参与放贷活动的热情。这位旅行者记录道:除了做生意、捕鱼或航海之外,英国人"还如此沉迷于追求金钱,以至于他们根本不担心与高利贷打交道"③。这名旅行者的言论被后来的史学研究所证实。托尼(R. H. Tawney)和豪德尔内斯(B. A. Holderness)告诉我们,"几乎每一个有闲钱的英国人都以私人的名义将钱借给别人并收取利息"④。在托尼的研究中,放贷者大都是一些富裕的商人和牧师。近期的一些研究则揭示出绅士、已婚妇女和寡妇也曾积极

---

① D. Woodward, *Men at Work*: *Labours and Building Craftsmen in the Towns of Northern England*, *1450 – 1750*, Cambridge: Cambridge University Press, 1995, p. 216.

② Olwen Hufton, "Women Without Men: Widows and Spinsters in Britain and France in the Eighteenth Century", *Journal of Family History*, Vol. 9, No. 4, 1984, p. 361.

③ Judith M. Spicksley, "Fly with a Duck in Thy Mouth: Single Women as Sources of Credit in Seventeenth-century England", *Social History*, Vol. 32, No. 2, 2007, p. 187.

④ B. A. Holderness, "Credit in a Rural Community, 1660 – 1800", *Midland History*, Vol. 3, No. 2, 1975, p. 108.

地涉足其中。①

事实上，未婚女也是近代早期放贷活动中非常活跃的一类人。在某些时间和地点，她们甚至还是地方信贷市场上最主要的资金来源。从1695年里奇菲尔德的人口普查资料来看，未婚女持有的贷款金额是男性的五倍，几乎等同于未婚男人、已婚男人和寡妇所持贷款金额的总和。据斯皮克斯雷（Judith M. Spicksley）对林肯、切斯特、达拉莫、诺福克和奇切斯特所保存下来的1601—1700年间未婚女的遗嘱和财产清册之分析，有63%的未婚女遗嘱制定人都持有正式或是非正式的放贷款项。②弗若伊德的研究同样也展示了未婚女积极参与放贷活动的景象。弗若伊德发现，在南安普敦有45%的未婚女遗嘱制定人在遗嘱中提到了放贷的款项；在约克、牛津和布里斯托尔这一百分比也分别达到了44%、43%和42%。③虽然她们参与放贷的活跃程度随着地区的不同而有所差异，但均已超过了托尼和豪德尔内斯所发现的全国平均水平40%。④

这些未婚女放贷人来自相当广阔的社会阶层。她们中既存在像艾格尼丝·戈德温（Agnes Godwin）一类的只贷出去7先令的女仆，也有像乔伊斯·杰弗里斯（Joyce Jeffries）或伊丽莎白·帕金（Elizabeth Parkin）一类操纵着大笔放贷款项的富裕女商人。在约克，最贫穷的未婚女放贷人仅拥有2英镑的财产，而最富裕的却拥有413英镑；在牛津，她们的财富从8英镑到567英镑不等；在布

---

① 参见 R. H. Tawney, *Religion and the Rise of Capitalism*, London: Hesperides Press, 2008. F. Heal, C. Holmes, *The Gentry in England and Wales*, *1500 – 1700*, California: Stanford University Press, 1994. R. M. Smith, ed., *Land, Kinship and Life – Cycle*, Cambridge: Cambridge University Press, 2002. B. Lemire, "Petty Pawns and Informal Lending: Gender and the Transformation of Small – scale Credit in England, circa 1600 – 1800", in K. Bruland, P. K. O'Brien, ed., *From Family Firms to Corporate Capitalism*, Oxford: Oxford University Press, 1998.

② Judith M. Spicksley, "Fly with a Duck in Thy Mouth: Single Women as Sources of Credit in Seventeenth-century England", *Social History*, Vol. 32, No. 2, 2007, p. 191.

③ Amy M. Froide, *Never Married, Single Women in Early Modern England*, p. 130.

④ J. Swain, *Industry before the Industrial Revolution: North East Lancashire, 1500 – 1640*, Manchester: Manchester University Press, 1986, pp. 189 – 190.

◆ 第一章 单身妇女的经济生活 ◆

里斯托尔,她们的财富从 3 英镑到 600 英镑不等;在南安普敦,她们的财富悬殊甚至超过了 3 千英镑。①

从未婚女放贷人的平均财富来看,她们似乎算不上富裕。17 世纪上半期,未婚女放贷人的平均财富在切斯特为 27 英镑左右,在诺福克约 17 英镑,在达拉莫不超过 20 英镑,而在林肯和奇切斯特还不到 10 英镑。虽然到 17 世纪后半期,以上地区未婚女的平均财富有所上升,但也仅约 20 英镑。因此,她们中绝大多数人的放贷金额都不大。切斯特的未婚女放贷人中有 21% 的人贷出的金额不到 10 英镑,49% 的人贷出了 10—49 英镑,仅有 30% 的人贷出了 50 英镑以上。在林肯,有 39% 的未婚女的放贷金额不超过 10 英镑,47% 的人贷出了 10—49 英镑,仅有 14% 的人贷出了更多。② 在布里斯托尔,42% 的未婚女贷出的款项都在 10 英镑以内,33% 的人贷出了 10—40 英镑,剩余 25% 的人贷出了更多;在约克,未婚女贷出的金额更小,56% 的人都不超过 20 英镑。③

虽然大多数未婚女贷出的金额都不大,但却是她们资产中的相当部分。她们是所有社会群体中最可能以贷款形式持有财产的一类人。伊丽莎白·帕金在 1601 年去世时,留了大约 274 英镑的财产,其中有 210 英镑都是放出的款项。南安普敦的米尔德里德·阿诺德在 1667 年去世时留下了大约 93 英镑的财产,其中有 74 英镑都是别人欠她的款项。布里斯托尔的黛博拉·詹姆士(Deborah James)在 1672 年拥有价值 421 英镑的财产,其中包括外借的 326 英镑。不仅富裕未婚女会将自己的大部分财产用于放贷,就连那些只有少量资产的女仆也会这样做。伊丽莎白·摩根(Elizabeth Morgan)是一名仅有 15 英镑财产的女仆,但是她将整整 12 英镑都贷给了自己的兄弟。约克郡的伊丽莎白·哈瑞森(Elizabeth Harrison)在 1728 年去世,她的遗产只有 11 英镑,其

---

① Amy M. Froide, *Never Married*, *Single Women in Early Modern England*, p. 130.
② Judith M. Spicksley, "Fly with a Duck in Thy Mouth: Single Women as Sources of Credit in Seventeenth-century England", *Social History*, Vol. 32, No. 2, 2007, p. 204, 87.
③ Amy M. Froide, *Never Married*, *Single Women in Early Modern England*, p. 131.

中除了价值1英镑的衣物和现金外,剩下的10英镑都是期票。从统计结果来看,南安普敦的未婚女贷出了其动产的三分之二;在布里斯托尔,大部分未婚女贷出了动产的58%;在约克,三分之二的未婚女贷出了其动产的70%。① 在斯皮克斯雷的研究中,未婚女的放贷金额甚至占到了其动产的73%,明显高于寡妇和男人用于放贷的资金在其动产中所占的百分比43.5%与56%。② 未婚女之所以能够贷出其动产的大部分甚至是绝大部分,可能是由于她们对现金的需求较少。相比男人和寡妇,未婚女通常寄宿在他人家中,无须独立维持家户的运转,往往也没有孩子需要抚养,故而她们对现金的需求并不强烈。弗若伊德就曾断言,如果未婚女与寡妇拥有同样数额的财产,未婚女用于放贷的比例肯定高于寡妇。③

可能正是因为未婚女贷出了其大部分财产,故而她们乐于采用正式的信贷手段来确保资金的安全。罗伯特·蒂特勒(Robert Tittler)和马乔里·麦景图(Marjorie Mcintosh)指出,近代早期的放贷活动逐渐变得正式和专业,城市未婚女则在这一转变中处于领先位置。④ 斯皮克斯雷也发现,从17世纪开始,未婚女逐渐从非正式的放贷中抽身出来,转而投入到有信贷工具保障的放贷活动当中。⑤ 从遗嘱和财产清册来看,她们通常会采用一种甚至几种信贷工具,如债券、有约束力的账单、期票和有价证券等来保证放贷行为的法律效力。这些信贷工具一般会规定贷款利息、还款日期以及逾期不还的惩罚。例如17世纪南安普敦的艾米·坎普(Amy Kempe)购

---

① Amy M. Froide, *Never Married, Single Women in Early Modern England*, pp. 132 - 133.

② Judith M. Spicksley, "Fly with a Duck in Thy Mouth: Single Women as Sources of Credit in Seventeenth-century England", *Social History*, Vol. 32, No. 2, 2007, pp. 202 - 203.

③ Amy M. Froide, *Never Married, Single Women in Early Modern England*, p. 133.

④ Marjorie McIntosh, "Money Lending on the Periphery of London, 1300 - 1600", *Albion: A Quarterly Journal Concerned With British Studies*, Vol. 20, No. 4, 1988, pp. 557 - 571.

⑤ Judith M. Spicksley, "Fly with a Duck in Thy Mouth: Single Women as Sources of Credit in Seventeenth-century England", *Social History*, Vol. 32, No. 2, 2007, p. 206.

第一章　单身妇女的经济生活

买了100英镑的债券。债券规定借方要在六个月之后归还103英镑（即按6%的年利息来发放贷款），如果逾期不还的话，将要支付200英镑作为惩罚。① 一般来说，有约束力的账单和债券是在涉及金额相对较小的情况下采用的手段。如果涉及金额较大，则通常需要债务人以土地作为担保或是采用商人的传统——如果债务人未能按时偿还，债权人将有权控制债务人的财产。乔伊斯的账簿表明她曾不止一次地使用这种传统方式来确保大笔资金的安全。从16世纪末期到17世纪中期，越来越多的未婚女采用这种方式来保证资金的安全。未婚女使用的放贷手段也在很大程度上修正了我们对妇女理财的偏见——虽然她们可能不是"专业"的放贷人，但是这并不意味着她们的放贷行为不专业。当然，我们也不否认仍有不少未婚女活跃于非正式的放贷活动当中。直到"17世纪初未婚女在非正式的贷方市场中仍很常见"②。这种非正式的借贷关系往往是两人私下达成的，没有书面材料的证明或是见证人在场。因此，相互熟识的社会关系对于非正式的借贷活动来说相当重要，因为这种借贷本身就建立在一种假设之上——借方会信守承诺。这种信任一旦瓦解，那么诉诸法庭便不可避免。

为了进一步规避放贷风险，未婚女的放款对象主要局限在亲人、朋友、邻居或是熟人范围内。从空间距离上来讲，未婚女放贷人往往与其债务人邻近居住。"没有人会将他的钱放到很远的地方，也不会将它交到不认识的人手中。"③ 在达拉莫，至少有37%的债务人都住在离债主五英里的范围之内。大约三分之一的未婚女仅贷款给自己的家人和亲属。④ 17世纪伦敦的女商人赫斯特·皮尼

---

① Amy M. Froide, *Never Married, Single Women in Early Modern England*, p. 135.
② Judith M. Spicksley, "Fly with a Duck in Thy Mouth: Single Women as Sources of Credit in Seventeenth-century England", *Social History*, Vol. 32, No. 2, 2007, p. 191.
③ F. Bacon, *The Essays or Counsels, Civil and Moral*, Whitefish: Kessinger Publishing Company, 1992, pp. 136–137.
④ Judith M. Spicksley, "Fly with a Duck in Thy Mouth: Single Women as Sources of Credit in Seventeenth-century England", *Social History*, Vol. 32, No. 2, 2007, p. 198.

(Hester Penny)一直是"乡下亲戚的银行"①。乔伊斯的145名债务人"如果不是与她有直接关系的话,相互之间也存在着某种间接联系"②。获得贷款的债务人来自相对广阔的社会阶层。乔伊斯的债务人中有乡绅、牧师、城市官员和职业人士,还有一部分手工业者和商人。斯皮克斯雷的研究中,未婚女会将钱借给乡绅、牧师、商人、职业人士、船长、上校以及诸如制革工人和屠夫之流的普通劳动者。

除了放贷给私人外,未婚女还积极地向政府提供资金帮助。欧洲学者业已发现,在城镇经济不景气的时候,市政机关需要从它的居民那里借钱来解决问题。政府的债权人中有相当部分都是未婚女。弗若伊德指出,未婚女在整个17世纪的任何地方都构成了地方政府债权人的四分之一到四分之三。1610—1700年间,南安普敦市政府的债权人中未婚女占了48.6%,而男人和寡妇所占百分比分别为28.1%和14.5%。未婚女不仅在政府的债权人中占据了更大比例,而且还乐于给政府提供长期贷款。在南安普敦,未婚女的借款时间甚至长达31年。未婚女在政府债权人中的主导性以及较长的放贷期限,部分是因为父母通常会在女儿成年以前将属于她们的那份嫁妆贷给政府。当女儿达到指定年龄或是结婚时,她便可以收回贷款,也可以选择继续放贷。事实上,最有可能导致一名未婚女要求政府归还欠款的因素便是婚姻。在60名贷款给南安普敦市政府的未婚女中,有33人在她们整个放贷期间都保持单身,而另外16人在此期间嫁了人(其余11名妇女在放贷期间最终结婚与否情况不详)。在这些结了婚的人中,绝大部分(16人中有13人)都在婚后两年之内便收回了贷款,而那些没有结婚的妇女则按自己的意愿继续贷款给政府。③

---

① Pamela Sharpe, "Dealing with Love: The Ambiguous Independence of the Single Woman in Early Modern England", *Gender and History*, Vol. 11, No. 2, July, 1999, p. 218.

② R. Tittler, *Townspeople and Nation: English Urban Experience, 1540–1640*, Stanford: Stanford University Press, 2001, p. 187.

③ Amy M. Froide, *Never Married, Single Women in Early Modern England*, pp. 136–139.

第一章 单身妇女的经济生活

当然，无论是正式还是非正式的放贷，不论是放贷给私人还是政府，这一经济活动都暗含着很大的风险。欠款不还是放贷活动经常需要面对的问题。针对私人欠款不还，未婚女通常会在当地法庭提起诉讼。1676年，乔安妮·米查姆（Joanne Meacham）因为约翰·克莱门特（John Clements）欠她200英镑而将之告上了法庭。① 赫斯特·皮尼也坚持以诉讼的方式来确保贷款的回收。1688年，赫斯特与亨利·沃罗普（Henry Wallop）签订了贷款合同。赫斯特贷了500英镑给亨利，为期五年，利息为167.10英镑。由于亨利没有履行合约，因此赫斯特将他告上了法庭。1697年，赫斯特又因为一笔本金加利息共计1万英镑的贷款纷争而将债务人告上了法庭。② 鉴于诉诸法庭耗时费钱，因此债权人通常只在涉及金额较大的情况下才会采用这种方式。从南安普敦的法庭记录来看，绝大部分未婚女提起诉讼的案子所涉金额都相对较大，只有少数几例是在10英镑以内。除私人外，贷款给政府的未婚女也可能会遭遇市政机关的赖账。1688年，南安普敦制定了新的市政自治条例。新条例规定，市政机关不对以前所签订的任何合同负责。这自然也包括和市民签署的借贷合同。同年6月，6位南安普敦人向伦敦司法部部长提起请愿，要求按以前的合同偿还它们的贷款。在这群请愿者中有三名未婚女、两名寡妇和一名男人。③

综上，未婚女不仅乐于放贷，而且敢于贷出其大部分财产；她们不仅放贷给私人，而且也向政府提供贷款。虽然她们不是专业的放贷人，但却越来越多地采用正式的放贷手段来确保其资金安全。遇到债务人欠款不还或是违约时，她们也敢于捍卫自己的应得利益。

这一积极面貌的出现，追根溯源首先在于未婚女所持货币量的

---

① Amy M. Froide, *Never Married*, *Single Women in Early Modern England*, p. 132.
② Pamela Sharpe, "Dealing with Love: The Ambiguous Independence of the Single Woman in Early Modern England", *Gender and History*, Vol. 11, No. 2, July, 1999, p. 218.
③ Amy M. Froide, *Never Married*, *Single Women in Early Modern England*, pp. 132, 140.

增加。理查德·沃尔（Richard Wall）指出，在整个近代早期，女儿从父亲那里获得现金遗赠的可能性都远远超过儿子。"有一半以上的女儿都获得了现金遗赠，而儿子继承现金的概率还不到三分之一"①。更重要的是，大部分遗嘱还允许女儿达到既定年龄便可继承遗产。克里斯廷·彼得斯（Christine Peters）的研究表明，在近代早期的英国，以结婚作为女儿继承财产的限制不断减少，而以达到某一年龄作为继承条件的日益增多。②这样的转变自然对单身女儿最有利。虽然她们没有结婚，但也可以合法地继承财产，从而增强了她们进入信贷市场的可能性。南安普敦的老姑娘芭芭拉·理查德（Barbara Richards）在继承了属于自己的那份遗产后便开始投身放贷活动。1642年，艾米·坎普放贷给南安普敦市政府的100英镑就来自她所继承到的遗产。1645年玛丽·希斯（Mary Heath）贷给南安普敦市政府的50英镑也同样源于遗赠。③

对于那些没有遗产可以继承、更加贫穷的未婚女来说，她们也没有完全被排除在信贷市场的门外。由于社会严格限制未婚女成为户主，因此她们通常作为女儿生活在父母家户中直至父母去世，之后又作为女仆、寄宿者或是亲戚生活在他人的家户之中。④这种依附性的生活方式使得未婚女无须独自负担一个家户的运转，加上她们通常也没有孩子需要抚养。故而，她们对现金的需求相对更少，也更有利于收入的积攒。这样的生活现状不仅给未婚女提供了参与放贷的可能性，而且也允许她们贷出大部分财产。例如柴郡伦伯里市的爱丽丝·巴克利（Alice Buckley）虽然只是一名仆人，但也辛

---

① Richard Wall, "Bequests to Widows and Their Property in Early Modern England", *The History of the Family*, Vol. 15, No. 3, 2010, p. 229.

② Christine Peters, "Single Women in Early Modern England: Attitudes and Expectations", *Continuity and Change*, Vol. 12, No. 3, 1997, p. 333.

③ Amy M. Froide, *Never Married, Single Women in Early Modern England*, pp. 60, 138.

④ Richard Wall, "The Residence Patterns of Elderly English Women in Comparative Perspective", in Lynn Botelho & Pat Thane, *Women and Ageing in British Society: since 1500*, London: Pearson Education Limit, 2001, pp. 152-153.

苦攒下4英镑并全部用于放贷。① 这并非个例。在南安普敦的女放贷人中有高达四分之一的人都是未婚女仆。②

其次，未婚女在劳动力市场中的惨淡境遇推动着她们积极投身放贷活动。如上文所述，未婚女是劳动权利最受限的一类人。她们往往在诸如家庭仆役、纺纱织布、缝纫浣洗等"三低一高"的行业中艰难谋生。相较之下，放贷活动颇具吸引力。它不仅能给未婚女带来利息收入，而且也不会造成时间、地点或是精力上的限制。故而，绝大多数未婚女，包括那些富裕的未婚女，都倾向于投身放贷活动。皮特·厄尔（Peter Earle）估计，在伦敦，那些投资男性生意的妇女是独立女生意人的两倍。③ 对那些提供资金的未婚女来说，她们通常只希望获得安稳的利息收入而不是作为合伙人分享风险和利润。④ 甚至到了1865年，帕克斯（Ressie Rayner Parkes）在讲到妇女理财上的弊端时仍指出，"应该像教导男孩那样教导女孩——如何让金钱产生利润，而不是仅靠利息生活。⑤"

再次，社会对高利贷活动的日渐宽容则给未婚女提供了有利环境。虽然营利性的借贷活动早在中世纪就已相当兴盛，但这一活动不仅在《圣经》中被禁止，而且也为英国的世俗法律所不容。宗教改革后，新教个人主义推翻了天主教的禁欲主义，也撼动了天主教严禁放贷收息的传统商业理论。放贷获利被认为理所当然。牧师威

---

① Judith M. Spicksley, "To Be or Not to Be Married: Single Women, Money-Lending, and the Question of Choice in Late Tudor and Stuart England", in Laurel Amtower, Dorothea Kehler, *The Single Woman in Medieval and Early Modern England: Her Life and Representation*, Tempe: Arizona Center for Medieval and Renaissance Studies, 2003, p. 86.

② Amy M. Froide, *Never Married, Single Women in Early Modern England*, pp. 130-131.

③ Peter Earle, *The Making of the English Middle Class: Business, Society and Family Life in London, 1660-1730*, Berkeley: University of California Press, 1989, p. 168.

④ Leonore Davidoff, Catherine Hall, *Family Fortunes: Men and Women of the English Middle Class, 1780-1850*, London: Routledge, 2002, p. 279.

⑤ Catherine Hall, "Strains in the Firm of Wife, Children and Friends: Middleclass Women and Employment in Nineteenth-century England", in Pat Hudson, W. R. Lee, eds., *Women's Work and the Family Economy in Historical Perspective*, Manchester: Manchester University Press, 1990, p. 106.

廉·哈里森曾感叹道:"经犹太人传入的高利贷活动现已被几乎所有的基督徒熟练掌握。这种生意是如此之普遍,以至于出借钱财而不求回报的人通常被视为白痴。①"的确,宗教改革后的社会和政府所反对的已不再是收取利息,而是利息过高。1571年的反高利贷法案虽然也要求严厉惩处高利贷活动,但是对年利率在10%以上的放贷仅以没收利息作为惩罚。这一法案表面上看似反对,实则鼓励了更多的人参与放贷。因为只要他们将放贷利率设定在10%之内,就可以避免失去本金。这一法案虽然没有公开承认营利性放贷的合法性(它仍然宣称所有的高利贷"被上帝的法律所禁止",是"罪恶的和可憎的"),但是对许多人来说,这一法案事实上划分了合法和非法盈利之间的界限。之后,在伊丽莎白和詹姆士一世期间所颁布的反高利贷法案继续削弱这一界限。最终,1661年的法案认可了放贷的合法性,只是将最高年利率限定在6%。②

在日渐宽松的大环境之下,未婚女的放贷活动还因符合传统两性观而得到了更多鼓励。"男主外、女主内"是传统两性观的一条基本原则。妇女,尤其是未婚女,不宜频繁涉足公共领域,更不能与男人展开经济竞争。曼彻斯特的民事法庭就曾控诉"未婚妇女……自己从事烘焙、酿酒和其他行业,给有妻儿的穷人带来了巨大的伤害"③。较之抛头露面的生产性劳动,很少出现在公众视野中的放贷活动则被认为是"消极"的经济行为,也更适合妇女参与。就如凯里吉(Eric Kerridge)发现的那样,"因为性别而受限的人通常会被鼓励从事放贷活动"④。南安普敦的市镇官员虽然反对

---

① [英]阿萨·勃里格斯:《英国社会史》,陈叔平等译,中国人民大学出版社1989年版,第149页。

② M. Tebbutt, *Making Ends Meet: Pawnbroking and Working-class Credit*, Leicester: Leicester University Press, 1983, p. 101.

③ Margaret R. Hunt, *The Middling Sort: Commerce, Gender, and the Family in England, 1680–1780*, Berkeley: University of California Press, 1996, p. 5.

④ Eric Kerridge, *Usury, Interest and the Reformation*, Aldershot: Ashgate Publishing limited, 2002, p. 63.

未婚女成为独立的生意人，但却容忍她们作为食利者。①

最后，父亲替未婚女儿所做的安排也增加了她们参与其中的可能性。早在1661年营利性放贷活动合法化之前，将未婚女儿应得的遗产份额用于放贷便已十分常见。1571年的反高利贷法案就已同意将那些失去父亲的孩子、寡妇、疯子或是其他无民事行为能力者的资金用以放贷。法案规定，为了孤儿（失去父亲的孩子）的利益，根据古代利率或是城市习惯将他们的财产用于放贷具有完全的合法性。为了更好地保护子女的财产，父亲往往也会在去世之前委托遗嘱执行人或是监护人将子女应得的那份遗产用于放贷。伊丽莎白·霍华德（Elizabeth Howard）的监护人就将属于伊丽莎白的800英镑遗产贷给了纽卡斯尔市政府。② 1618年，莎拉·考尼什（Sarah Cornish）和伊丽莎白·考尼什（Elizabeth Cornish）的继父也将她们每人15英镑的遗产贷给了市政府。③ 在遗嘱执行人或是亲属看来，将孩子应得的那部分遗产放贷出去远比留在继父手中安全。将孩子应得遗产用于放贷也是有利可图的。放贷所产生的利息不仅给孩子提供了成长费用，而且本金还能完整保存下来。故而，父亲经常为未成年女儿做出这样的安排。当女儿达到指定年龄或是结婚时，她可以收回贷款，也可以选择继续放贷。

未婚女积极参与放贷活动也对其自身和社会产生了重要影响。虽然任何放贷都存在风险，但理论上随着未婚女放贷金额的增加，她们能相应地提高自己的经济地位。经济处境的改善又在一定程度上支持了一种独立的生活方式，从而可能影响了她们对婚姻的看法，增强了保持单身的信心和能力。17世纪的英国民谣"托拜厄斯的发现"（*Tobias's Observation*）中的女主人公就表达了经济独立所带给她的信心：

---

① Amy M. Froide, *Never Married, Single Women in Early Modern England*, p. 127.

② Judith M. Spicksley, "Fly with a Duck in Thy Mouth: Single Women as Sources of Credit in Seventeenth – Century England", *Social History*, Vol. 32, No. 2, 2007, pp. 201, 197.

③ Amy M. Froide, *Never Married, Single Women in Early Modern England*, p. 137.

> 为了生计，
> 我家里家外地工作。
> 有时我在家里纺纱，
> 有时外出收割谷物，
> 有时在田野里挤牛奶，
> 我通过自己辛勤的汗水获得收入。
> 我像任何少女那样心满意足地生活，
> 有什么必要让自己和一名男子纠缠在一起？
> ……
> 现在我就是自己的主人，
> 而婚姻中一些人可能就像傻瓜，
> ……
> 我对嫁人没有丝毫的憧憬。①

这首民谣不仅歌颂了单身生活的自由，而且也显示出对于维持单身所需的经济独立之信心。可能正是基于经济独立，她们才能将单身视为一种永久性的生活状态。大量描绘单身妇女经济独立的民歌以及用老小姐（Spinster）这一原本界定职业的词汇来指代婚姻状态，也都暗示了经济独立与妇女保持单身之间的某种联系。② 当然，我们并不是说放贷一定会带来妇女的经济独立和选择单身，但就总体情况而言，它的确在一定程度上增加了未婚女的收入，可能也因此改变了她们对婚姻的看法，增强了她们保持单身的信心和能力。

未婚女的放贷活动还具有相当的社会价值。虽然高利贷活动在中世纪就已出现，但直到16世纪高利贷活动才逐渐从教会法庭的

---

① J. Wiltenburg, *Disorderly Women and Female Power in the Street Literature of Early Modern England and Germany*, Charlottesville: University Press of Virginia, 1992, pp. 65-67.

② Spinster原意是指纺纱女子，到17世纪开始用来指未婚女。在一般用法上是指那些超过了平均结婚年龄仍然未婚的妇女。参见 Bridget Hill, *Women Alone*, p. 4.

控制中解放出来,转而置于一系列世俗法律的引导和规范之下,并于1661年最终取得了合法的地位。放贷活动的世俗化和合法化实则反映了放贷活动对近代早期英国社会的重要性。博古次卡(M. Bogucka)强调了放贷活动在平衡家庭预算上的关键作用。① 勒米尔(B. Lemire)也在研究中证实了小规模的借贷活动之于十七八世纪家庭运转的重要性。② 如果我们站在宏观经济的层面上来看,单身妇女的放贷还在一定程度上推动了英国原工业化的顺利开展。近代早期是英国从农业社会向工业社会转型的重要时期。原工业化的发展亟须资金,然而直到17世纪末英格兰银行才成立,遍布全国的银行网络更是缺失。这一现状迫使英国的原工业化严重依赖于民间信贷资金的支持。过去,经济史学家曾认为原工业化的资金来源于城市商人,但迈克·泽尔(Michael Zell)在充分研究乡村羊毛布商的遗嘱、日记、账本等基础上提出:虽然不可否认城市商人对乡村工业的渗透,但事实上信贷和地方资金也起到非常重要的作用。③ 17世纪晚期英国重商主义者查尔斯·戴夫南特(Charles Davenant)也指出,"英国的工商业一直都更多地通过信贷资金来开展,而不是依靠本金来维持运作"。埃利斯(J. Ellis)对18世纪泰因赛德地区的企业家进行研究时也发现,贷款是资本主义工商业所需资金的主要来源之一。④ 在这一大背景下,活跃于信贷市场的未婚女自然也给地方工商业的发展提供了一定的资金支持。因此从更

---

① M. Bogucka, "Women and Credit Operations in Polish Towns in Early Modern Times (XVIth - XVIIth Centuries)", *Journal of European Economic History*, Vol. 32, No. 3, 2003, p. 485.

② B. Lemire, "Petty Pawns and Informal Lending: Gender and the Transformation of Small-scale Credit in England, circa 1600 - 1800", in K. Bruland, P. K. O'Brien, eds., *From Family Firms to Corporate Capitalism*, Oxford: Oxford University Press, 2014, pp. 122 - 124.

③ Michael Zell, "Credit in the Pre - industrial England Woolen Industry", *The Economic History Review*, Vol. 149, No. 4, 1996, p. 670.

④ J. Ellis, "Risk, Capital and Credit on Tyneside, circa 1690 - 1780", in K. Bruland, P. K. O'Brien, eds., *From Family Firms to Corporate Capitalism*, Oxford: Clarendon Press, 1998, pp. 86, 93.

大层面来说，未婚女的放贷活动也在一定程度上提供了资本主义工商业发展所需的资金，进而支持了英国原工业化的顺利推进。

综上所述，近代早期的未婚女虽然在经济地位上逊色于男性，也在劳动权利上处于比寡妇更不利的地位，但是她们却比我们预想的要更加广泛和积极地涉足放贷活动。凭借放贷，她们不仅在整体上改善了经济处境，增强了保持单身的信心和能力，而且也在一定程度上帮助了私人和政府度过经济难关。从更大的方面来说，她们还为原工业化的顺利开展提供了部分资金。对这一主题的考察也有利于修正我们对未婚女经济生活的刻板认识。在传统的妇女史研究当中，我们总以悲观的态度看待未婚女的经济处境——由于没有丈夫的经济支持，绝大部分单身妇女都在"三低一高"的行业中艰难度日。对未婚女放贷活动的研究则证实了这样的理解是片面的。事实上，对不少未婚女来说，放贷行为也是其改善经济处境并获得安全感的重要手段，而这在很大程度上却被我们的历史研究所忽视了。

第二节　寡妇的经济活动

一　劳动力市场中的寡妇

丈夫死后，寡妇面临的首要问题便是如何维持家户的顺利运转。对于上层社会的孀妇来说，丰厚的寡妇产及其他收益足以使其在无需工作的情况下仍能衣食无忧。但是对绝大多数寡妇来讲，她们则必须自食其力。厄尔（Peter Earle）的研究表明，有73.2%的寡妇完全靠工作维持生计，12.0%的寡妇部分地靠工作谋生，无需工作的寡妇仅占14.8%。[①] 就这些需要工作的孀妇而言，她们比已婚和未婚姐妹享有更加广阔的经济权利。

在近代早期，英国许多城市的工商业活动都受同行业公会的规

[①] Peter Earle, "The Female Labour Market in London in the Late Seventeenth and Early Eighteenth Centuries", *Economic History Review*, Vol. 42, No. 3, 1989, p. 337.

第一章 单身妇女的经济生活

范和限制,而"已婚妇女和寡妇是唯一不受同行业公会明文禁止其经济活动的妇女群体"①。不过,已婚妇女通常是作为丈夫的帮手参与其中,寡妇却能够以自己的名义独立从业。赫尔的织匠公会章程就规定:"任何织匠(当其去世时具有本市市民身份和织匠公会成员身份)的遗孀,只要是在守寡期间,并遵守赫尔河畔金斯顿织匠公会现在和将来制定的章程,那么她自己及其学徒和帮工从事织匠行业都是合法的。"② 1529 年,约克郡所有的公会都承认了寡妇享有继承先夫职业的权利。1606 年切斯特的所有公会也都承认了寡妇的这一权利。

不仅如此,公会师傅的遗孀还被赋予了指导和招收学徒的权利。伦敦七个主要公会中指导学徒的妇女几乎全都是寡妇。在牛津,当一位自由民去世之后,他的遗孀在法律上有责任照看其学徒或者将之转到其他师傅名下。从 1520—1800 年,牛津的寡妇共招收了 236 名学徒,其中有两名寡妇在招收学徒方面表现卓越。一位是绸布商玛利亚·马修(Maria Mathew),另一位是五金商安妮·特顿(Anne Turton)。玛利亚在她两次寡居期间共招收了 12 名学徒,其中包含她第一任丈夫约翰·布里奇曼(John Bridgman)以及第二任丈夫威廉·马修(William Mathew)所招收的学徒。安妮的先夫是一名成功的五金商人,在 1652 年丈夫去世之后她继承了先夫的生意,成为牛津地区杰出的女五金商并招收了 3 名学徒。同时,她还干起了自己的生意——葡萄酒买卖。1660 年,她改嫁给了威廉·莫瑞尔(William Morrell)。婚后,丈夫接管了她的两门生意。1679 年威廉·莫瑞尔去世,安妮又继续投入到这两门生意之中并招收了 7 名葡萄酒学徒。③

---

① Vivien Brodsky, "Widows in the Late Elizabethan London: Remarriage, Economic Opportunity and Family Orientations", in Lloyd Bonfield, ed., *The World We Have Gained: Histories of Population and Social Structure*, Oxford: Basil Blackwell Ltd., 1986, p. 142.

② 陈曦文、王乃耀:《英国社会转型时期经济发展研究:16 世纪至 18 世纪中叶》,首都师范大学出版社 2002 年版,第 174 页。

③ Mary Prior, *Women in English Society*, 1500–1800, p. 107.

对于那些非公会成员的遗孀来说，她们也能通过支付一笔特许费而享受公会成员的特权。与未婚女相比，寡妇虽然在总人口中所占比例更小，但她们却是最经常缴纳这类费用的女性群体。1730年，南安普敦共有36名妇女支付了特许费，其中32人都是寡妇。在1750年，南安普敦有65名妇女支付了这一费用，其中至少51人都是寡妇。①

有时候，孀妇甚至还可以继承先夫的公职或是获得某些公职。虽然高级官员的遗孀没有权利继承先夫的公职，但是对诸如狱卒、巡视员、守卫、救济院、感化院以及医院的管理员这类最低等级的官员或是准官员来说，其遗孀往往可以要求继承先夫的公职。从一封来自阿宾顿感化院管理员遗孀的请愿书中我们可以探知孀妇是如何争取先夫公职的：

一封来自阿宾顿感化院上任管理员约翰·普林斯（John Prince）的遗孀伊丽莎白·普林斯（Elizabeth Prince）卑微的请愿书：

您申请者的家庭状况非常糟糕：一共有八个孩子，而最大的女儿仅有14岁。在这八个孩子中有三个先天身体孱弱，这可能会导致他们无法自己谋生。

您申请者的丈夫、父亲和祖父都在阿宾顿感化院做了很多年的管理员，另外还有一个兄弟和妹夫有资格并且愿意帮助她分担以后管理感化院的工作。

因此，您的申请者恳求能够继续先夫的工作，这样的话她就能养活孩子，否则孩子们就不可避免地会扔给教区来抚养。②

这封以家庭所面临的实际困难而提出的申请，貌似谦恭实则强

---

① Amy M. Froide, *Never Married, Single Women in Early Modern England*, p. 95.
② Olwen Hufton, *The Prospect before Her*, Vol. 1, p. 241.

第一章 单身妇女的经济生活

硬。它以将众多未成年孩子扔给教区作为威胁。申请人或是这封申请书的执笔者应该很了解相关部门的心态——应该尽可能地将寡妇及其子女排除在济贫负担之外。如果能够利用这类工作让寡妇得以养活自己和孩子的话，他们通常会乐于批准寡妇的申请。果然，伊丽莎白得偿所愿地继承了先夫的公职。当伊丽莎白在申请阿宾顿感化院的看守工作时，阿宾顿的贫民收容所也正处于一个寡妇的管理之下。米德尔塞克斯郡和诺福克的监狱也主要聘请寡妇来做看护。据赫夫顿的估计，在1688—1775年间大约四分之一以上的大不列颠监狱都有一名寡妇作为看守。[1]

当然，这并不是说寡妇在社会经济活动中总是受欢迎的。公会和政府在帮助寡妇的同时，也对她们进行了限制。这些限制因从业类型、时间和地点的不同而存在明显差异。公会对独立从业的孀妇所进行的限制主要集中在以下几个方面：（1）对寡妇从业时间的限制。有些城市或公会规定寡妇继续经营先夫生意的时间不能超过一个月，手头的工作一旦做完就必须停止。有些城市或公会同意让寡妇继续先夫的生意并对学徒行使师傅的权利，但却要求寡妇在最多两年的时间内就要改嫁，婚后把生意交给丈夫打理。在考文垂，寡妇则只能在儿子学徒期满之前继续先夫的事业。（2）对寡妇身份的要求。一个改嫁了却试图继续先夫职业的寡妇可能会遭到限制。1674年，南安普敦的帽商公会对莱恩夫人（Mrs Lyne）提起控诉，要求莱恩夫人必须停止在南安普敦出售帽子，因为再婚已经让她丧失了这一权利。[2] 上面讲到的赫尔织匠公会章程也将寡妇从业的权利限制在她们寡居期间。切斯特和约克郡的同业公会也持同样态度。（3）允许她们继续从事先夫职业，但某些活动只能由学徒来完成。例如，在印刷行业中只有学徒负责压印（pull the press）环节时，寡妇才能营业。（4）对寡妇的从业资金、技术和行业类型进行限制。对于那些需要经过严

---

[1] Olwen Hufton, *The Prospect before Her*, Vol. 1, pp. 241, 336.
[2] Amy M. Froide, *Never Married, Single Women in Early Modern England*, p. 27.

格训练或是特殊技能的行业，寡妇往往无权参与。例如，"金匠、银匠、钟表匠、白蜡匠、木匠等行业的同业公会通常会以比较优厚的条件接受去世师傅的儿子作为学徒，但是他们却不会帮助寡妇"①。在有的城市，寡妇也不能够从事与先夫不同的行业。1718年，南安普敦的寡妇弗莱（Fry）被禁止从事先夫所未从事的出售杂货活动。②（5）通过限制寡妇招收的学徒和帮工数量来制约她们的经济活动。牛津的缝纫公会就规定一名寡妇只能聘请一名帮工，试图以此来阻碍寡妇进行任何规模性的生产活动。公会有时候甚至不让寡妇招收新的学徒并且要求寡妇将现有的学徒转到其他师傅名下，这实为变相地让寡妇停止生产经营。（6）寡妇甚至还会遭到公会的恶意打击，特别是在经济困难的年代。公会可能禁止她们在某个集市上做生意或者是生产销售某一产品，甚至直接将她们从合法经营者中除名。伦敦的书商公会在复辟时期就曾对印刷业中的寡妇进行过一次严厉打击。当时英国的印刷业在经历了内战和空位时期因辩论性小册子和祈祷文学的流行而繁荣一时之后进入了困难时期。在这种低迷的境况中，伦敦书商公会铲除了最弱小的印刷作坊，将它们从合法经营者中除名，而这些最弱小的作坊通常都是由寡妇所经营的。

除公会和政府的蓄意为难外，寡妇的自身条件可能也会导致她们无法继续先夫的事业。在整个前工业化时期，妇女所接受的教育都偏重于宗教、道德和家政方面，而很少有手工业或商业方面的正规训练。这种能力上的不足致使她们在守寡时往往因不懂得如何继续先夫生意而被迫放弃。爱丽丝·格林伍德（Alice Greenwood）就因一直都忙于照料孩子和家庭，对丈夫的生意一窍不通，以至于在丈夫去世之后被迫卖掉他的店铺。③ 1591—1675 年间，切斯特的工

---

① Olwen Hufton, "Women Without Men: Widows and Spinsters in Britain and France in the Eighteenth Century", *Journal of Family History*, Vol. 9, No. 4, 1984, p. 356.
② Amy M. Froide, *Never Married, Single Women in Early Modern England*, p. 27.
③ Sara Mendlson, Patricia Crawford, *Women in Early Modern England, 1550 - 1720*, p. 332, 178.

匠记录上列举的18位寡妇中有三分之一的人很快便放弃了先夫的事业。①

在主客观因素的制约之下，绝大多数寡妇也同未婚女一样作为工资赚取者，集中在诸如家庭仆役、食品供应、小商小贩、照料护理、花边制作和纺纱织布等传统女性行业当中。与未婚女不同的是，她们在这类工作中更容易得到公会和政府的帮助。公会和政府官员倾向于招募寡妇从事一些临时性的工作。17世纪伦敦鱼贩公会曾雇佣过一名寡妇负责公会装备的清洁和保养，而另外一位寡妇则被雇佣来管理鱼贩的驳船。寡妇伊莎贝尔·金（Isabell King）被雇佣来清理伦敦食品商公会大厅的垃圾，寡妇加兰（Garland）则被雇佣来照看公会的花园。市政机关也喜欢雇佣寡妇来派发救济品给穷人、教导穷人子女和懒惰的未婚女、替穷人和怀有私生子的妇女接生、照料病人、安排葬礼和埋葬死者等。另外，政府官员往往也特许寡妇参与到食品供应这类小营生当中。例如南安普敦和索尔兹伯里定时给寡妇，特别是穷寡妇颁发作为食品供应者、酒类出售者（出售淡啤酒的人）和酒馆经营者的特许证，而未婚女却不能够得到类似的帮助。在厄尔对1695—1725年女性职业的研究中，有53位妇女从事餐饮业，其中有32名妻子，18位寡妇和3名未婚女。在沿街叫卖的44名妇女中，有28名妻子和14名寡妇，而仅有2名未婚女。② 在酒馆经营行业，未婚女所占比例更小。在南安普敦，直到1739年玛丽·史密斯（Mary Smith）才成为第一个获得酒馆经营许可的未婚女。③ 这种情况的出现可能是因为官方将这类非正式的小营生当作一种济贫手段，用于帮助有家户需要维持或者有孩子需要抚养的妻子和寡妇。相比之下，未婚女往

---

① Donald Woodward, *Men at Work: Labourers and Building Craftsmen in the Towns of Northern England*, Cambridge: Cambridge University Press, 1995, p. 86.

② Peter Earle, "The Female Labour Market in London in the Late Seventeenth and Early Eighteenth Centuries", *Economic History Review*, Vol. 42, No. 3, 1989, p. 339.

③ Amy M. Froide, *Never Married, Single Women in Early Modern England*, p. 29.

往被视为不值得帮助的穷人,因此她们很少能够参与到这类行当之中。

  在这些依附性的或临时性的工作当中,寡妇还表现出了与未婚女不同的择业倾向。在厄尔的统计中,女仆行业并不是寡妇最常涉足的工作。制作及修补衣物、看护及治疗才是寡妇最常涉足的行业,有超过三分之一的寡妇都投身到这两类行业当中。特别是在看护及治疗行业中,寡妇更是占到了绝对的垄断地位。(见表1-1)在此需要指出的是,看护(Nursing)一词在《牛津英语大辞典》中被界定为那些照看病人的护士,而在厄尔的研究中也指那些照顾临盆妇女和小孩的保姆、奶妈。就更加专业的治疗而言,厄尔的研究中仅有8名助产士和3名从事替代医疗的妇女。这也就是说,看护及治疗行业其实在很大程度上就是由看护和助产士构成。寡妇在这类行业中的垄断性(占这一行业的48.2%)可能是因为她们通常被认为有照顾他人和生育的经验,因此远比未婚女更适合。未婚女中仅有1.5%的人从事这一职业,而寡妇中则有17.3%。相较之下,虽然从事制作及修补衣服的寡妇人数更多,但是寡妇在该行业中所占的比例不仅远低于妻子而且也低于未婚女。另外,17世纪英国城镇的发展刺激了对住宿和食物的需求,因此寡妇在餐饮及食物供应行业中也占据不小比例。她们在这一行业中占据了三分之一强。这虽然低于妻子在该行业中所占比例,但却远远高于未婚女所占的5.7%。寡妇和未婚女在从业倾向上的巨大差异也反映在了售卖及沿街叫卖上。在该行业中,寡妇所占比例接近三分之一,而未婚女仅占4.5%。这一职业分布的差异性在很大程度上回应了上文的论断——官方往往将这类小营生视为一种济贫手段,用于帮助有孩子或家户需要维持的妻子和寡妇。故而,有高达37.8%的寡妇在看护和治疗、售卖和沿街叫卖以及餐饮和食物供应这类行当中谋生,而仅有4%的未婚女从事该类行业。

表1-1　　　　　　　1695—1725年伦敦妇女的职业

职业	被雇佣的人数及百分比				
	未婚女	妻子	寡妇	总数	%
家庭仆役（Domestic service）	124	14	18	156	25.4
家庭清洁/洗衣熨烫（Charring/Laudry）	9	43	16	68	11.1
看护/治疗（Nursing/Medicine）	3	26	27	56	9.1
纺织业（Textile manufacture）	8	15	5	28	4.6
制作/修补衣物（Making/Mending clothes）	34	60	30	124	20.2
售卖/沿街叫卖（Sell/Peddle）	2	28	14	44	7.2
店铺管理（Shopkeeping）	12	19	16	47	7.7
餐饮/食物供应（Catering/Victualling）	3	32	18	53	8.7
各类服务工作（Services）	3	8	7	18	2.9
各类手工业者（Manufacture）	2	6	4	12	2.0
苦力/日工（Hard labour/Daywork）	1	5	1	7	1.1
	201	256	156	613	100

数据来源：Peter Earle, "The Female Labour Market in London in the Late Seventeenth and Early Eighteenth Centuries", *Economic History Review*, Vol. 42, No. 3, 1989, p. 339.

由于寡妇所从事的工作亦如未婚女一样，大多集中在无技术的、临时的和低报酬的行业当中，也通常比男子更容易处于待业或失业的状态。为此，她们也倾向于同时做多种工作来维持生计。31岁的寡妇伊莎贝尔·多铎（Isabel Dodd）声称自己通过纺纱、编织以及洗涤来养活自己。一位叫作简·斯蒂尔（Jane Steere）的60岁老寡妇表明自己依靠多种工作生活了近20年。她从水手那里买来水果和糖又再倒卖出去，同时还从事纺纱并替人盥洗衣物。她宣称这些工作虽然没有让她欠债，但也没有赚到什么钱。[①] 对于那些有未成年孩子——特别是婴儿的寡妇来说，她们的处境往往比未婚女更加艰难。未成年孩子不仅增加了寡妇的经济压力，而且照料孩子的重任还可能使得寡妇无法胜任许多工作。她们往往被限制在家庭里，从事着诸如纺纱、编织或是针线女工等报酬最低且最不稳定

[①] Sara Mendelson, Patricia Crawford, *Women in Early Modern England, 1550-1720*, p. 278.

的工作。

寡妇所面临的生活困境,也可以从犯罪记录上找到证据。在物价上涨的18世纪,因盗窃罪而被带上法庭的寡妇人数明显增多。在17世纪60年代到80年代,寡妇偷盗食物的案件大大增加。[①] 以往,偷盗食品被视为应当惩罚的行为,通常要被处以罚金并承担刑事责任。然而在这物价上涨的时期,法庭往往将偷盗食品降低为轻罪而且还容忍犯罪者不缴纳罚金。法庭态度的转变实则反映出寡妇在养活自己时的艰辛和困难。

二 寡妇的放贷活动

弗若伊德曾指出,在1500—1900年间的英国农村社会中,寡妇最重要的经济行为就是放贷。[②] 根据保存下来的1550—1750年间温切斯特主教法庭所证实的南安普敦寡妇的273份遗嘱检验文件中随机挑选的30份遗嘱来看,有47%(14份)的南安普敦寡妇在她们去世的时候仍有未收回的贷款。[③]

与未婚女一样,这一时期寡妇的放贷行为也存在正式和非正式的区分。正式的放贷是指那些通过放贷票据来保证贷款安全性的放贷方式。正式的放贷行为主要包括年金、抵押贷款、担保贷款以及根据正式协议而贷出的财物。年金作为一种终身权益在17世纪得到了广泛运用,它是中上层孀妇最常采用的一种投资手段。对中上层人士的遗孀来说,将寡妇产、所继承遗产或者其他经济收入用于确保一种富足的、有保障的老年生活是其安排经济事务的主要宗旨。而获取年金对于投资人来说是最安全的回报方式之一。它也是近代早期土地所有者和企业家将寡妇、老处女或者是退休者手中的空闲资金转移到生产性行业中的最好办法。此外,在近代早期还存在一种类似年金的信贷方式——"抚养协议"。在这种信贷模式中,

---

[①] Olwen Hufton, "Women Without Men: Widows and Spinsters in Britain and France in the Eighteenth Century", *Journal of Family History*, Vol. 9, No. 4, 1984, p. 367.

[②] Amy M. Froide, *Never Married*, *Single Women in Early Modern England*, p. 133.

[③] Richard M. Smith, ed., *Land, Kinship and Life-Cycle*, p. 436.

第一章 单身妇女的经济生活

一个年老的、生病的或者没有能力去耕种土地的人将自己的土地转让给另一个人使用。作为回报，土地的接受者需要给让渡人提供食宿和（或者）身体上的照料。这种抚养协定在中世纪晚期的地方记录中很常见，而从衡平法庭所提供的材料来看这种协定延续到了近代早期，特别是在英格兰北部。到17世纪晚期，抵押贷款也逐渐成了一种安全的、有利可图的借贷方式。根据17世纪620名寡妇（她们中绝大部分人生活在英格兰东部和林肯郡）所采用的借贷方式来看，有10%—15%的人采用了抵押贷款，所贷出的款项至少是抵押物价值的三分之一，甚至是高达五分之二。① 以一块地作为抵押而借贷一笔金钱在17世纪被广泛使用。在这种借贷中，借方常常使用土地作为抵押而取得贷方所提供的一笔现金。作为回报，贷方则获得对抵押土地的合法权利。当借方还清欠款之后，贷方便要把土地归还给借方。另外，对寡妇来说，签订具有约束力的合同来保证贷款的安全也相当常见。这种书面合同往往规定了还款日期和利息以及违约时需要缴纳的罚金。这种贷款合同有时候也会要求有担保人和保证金（保证金通常是本金的两倍），以便在借方欠款不还的情况下贷方可以向担保人索要相应欠款。在非正式的放贷活动中，现金、物品、劳动或是土地的使用都是基于信任而由一个人预付或是暂时给予另一个人，故而相互熟识的社会关系对于这一借贷关系的达成来说必不可少。

从寡妇放贷的金额来看，她们放出的款项往往也在其财产中占据了不小比重。苏塞克斯的一名叫作玛格丽特·温瑞特（Margaret Wenwright）的寡妇在1629年去世，留下了33英镑的遗产，其中有30英镑都是别人欠她的款项。1634年苏塞克斯的安·佩兰（Ann Perrin）的财产清册包括价值1英镑10先令的衣服和54英镑10先令的现金，而这些现金全部由11名男子所欠她的债务构成。② 从170份涉及放贷的寡妇财产清册来看，寡妇贷出的款项平均占到其

---

① Richard Wall, "Bequests to Widows and Their Property in Early Modern England", *The History of the Family*, Vol. 15, No. 3, 2010, p. 227.
② Amy Louise Erickson, *Women and Property in Early Modern England*, p. 188.

动产的43.5%。在这170份财产清册中有68%（116份）的都贷出了其动产的30%或是更多，而且在这116份中还有18份贷出了动产中的90%。① 然而，如果我们将之与未婚女加以比较的话，寡妇所贷出的款项在其动产中所占的比例明显低于未婚女。在近代早期的南安普敦，寡妇平均贷出了她们动产的42%或是50%弱，而未婚女则贷出了她们动产的三分之二。寡妇不仅贷出的款项在自己动产中所占的比重比未婚女的低，而且她们还比未婚女更容易向他人借钱。南安普敦的未婚女遗嘱制定人中仅有5%的人向他人借款，但却有20%的寡妇这样做。② 这可能是因为寡妇通常需要支撑一个家户或是经营一门生意，还可能有孩子需要抚养，因此她们对现金的需求也就更加强烈。

与未婚女相同，寡妇的放贷对象也主要集中在亲戚、朋友和邻里当中。亲戚可能凭借血缘关系在金钱借贷上享有优先权。从提到了债务人名字的遗嘱材料来看，至少有三分之一的债务人是债权人的亲戚，其中子女和兄弟姐妹往往比其他的血亲更具优先权，而债权人的其他血亲又比邻里更容易借到钱。虽然寡妇放贷的对象基本是亲戚、邻居和朋友等熟人圈子，但是这并不意味着她们的放贷行为不是营利性的。当然，放贷人可以根据个人喜好、血亲远近或者是风险高低而确定贷款利息的多寡或者决定是否收取利息。

除熟人圈子之外，寡妇有时候也会与政府发生借贷关系。如前文所述，在城市经济不景气的时候，市政机关往往会从他的居民那里借钱来解决问题。在政府的债权人中寡妇所占的比例最小。在1610—1700年间南安普敦市政府债权人中未婚女占了48.6%，男人占28.1%，而寡妇仅占14.5%。虽然如此，寡妇却是最可能从市政府那里获得商业性贷款的妇女群体。从1641年到1721年获得南安普敦林奇基金贷款的560人中有22名妇女，而这22人无一例外地全都是寡妇。她们每人获得了与男子相等的10英镑的贷款。③

---

① Richard M. Smith, ed., *Land, Kinship and Life - Cycle*, pp. 439 - 440.
② Amy M. Froide, *Never Married, Single Women in Early Modern England*, p. 133.
③ Ibid., pp. 136, 33.

寡妇在这方面所受的优待可能是因为市政官员已经认识到了寡妇，特别是有子女的寡妇在维持一个家户运转上的困难。市政官员希望能通过必要的帮助将其排除在济贫负担之外。

与其他人一样，投身于信贷市场的寡妇也会面临很多风险。即便是在签署了正式借贷合同的情况下，贷方的权益有时也无法得到保证。例如寡妇玛格丽特·帕尔顿（Margaret Pulton）在1540年借了4英镑给威廉·米勒（William Mylles）。在借款合同中规定，威廉和担保人罗伯特·斯多克斯（Robert Stokys）要以8英镑作为保证金。结果，威廉并没有按照合同的约定还款。因此，玛格丽特控告了作为担保人的罗伯特。玛格丽特抱怨威廉欠钱不还已经让她"处于极度的贫穷之中，而且她还有两个小孩需要抚养"。1512年8月亨利·帕默（Henry Palmer），一名考文垂的布料商，向寡妇艾格尼丝·戴夫（Agnes Delfe）借了9英镑13先令4便士并且签署了一份借款合同。当亨利没有按时偿还欠款时，艾格尼丝将之起诉到了威斯敏斯特的王座法庭。她要求亨利归还欠款及利息并支付5英镑的赔偿金。虽然法院支持了她的请求，但是亨利仍然拒不偿还债务和支付赔偿金。因此，艾格尼丝得到了一份拘票文书。她要求考文垂的治安官逮捕亨利并且将之关入监狱直至他履行王座法庭的判决。虽然治安官逮捕了亨利并将之置于亨利·沃尔（Henry Wall）的监管之下，但亨利·沃尔没有履行他的职责，而是允许亨利·帕默自由来去。14年以后，亨利·帕默仍然没有履行王座法庭的判令——偿还寡妇艾格尼丝的债务和支付5英镑的赔偿金。①

另外，寡妇将有价值的文件安全地存放于家中可能也比较困难。达拉谟的寡妇伊丽莎白·皮尔森（Elizabeth Pearson）于1588—1589年提起了诉讼。她声称家里原来存放着两份书面合同。一份记载了罗伯特·沃尔特（Robert Walter）和托马斯·威尔森（Thomas Willson）应该支付给她12英镑的保证金，另外一份记载了尼古拉斯·迪尔温（Nicholas Dearwin）和约翰·米歇尔森（John

---

① Marjorie Keniston McIntosh, *Working Women in English Society*, 1300 – 1620, p. 91.

Michellson）应该偿还她 24 英镑的欠款。她的儿子罗伯特·皮尔森（Robert Pearson）在一个手套贩卖商罗兰·理查森（Roland Richardson）那里做学徒。据她陈述，罗兰是一个行径卑劣之人。他引诱年轻的罗伯特去干下流的事，唆使他将大量的时间和金钱都花在赌博上，甚至还借钱给罗伯特去干这些不正当的事。结果，罗伯特负债累累，成了他师父的债务人。在这种情况下，罗兰教唆罗伯特从其母亲那里偷取了这两份合同。而后，罗兰找到了合同中所提到的那些人并与他们进行了协商，以归还更少的欠款为条件让他们将欠款支付给自己而不是偿还给伊丽莎白。由于伊丽莎白已经丢掉了合同，因此她既不能起诉理查森，也不能起诉合同中的欠款人。①

虽然上述的风险和困难其他人可能也会遇到，但是寡妇却更容易因自己的性别和婚姻状况而面临一些特殊的困难。那些采用法律手段来维护自己权益的寡妇通常需要跨越更多的障碍。其中既包括法律知识和程序上的生疏，同时也包括社会文化层面上的障碍。在近代早期，寡妇不仅面临不熟悉法律知识和法律程序的困难，而且根据当时的社会舆论，任何善良的、正派的寡妇都应该避免走上法庭。就如 16 世纪的道德评论家维韦斯（Juan Luis Vives）所认为的，在任何地方寡妇都应该避免出现在法庭当中，因为这会影响她们的名誉。如果她们必须要诉诸法律的话，那么她也应该去寻找软弱的代理人或者根本不找代理人。她们应该依赖于上帝的保护和法官的好意。如果寡妇或是其代理人在法庭上积极地争取应得权益，则很容易引起法官的厌恶。社会舆论相信"上帝将会为你调解，为孤儿主持公道，为寡妇伸张正义"②。卷入法律纠纷的寡妇甚至还会被问及一些与案件无关的问题，特别是贞洁问题。那些改嫁的寡妇或是不符合社会期望的寡妇往往会遭到法官的厌恶，从而无法维护自己的正当权益。就像托马斯·欧弗伯利（Thomas Overbury）所认为的那样——如果一个寡妇结过三次婚的话，那么"她很可能会

---

① Marjorie Keniston McIntosh, *Working Women in English Society, 1300 – 1620*, p. 91.
② Juan Luis Vives, *The Education of a Christian Woman*, Chicago: The University of Chicago Press, 2000, p. 314.

第一章 单身妇女的经济生活

欺骗她第二任丈夫的债权人"①。

综上,寡妇虽然是所有女性群体中拥有最广泛工作权利的一类人,但是她们中大部分人也如同未婚女一样集中在传统女性行业中,承受着"三低一高"行业带来的压力。在放贷活动上,寡妇的表现不如未婚女积极。她们不仅更少参与放贷,而且贷出的款项通常也更小。当她们在放贷活动中遭遇风险时,她们还可能会因为自己的婚姻状态而在法律诉讼上遭遇一些特殊困难。

近代早期,未婚女和寡妇在工作权利上显然存在着很大区分。在所有妇女群体中,寡妇享有最广泛的工作权利和机会,而未婚女却恰恰相反。她们既不能像寡妇一样可以继承先夫的事业,也无法通过支付相同数额的特许费而加入同业公会。在更加临时性的工作当中,未婚女也无法享受政府所给予寡妇的容忍和帮助。究其原因,这既存在现实的考虑,也有传统观念的影响。由于未婚女通常没有孩子需要抚养,往往也没有一个家户需要维持,因此社会认为她们的独立从业将会给需要养家糊口的男性带来不必要的竞争。就如曼彻斯特的民事法庭所指责的那样,"未婚妇女……自己从事烘焙、酿酒和其他行业,给有妻儿的穷人带来了巨大的伤害"②。换句话说,在生产活动领域对未婚女的为难和限制有着现实的经济考虑,即确保一家之主具备养家糊口的能力和机会。

然而,未婚女绝非单纯因经济原因而遭到限制。这样的限制还与父权体制有着太多的联系。在父权制社会中,女性从属于男性是最基本的要求和准则。据此,确保妇女在经济上的弱势地位就显得尤为重要。毕竟,妇女的经济地位在很大程度上决定了她们的社会地位。如果允许未婚女加入同业公会或是为她们参与社会生产提供帮助的话,可能也就变相地支持了未婚女扮演起独立自主的异常角色,这显然有悖于父权社会的基本理念。当然,社会承认寡妇有权继承先夫事业,允许寡妇经营自己的生意,甚至

---

① Thomas Overbury, *His Wife*, London, Printed and Sold by H. Hills, 1627, p. 205.
② Elizabeth C. Sanderson, *Women and Work in Eighteenth – century Ediburgh*, New York: St Martin's Press, 1996, p. 3.

是帮助寡妇从事一些非正式的小营生，也并非认为曾经结过婚的妇女就有权利这样做，而是考虑到寡妇有养家糊口的需要。在近代早期，核心家庭占据了主导地位。这意味着丈夫一旦死亡，孀妇通常就会代替先夫成为一家之主。作为先夫在世间的代理人，她们在对孩子、仆人以及家庭生计拥有权利的同时，也要负担起将家户继续维持下去的重任。因此，当寡妇参与生产活动时，社会往往将之视为养家糊口的户主，而不是独立的女性劳动者。此外，如果寡妇能够通过劳动养活自己和孩子的话，便可以在很大程度上减少地方的济贫负担，因而她们的生产活动自然也就得到了更多的容忍和支持。

然而，从历史的眼光来看，未婚女和寡妇在劳动力市场中的处境均日渐恶化了。随着近代早期资本主义因素的发展壮大，以家庭为基本生产单位的自然经济遭到了瓦解，代之而起的是雇佣劳动的资本主义手工工场。经济组织模式的根本性变革给广大妇女群体，特别是单身妇女造成了深远的影响。绝大多数单身妇女开始从家庭的依附劳动者转变为独立的工资赚取者。但是，她们广泛参与社会劳动并没有改善其劳动地位。与中世纪的姐妹相比，她们在劳动组织中的地位明显下降了。

首先，单身妇女加入公会的可能性下降了。行会和公会分别是中世纪和近代早期英国重要的经济组织形式。只要获得行会或公会成员的身份就意味着可以在社会经济和日常生活中享受诸多的权利和好处。在中世纪，单身妇女，特别是寡妇加入行会并不罕见。"女孩可以做学徒，女性也能在一些行会中担任公职。"[1] 然而，到了近代早期，随着商品经济的发展和竞争的加剧，很多公会都对女性关闭了。在中世纪有权从事先夫生前行业的寡妇也受到了越来越多的限制。从15世纪中期开始，公会开始限制寡妇从业的时间。大部分寡妇最多只能继续从事先夫的生意一两年，最少的只能从事

---

[1] Katrina Honeyman, Jordan Goodman, "Labour Markets in Europe, 1500 – 1900", *Economic History Review*, Vol. 44, No. 4, 1991, p. 610.

第一章 单身妇女的经济生活

几个月。① 到 16 世纪中期，在大多数行业中寡妇都不能雇佣任何新学徒、短工或计件工。② 在牛津，从 1520—1800 年，将近 300 年的时间里仅有 144—146 名寡妇招收了学徒，而且招收的学徒数量也只有 236 人。③

其次，单身妇女被从需要技能的、社会地位较高的工作中排挤了出来并转移到了"三低一高"的工作当中。在中世纪，单身妇女通常有机会在各类社会地位较高的职业中谋求一席之地。但是到了近代早期，"在中世纪很常见的女技工在社会观念和现实中都遭到了动摇"。④ 绝大多数单身妇女都被限制在了家庭仆役、纺织行业和服装贸易当中，她们的工作愈渐呈现次等劳动力市场的特征。这种现象的形成，我们可以从生产模式和父权体制上进行分析。在英国，妇女之所以能在劳动力市场上占据较高地位主要是得益于以家庭为单位组织起来的经济活动方式。⑤ 换句话说，妇女能够接触地位较高的工作是因为与家庭成员共同生产产品并且共同为市场服务，妇女还没有作为个体出卖自己的劳动。然而，随着资本主义因素的日渐壮大，当家庭逐渐失去了作为基本生产单位的功能时，当妇女作为个体在劳动力市场中与男性竞争时，她们在劳动力市场上的地位也就明显下降了。她们开始被排除在了报酬较丰厚的、稳定性较高的以及具有技术含量的工作之外。当然，生产组织模式的转变只是造成单身妇女劳动地位变化的一个诱因。事实上，父权机制才是导致单身妇女在劳动力市场中地位恶化的始作俑者。大量的单身妇女作为个体加入社会生产活动，不仅在劳动力市场中与男性形

---

① Margaret L. King, *Women of the Renaissance*, Chicago: University of Chicago Press, 1991, p. 57.

② 裔昭印:《西方妇女史》，第 231 页。

③ Mary Prior, "Women and the Urban Economy: Oxford 1500 – 1800", in Mary Prior, ed., *Women in English Society, 1500 – 1800*, pp. 106 – 107.

④ Katrina Honeyman, Jordan Goodman, "Labour Markets in Europe, 1500 – 1900", *Economic History Review*, Vol. 44, No. 4, 1991, p. 613.

⑤ M. C. Howell, *Women, Production and Patriarchy in Late Medieval Cities*, Chicago: University of Chicago Press, 1986, pp. 24, 27 – 28.

成了竞争势态,而且还僭越了传统性别空间的划分。因此,为了维护和重整男性权威,社会对单身妇女可以从事的工作进行了严格限制,以确保她们在经济上的依附地位,进而维持她们对男性的顺从。这一情形也与维斯娜(Merry E. Wiesner)所观察到的德国的情况很相似。在德国,纺纱工的工资很低。这样做的目的就是让未婚女不能够自己养活自己,从而迫使她们回到某个男主人或者是工匠的家庭中去为他工作。[1]

与劳动力市场中的暗淡景象不同,这一时期的单身妇女积极地投入到了营利性的放贷活动当中。她们在放贷活动中的突出表现,既得益于这一时期社会对营利性放贷行为的容忍以及放贷活动本身的高回报,也与单身妇女在劳动力市场中的劣势地位以及当时的女性观密不可分。当我们进一步对未婚女和寡妇的放贷行为做出比较时,我们将发现未婚女在这方面的表现要比寡妇更加积极。她们在放贷的广度和力度上都超过了寡妇。这一现象的出现,一方面是因为未婚女通常没有家户需要维持,一般也没有孩子需要抚养,因此她们对现金的需求不似寡妇那般强烈。另一方面还与她们获得的遗赠类型密切相关。在整个近代早期,未婚女获得现金遗赠的可能性都大大超过了寡妇[2],故而手中可能握有更多的现金用于放贷生利。

---

[1] Merry E. Wiesner, *Women and Gender in Early Modern Europe*, Cambridge: Cambridge University Press, 1993, pp. 99, 229.

[2] Richard Wall, "Bequests to Widows and Their Property in Early Modern England", *The History of the Family*, Vol. 15, No. 3, 2010.

第二章 单身妇女对家庭财产的继承

艾瑞克森曾指出,"从历史的角度来看,财富最重要的组成部分不是工资而是遗产"[1]。单身妇女,特别是那些来自中上阶层的单身妇女往往能继承一部分家庭财产。本章将主要通过考察遗嘱来探讨单身妇女对家庭财产的继承。虽然通过遗嘱进行讨论存在这样或那样的缺陷[2],但是这些缺陷对于我们考察单身妇女所获得的遗产类型、遗产价值以及被选定为遗嘱执行人的概率等并没有造成太大的影响。

第一节 未婚妇女与家庭财产的继承

近代早期的英国社会普遍存在着一种偏爱儿子的文化氛围。爱丽丝·桑顿夫人(Alice Thornton)虽然已经有好几个女儿了,但仍然想要一个儿子。她认为怀上男孩会让自己身体健康。[3] 在这种偏爱儿子的文化氛围中,女儿对家庭财产的继承情况又如何呢?为

---

[1] Amy Louise Erickson, *Women and Property in Early Modern England*, p. 3.
[2] 第一,遗嘱制定人往往来自比较富裕的阶层。那些没有留下什么财产的人可能不太需要制定一份遗嘱,但这对于我们分析财产拥有者如何在其子女之间或是遗孀和子女之间分配财产上没有太大关系。第二,遗嘱的制定与否受到了家庭环境的影响。当由谁继承遗产很清楚的时候,可能无须制定一份遗嘱。相反,当有很多继承人的时候,特别是当遗产受益人之间存在潜在利益冲突时,则很可能需要一份遗嘱来分配财产。第三,遗嘱提供的是一份相当不完整的财产所有权记录。在很多时候,遗嘱制定人在活着时就已经赠予了不少财产。
[3] Amy Louise Erickson, *Women and Property in Early Modern England*, p. 49.

此，我们首先考证将不动产遗赠给儿子和女儿的可能性分别有多大。其次，我们还需知晓遗嘱制定人是如何分配动产的。再次，在无遗嘱而亡的情况下教会法庭又如何裁定儿女的继承份额。最后，我们还需要评估近代早期不动产和动产之间的价值差异，这样才能更加清楚地了解女儿在家庭继承上的真实处境。

一 未婚妇女对不动产的继承

虽然英国社会普遍存在着偏爱儿子的文化传统，但女儿也能够继承土地。据斯普林（Eileen Spring）估算，在12—13世纪的英格兰有42%的女儿成了继承人，继承了英格兰将近25%的地产。[①] 然而从都铎时代（14世纪晚期）开始，由女性继承的土地开始急剧减少。根据劳伦斯·史东（Lawrence Stone）和珍妮·史东（Jeanne C. F. Stone）的统计，中世纪后期至近代早期，仅有5%的地产由直系女嗣继承，即使加上旁系女性继承人，也至多8%。[②] 相比中世纪，在近代早期由女性继承的地产至少下降了三分之二。

在这一整体态势之下，未婚女儿对家庭土地的继承自然也受到影响。据彼得斯（Christine Peters）对两个在习俗上接受女儿作为土地共同继承人的庄园——哈索威（Halesowen）庄园以及沃菲尔德（Worfield）庄园的考察，从1485年到1560年间在哈索威庄园中有62.5%的土地留给了儿子，在余下37.5%的土地中仅有4.2%被女儿继承了。在对女儿继承土地更加宽容的沃菲尔德庄园中，儿子继承了一半的土地，而在剩下的土地中也仅有5.5%被女儿继承了。[③]

[①] Eileen Spring, *Law, Land, and Family: Aristocratic Inheritance in England, 1300 – 1800*, Chapel Hill: The University of North Carolina Press, 1993, p. 12.

[②] Lawrence Stone, J. F. C. Stone, *An Open Elite? England, 1540 – 1880*, Oxford: Oxford University Press, 1984, p. 124.

[③] Christine Peters, "Single Women in Early Modern England: Attitudes and Expectations", *Continuity and Change*, Vol. 12, No. 3, 1977, p. 336.

第二章 单身妇女对家庭财产的继承

女儿在继承家庭地产上的弱势地位不仅表现在由其继承的土地面积更小上,同时也反映在继承地产的概率上。彼得斯发现,在那些延续家族姓氏思想比较浓厚的地方,更加紧密地将土地和男性血统结合了起来。在这些地方,女儿继承土地的可能性几乎为零。① 坎伯兰郡的一些庄园就规定,没有儿子的承租人在去世的时候需要将租地归还给领主。② 在1377—1510年间,温彻斯特的主教庄园中仅有三名女儿继承了习惯保有地。③ 麦克法兰(Alan Macfarlane)、曼比(Lionel Munby)以及斯普福特(Margaret Spufford)等学者通过研究剑桥、埃塞克斯、赫特福德和威斯特摩兰的遗嘱进而提出,父亲只有在没儿子的情况下才可能会将土地赠予女儿。④ 就整个英格兰而言,儿子继承土地的可能性一直都高于女儿。从沃尔对英国各地区和各阶层姓氏为法勒(Farrer)的已婚男子的遗嘱进行的研究⑤来看,儿子获得土地的可能性一直都高于女儿。在1500—1799年间,儿子继承土地的可能性是女儿的两倍多,继承房屋的可能性约是女儿的三倍。如果我们将之与孀妇作比较的话将会发现,在近代早期的任何时候孀妇继承土地和房屋的可能性都远远超过了女儿。(见表2-1)

---

① Christine Peters, "Single Women in Early Modern England: Attitudes and Expectations", *Continuity and Change*, Vol. 12, No. 3, 1977, p. 335.

② A. Bagot, "Mr Gilpin and Manorial Customs", *Transactions of the Cumberland & Westmorland Archaeological & Architectural Society*, Vol. 62, Kendal: Printed by T. Wilsen and Sons, 1962, p. 244.

③ Christopher Dyer, *Lords and Peasants in a Changing Society: the Estate of the Bishopric of Worcester, 680 – 1540*, Cambridge: Cambridge University Press, 1980, p. 296.

④ Alan Macfarlane, *Marriage and Love in England, 1300 – 1840*, London: Blackwell, 1986, p. 266. Lionel Munby ed., *Life and Death in King's Langley: Wills and Inventories, 1498 – 1659*, California: Kings Langley Local History & Museum Society in Association with Kings Langley W. E. A, 1981, p. 22. Margaret Spufford, *Contrasting Communities: English Villagers in the Sixteenth and Seventeenth Centuries*, Cambridge: Cambridge University Press, 1974, p. 111.

⑤ 理查德·沃尔根据 T. C. Farrer, *Farrer (and some Variants) Wills and Administration: Sofar Discovered by me in England and Wales, and the Isle of Man down to A. D. 1800 (also a Few Later than 1800) (Bangor, Brecon and St. Asaph not Fully Searched)*, Dorking: Farrer of Abirgdon Privately Printed, 1936. 做出统计和研究。

表2-1　　遗赠妻子及子女住房或土地的遗嘱制定人人数　　　单位：人

时期	继承房屋的人数			继承土地的人数		
	寡妇	儿子	女儿	寡妇	儿子	女儿
1500—1549	19	7	4	15	8	6
1550—1599	23	10	2	19	10	1
1600—1649	37	16	5	38	15	11
1650—1699	26	15	5	29	14	6
1700—1749	25	19	9	22	17	8
1750—1799	27	15	5	26	27	10

数据来源：Richard Wall, "Bequests to Widows and Their Property in Early Modern England", *The History of the Family*, Vol. 15, No. 3, 2010, p. 227.

我们需要注意的是，在表2-1中所反映的只是男性在住房或土地分配上对待儿女的态度。那母亲是否也优先地将土地传给了儿子呢？从彼得斯的研究来看，母亲将土地传给儿子的可能性也大于女儿。在1485—1560年之间，平均有1.6%的寡妇将土地赠予了女儿，而有11.7%的寡妇将土地赠予了儿子（见表2-2）。然而，我们并不能就此认定母亲也更加偏爱儿子。她们将土地赠予儿子可能是受先夫遗嘱的约束。根据沃尔的研究，在1500—1849年间的男性遗嘱中有50%以上的男性制定人在遗赠妻子土地时都规定，只供遗孀终身享用，死后需要传给他的继承人。[1] 对那些先夫未留遗嘱的孀妇来说，按照习惯她们可以拥有丈夫不动产的三分之一作为寡妇产，但这部分寡妇产往往是以用益权的形式供寡妇享用，死后这部分财产通常也要归还先夫的继承人。寡妇这种对土地仅存使用权的继承也表明了女性在地产继承中的低下地位。

---

[1] Richard Wall, "Bequests to Widows and Their Property in Early Modern England", *The History of the Family*, Vol. 15, No. 3, 2010, p. 226.

表2-2　1485—1560年间沃菲尔德庄园的地产继承人及比例

继承人	1485—1515 人数	所占百分比%	1516—1560 人数	所占百分比%
儿子	14	28.0	35	46.1
寡妇而后传给儿子	5	10.0	10	13.2
女儿	4	8.0	1	1.3
寡妇而后传给女儿	1	2.0	1	1.3
寡妇而后传给亲戚	0	0	2	2.6
寡妇	16	32.0	7	9.2
其他亲戚	1	2.0	9	11.8
不明	9	18.0	11	14.5
总人数	50	100	76	100

数据来源：Christine Peters, "Single Women in Early Modern England: Attitudes and Expectations", *Continuity and Change*, Vol. 12, No. 3, 1997, p. 338

二　未婚妇女对动产的继承

从上述情况来看，人们在分配不动产时的确更加偏爱儿子。不过，这种偏爱儿子的继承体制并没有延伸到对动产的划分上。相反，为了弥补女儿在不动产继承上的劣势，遗嘱制定人通常会给女儿提供一笔现金遗赠。沃尔发现，在整个近代早期女儿从父亲那里获得现金遗赠的可能性都远远超过儿子。从表2-3来看，有一半以上的女儿都可能获得现金遗赠，而儿子继承现金的概率还不到三分之一。为了确保女儿的利益，遗嘱制定人往往还会规定如果继承人没有支付女儿应得现金的话，那么女儿将有权占有继承人的土地或房屋，直到继承人支付为止。例如，塞尔比的一个皮匠在其1699年的遗嘱中就规定，考虑到儿子乔苏亚（Joshua）已经得到了家宅，因此儿子"应该在我女儿露丝（Ruth）长到26岁的时候支付给她30英镑。如果他不支付这笔钱的话，女儿露丝将有权入住并占有上述家宅"[1]。由于资料的限制，我们无从得知露丝是否在

---

[1] Amy Louise Erickson, *Women and Property in Early Modern England*, p. 69.

她26岁的时候得到了这30英镑,但不管怎样她至少拥有正当理由去维护自己的权益。这种通过赠予现金来平衡家庭财产划分的方式不仅能够保持土地和房屋的相对完整性,而且也给其他孩子提供了一定的经济保障。

表2-3　遗赠妻儿或其他亲属现金的遗嘱制定人人数及比例　　单位:人

时段	遗嘱制定人(人数)	寡妇单独继承%	寡妇与其他人(a)%	遗赠寡妇(b)%	遗赠子女(b)%	儿子(a)%	女儿(a)%	其他亲属(a)%
1500—1549	15	13	7	20	80	27	73	7
1550—1599	26	12	19	31	69	42	35	12
1600—1649	49	10	14	24	73	38	43	16
1650—1699	27	15	15	30	67	30	48	19
1700—1749	41	29	20	49	68	22	51	2
1750—1799	55	20	42	62	78	27	62	2

a:这不排除寡妇与子女或其他亲属共同继承的情况。

b:包括单独继承及与其他人一起继承的情况。

数据来源:Richard Wall, "Bequests to Widows and Their Property in Early Modern England", *The History of the Family*, Vol. 15, No. 3, 2010, p. 229.

对普通社会阶层来说,有限的资产使得他们更倾向于采用另外一种平衡儿女继承份额的方法——完全不赠予不动产继承人任何动产,而将整个动产用作为对其他子女的补偿。1670年前英格兰北方各郡的教会法规定,即使一个男人立有遗嘱,他动产中的三分之一也应该在子女之间平均分配。这一规定有时被用来限制那些已经得到嫁妆的已婚女儿,但这主要是用来平衡儿子在土地继承上所占的优势,以便更加公平地在子女之间分配财产。例如17世纪40年代约克郡的玛格丽·沃斯(Margery Walls)无条件地得到了父亲所赠予的10英镑,她的兄弟约翰得到了12英镑。除了这笔现金之外,玛格丽还可以要求她父亲动产中属于自己的那一部分,而约翰却不可以,因为他已经继承了土地。一名工匠的女儿玛丽·准恩(Mary Dry)在父亲去世后得到了10英镑,而哥哥托马斯仅仅得到了 2 英镑。并且，玛丽和她另外三个姐妹以及一个兄弟可以要求属于子女的那部分动产（全部动产的三分之一），托马斯则因得到了土地而不能够要求动产份额。① 虽然未婚女儿拥有父亲动产之合理份额的权利在 1670 年后的北方各郡中被逐渐废除，大约三十年后也在伦敦被废除了，但这一习惯仍时常出现在遗嘱中。

在英格兰南部以及 1670 年以后的北方各郡，遗嘱制定人通常会采用其他措施来将土地继承人排除在其他儿女享有的动产份额之外。遗嘱制定人可能会在遗嘱中规定，如果女儿未婚而亡的话，该女儿所得到的遗产需要在其他女儿之间进行划分，而不是在所有的兄弟姐妹之间平均划分。皮克林山谷的约翰·坎普曼（John Campleman）在其 1680 年的遗嘱中赠予了长女伊丽莎白 9 英镑 10 先令，赠予幼女安妮 9 英镑，而仅赠予长子 1 先令 6 便士，因为长子已经继承了一份土地。约翰还进一步规定，如果两姐妹之中有人"没有孩子来继承这笔遗赠"的话，那么这份遗赠将会属于她的另外一个姐妹。② 这一条款显然是为了将她们的兄弟排除在获取其姐妹遗产的可能性之外，进一步地保护了女儿的利益。

对于那些无遗嘱而亡者来说，他们动产的分配主要依靠教会法庭来进行。教会法规定，已婚男人未立遗嘱而亡的话，其子女有权平均分配他动产的三分之二；一名寡妇未立遗嘱而亡的话，那么她所有的动产应在孩子们之间平均划分；另外，如果是未婚人士未立遗嘱而亡的话，他的动产则需在其所有兄弟姐妹之间平均分配。根据遗嘱检验账目来看，教会法庭似乎严格地遵循了这些原则。但在动产的具体划分上，教会法庭往往还会考虑许多其他因素。如果一名孩子在父母活着的时候就已经得到了充足财产，那么在父母去世时这名孩子通常便没有权力要求子女份额。这一原则不仅适用于已获得嫁妆的已婚女儿或者接受了教育的孩子身上，而且也扩展到那些通过其他途径得到遗赠的人，尤其是土地继承人身上。例如伊丽

---

① Amy Louise Erickson, *Women and Property in Early Modern England*, p. 70.
② Ibid., p. 71.

莎白·林肯（Elizabeth Lincoln）的丈夫在1607年去世之后，最大的两个儿子每人获得了1英镑，而三个女儿和最年幼的儿子每人得到了5英镑。两个大儿子之所以只获得了很少的现金遗赠，主要是要扣除他们做学徒的费用。并且，他们中的一人可能已经从父亲那里继承到年收入8英镑的土地，另一人也已经从祖父那里获得了土地。1671年，15岁的苏珊娜·桑德森（Susannah Sanderson）的弟弟继承了年收入10英镑的土地，对此苏珊娜获得了充足的补偿——在教会法庭的支持下得到了一笔300英镑的现金。有时候，教会法庭为了能够尽量公平地对待子女，甚至拒绝给继承人任何动产。贾尔斯·巴克（Giles Barker）的案例便是如此。贾尔斯是一个剑桥郡的老单身汉，他在1619年未立遗嘱而亡。他有一个在世兄弟和两个已去世的兄弟。贾尔斯的房子和土地的继承人是他去世长兄的长子。这名侄儿的两位姐妹一起分享了6英镑的动产，但是这名侄儿却没有得到任何的动产，因为他已经继承了土地和房屋。剑桥郡的爱丽丝·库珀（Alice Cooper）的父亲也未立遗嘱而亡。1617年，爱丽丝通过教会法庭从父亲的动产里得到了3英镑。她尚在襁褓中的弟弟却"什么动产都没得到，因为他将在其成年的时候得到一所房子"[①]。

从教会法庭对未立遗嘱而亡者的动产所进行的分配来看，更多的动产被赠予了女儿或是幼子，这明显不同于对土地的安排。艾瑞克森对202份无遗嘱而亡者的财产清册进行了分析，其中既包括男人的财产清册也包括女人的。她发现，教会法庭完全均等地在死者所有的孩子或是兄弟姐妹之间划分动产的情况接近99起，而有一半以上的案件不是平均分配的。在这些未平均分配动产的案件中大多数（55起）是给长子和继承人以更少的动产。其中，有5起是因为考虑到长子的学徒费用而减少了他们对动产的继承，26起是因为他们已经继承了土地而减少了他们的份额，剩下的24起甚至还因为长子继承了土地而只是在名头上给予了他们动产份额。在另

[①] Amy Louise Erickson, *Women and Property in Early Modern England*, pp. 73, 74.

外 38 起未平均分配的案例当中，仅有 10 起（占 202 份案例中的 5%）确实在分配动产时更加偏爱长子。[1]

总之，从遗嘱及教会法规对未立遗嘱而亡者的财产处理来看，儿子通常比女儿更容易获得不动产，但是儿子们的这种优势并没有延续到对动产的分配当中。女儿通常能够获得更多的动产遗赠，从而在一定程度上弥补了不动产继承上的劣势。

三 不动产与动产的相对价值

然而，以赠予女儿动产的方式来抵偿儿子对不动产的继承向我们提出了这样一个问题：不动产和动产的价值分别如何？我们一般会认为，相对于不动产，特别是相对于得到土地的兄弟来说，继承动产的女孩明显处于劣势地位。这一设想可能在一定程度上源于历史上对普通法的强调，因为普通法倾向于将财富与土地相等同。其次，这也在一定程度上归结于土地往往被视为祖产的标志物。另外，也可能是因为在我们这个时代土地的价值远远超过动产。

事实上，在近代早期不动产和动产的价值差异远没有像我们所想象的那样大。虽然遗嘱很少直接表明土地的现金价值并且土地又不会出现在财产清册中，但是遗嘱检验文件有时候会间接地表明土地和动产的价值。例如，一名苏塞克斯的约曼农在其 1616 年的遗嘱中赠予了妻子"最大卧室"中最好的羽毛床以及这张床上所有的附属品或是装饰品，但条件是她要交给儿子一份签字的、密封的"放弃按照法律应得寡妇产"的文件。这份寡妇产的收益可能是每年 3 英镑。这种安排给我们的第一印象可能是她丈夫以一张没有什么价值的床诱骗她放弃有价值的土地。然而这一遗嘱又进一步规定，如果她拒绝放弃依据寡妇产所应得地土地的话，那么她则会丧失对这张羽毛床的权利。这种安排其实间接地证明了土地和床的价值差距可能并不大。在今天，相比土地的价值而言，床可能是微不足道的。但是在近代早期床可能是最为值钱的家庭用品。从当时财

---

[1] Amy Louise Erickson, *Women and Property in Early Modern England*, p. 74.

产清册中所估算的动产价值来看，一张"布置好"的床——也就是一张床架、一床棉絮或是稻草床垫、被子或是毯子以及枕头（但是不包括亚麻布）——价值通常是在2英镑左右。如果床架带有柱子、有帷幔并且床垫是羽毛或是软毛的话，那么这张床的价值会高达10英镑。

倘若我们按照一张好床的价值作为参照，它与房屋的价值差异也不会太大。在17世纪晚期的北安普敦，约曼农的房屋大约价值60英镑。在约克或是林肯，农夫或是劳动者的茅屋仅仅需要12—15先令来建造。关于房屋的购买价值，我们则可以从房屋的租金入手来考察。在17世纪前半期，英国南部村舍的租金大约是每年1英镑。在赫特福德郡的城市当中，一所房屋的租金可能是每年2英镑，因此我们可以推测它们的购买价格可能是在10—20英镑。那么，如果我们按照床来进行换算的话，5—10张"布置好的"床就可以购买到一所房屋或者5—10头牛，也可以换得一所房子。一头奶牛的价值约2英镑或是更多。[①]

虽然现在看来土地增值和动产贬值很正常，但是在近代早期二者在价值上的变化并没有今天这样显著。土地的增值其实发生在后来的几个世纪当中。动产的贬值也相当缓慢，因为它们通常是用相当耐用的材料制成的，因此使用时间较长。当多塞特的一个穷寡妇芭芭拉·巴伯（Barbara Barber）在1631年去世时，她的动产被迫出售以维持她最年幼孩子的生活。她的财物当中有一个重达17磅的"黄铜壶"、一只重约12磅的"黄铜平底锅"以及重约74磅的羽毛床。[②] 对这些家庭用品的出售证明了动产的耐用性。如此重的金属炊具显然能够一代代地传下去。事实上，直到18世纪中期，土地和动产的相对价值才逐渐拉开。因为到18世纪中期家具和家庭用品开始使用更加便宜的、更容易损坏的材料来制作，采用木质更疏松的速生品种、纺织品变得更薄，盘子变成了陶的或瓷的而不

---

① Amy Louise Erickson, *Women and Property in Early Modern England*, p. 66.
② Ibid.

再使用木制或白蜡的。

当然，即便不动产和动产的现金价值比较接近，但仍存在这样一个问题——不动产和动产在象征价值上的差异。对近代早期的社会来说，不动产按照男系代代相传具有相当重要的象征意义，因为这代表了家族血统的延续。这种思想似乎严重地影响了男性遗嘱制定人对家庭财产的划分。他们确实在遗赠不动产的时候更加倾向于儿子而不是女儿。但是，男性遗嘱制定人却无法确保这份不动产始终能由男系一代代地传承下去。关于这一点，我们可以在埃塞克斯的特灵村中找到证据。这里的 21 块自由持有地中没有一块在整个 17 世纪期间都能按照男系来传承。[①] 因为即便是父亲将不动产和儿子联系在一起，女儿也能通过继承的现金来购买土地或是房屋。

综上，无论是根据英国的习俗还是依照遗嘱制定人的意愿，在不动产继承方面，长子继承制确实被执行了。儿子继承不动产的可能性远远超过了女儿。但是，儿子的这种优势很可能因更加倾向女儿的动产分配而抵消了。事实上，这一平衡在近代早期也是可行的。因为此时不动产和动产之间的价值差异比后来小得多。鉴于遗嘱制定人在财产分配上所遵循的这种平衡原则，我们似乎可以认为制定一份遗嘱的理由之一就是为了修正长子继承制的影响。

第二节　寡妇对先夫遗产的继承与管理

近代早期的已婚妇女在法律上没有财产所有权。除了部分特殊财产如"独立财产"外，她的所有嫁妆和收入都归于丈夫，丈夫可以任意地支配和处理。丈夫去世之后，妻子的财产所有权将会发生根本性的转变，她们将有权继承和管理先夫的遗产。她们对亡夫遗产的继承主要通过两种方式进行：一是依照遗嘱获取；二是在无遗嘱而亡的情况下按照习惯或法律规定加以划分。

[①] Keith Wrightson, David Levine, *Poverty and Piety in an English Village: Terling 1525–1700*, New York: Academic Press, 1979, p. 30.

一 寡妇对先夫遗产的继承

(一) 遗嘱继承

遗嘱分配是近代早期一种比较常见的财产继承方式。在遗嘱中加以分配的财产主要有住房、土地、现金、物品和剩余财产，是遗嘱制定人的其他遗赠已经完成并且债务也已偿清之后所留下的财产。寡妇在先夫遗嘱中获赠这些财产的可能性随着时间、地点以及所处社会阶层的变化而有所不同。从表2-4中我们可以看到，不同地区的遗嘱制定人在遗赠妻子时有所差异。英国东南部、中南部和中东部地区的遗嘱制定人更倾向于赠予妻子剩余财产，有一半左右的遗嘱制定人都如是做了；东部地区的孀妇则最可能在先夫遗嘱中得到的财产是房屋；在西南部和北部，寡妇被赠予物品的可能性最大，分别达到了38%和46%；而在中西部地区的已婚男人更可能遗赠妻子土地、现金和物品，而最不愿意遗赠剩余财产；其次，遗嘱制定人所处的社会阶层和生活的时代也会影响孀妇所继承的财产类型 (见表2-5)。在18世纪之前，绅士 (Gentry) 遗赠房屋和土地给妻子的可能性比约曼农 (Yeomen) 和农场主 (Farmers) 大，而约曼农或农场主通常又比工匠 (Craftsmen) 更大，而工匠又比农夫 (Husbandmen) 和劳工 (Labourers) 更大。到18世纪时，这种趋势发生了改变。绅士遗赠妻子土地和房屋的可能性大大降低了，而其他几个阶层的遗嘱制定人却更倾向于遗赠妻子此类财产。在现金遗赠上，绅士、约曼农和农场主赠予妻子现金的可能性明显大于工匠和农夫。但到了18世纪，工匠遗赠妻子现金的可能性迅速上升，增长的幅度超过了30%。这可能是因为商品经济的发展使得工匠越来越多地以现金形式持有财产。在物品的遗赠方面，手工业者、农夫和劳工遗赠物品给妻子的可能性高于绅士、约曼农和农场主。在进入18世纪之后，各个阶层遗赠妻子物品的可能性都增加了。在剩余财产的遗赠上，约曼农和农场主遗嘱制定人赠予妻子的可能性最高，而绅士阶层最低。到18世纪时，各社会阶层赠予妻子剩余财产的可能性都迅速降低了，特别是绅士阶层。绅士阶层遗赠妻子剩余财产的百分比从1650—1699年间的56%急速下降到了1700—1749年的7%。

表2-4　　　　　　不同地区的遗嘱制定人对孀妇遗赠

地区	遗嘱制定人（人数）	寡妇获赠遗产所占百分比（%）					被指定为遗嘱执行人
		住房	土地	现金	物品	剩余财产	
东南部	68	26	25	16	40	44	84
东部	111	47	41	21	34	42	66
中南部	24	25	33	17	33	58	75
西南部	16	31	31	31	38	31	56
中西部	13	31	38	38	38	23	69
中东部	54	30	26	9	17	59	89
北部	213	28	28	23	46	32	63

数据来源：Richard Wall, "Bequests to Widows and Their Property in Early Modern England", *The History of the Family*, Vol. 15, No. 3, 2010, p. 233.

表2-5　　　　　不同社会阶层的遗嘱制定人对孀妇的遗赠

遗赠物	社会阶层	寡妇获遗赠的百分比（%）		
		1500—1649	1650—1699	1700—1849
住房	绅士	60	67	29
	约曼农/农场主	46	28	39
	工匠	37	31	50
	农夫/劳工	25	20	25[a]
土地	绅士	60	67	29
	约曼农/农场主	44	52	33
	工匠	21	23	44
	农夫/劳工	25	20	13[a]
现金	绅士	20	33	14
	约曼农/农场主	32	10	50
	工匠	0	8	39
	农夫/劳工	4	10	13[a]

77

续表

遗赠物	社会阶层	寡妇获遗赠的百分比（%）		
		1500—1649	1650—1699	1700—1849
物品	绅士	20	11	42
	约曼农/农场主	34	14	28
	工匠	53	23	33
	农夫/劳工	43	10	75[a]
剩余财产[b]	绅士	10	56	7
	约曼农/农场主	61	62	33
	工匠	53	54	33
	农夫/劳工	46	40	25[a]
被指定为遗嘱执行人[c]	绅士	70	67	57
	约曼农/农场主	76	62	50
	工匠	79	77	56
	农夫/劳工	71	70	63[a]
遗嘱数量	绅士	10	9	14
	约曼农/农场主	41	21	18
	工匠	19	13	18
	农夫/劳工	28	10	8

a：这一数据涵盖了1700—1849年的情况（因为农夫/劳工立遗嘱的数量少）。
b：包括寡妇和其他人一起继承的情况。
c：单独或是跟他人一起。

数据来源：Richard Wall, "Bequests to Widows and Their Property in Early Modern England", *The History of the Family*, Vol. 15, No. 3, 2010, p. 232.

为了更加详细地考察孀妇在先夫遗嘱中的处境，我们还需要考察有妻儿的已婚男人是如何在遗嘱中划分财产的。毕竟，妻子和孩子才是主要的受益人。从土地和房屋继承情况来看（见表2-6），遗孀继承房屋的可能性一直都高于子女。但到了17世纪末，遗孀获得房屋的可能性有所下降，而子女获得房屋的可能性则大大增加。在土地的继承上，从17世纪后半期开始，将土地赠予子女，特别是儿子的遗嘱制定人大大增加了，而遗赠给遗孀可能性下降了。到18世纪下半期，将土地赠予子女首次超过了赠予遗孀的可能性。在现金的遗赠上（见表2-3）子女特别是女儿作为现金受益人的可能性一直都大于孀妇。在物品的遗赠上（见表2-7），儿子作为唯一受益人的可能性远高于孀妇。但是，到1650年以后儿子获得此类遗赠的可能性大大减少，而孀妇获得此类遗赠的可能性却迅速增加了。在剩余财产的继承上（见表2-8），寡妇获赠的可能性迅速降低。在16—17世纪，大约80%的寡妇至少得到了一部分剩余财产，而到18世纪时获得剩余财产的寡妇降至50%左右。寡妇作为剩余财产的唯一受益人比例也迅速从1700年以前的一半以上下降到之后的三分之一左右。与此相反，将剩余财产遗赠给孩子的却从1700年以前的大约40%上升到之后的50%以上，并且儿子比女儿更容易成为受益人。在近代早期，获得剩余财产是相当重要的。"获取剩余财产通常也意味着受益人要在遗嘱制定人去世之后对其财产负责，这通常与被指定为遗嘱执行人相联系。"[1] 因此，寡妇被赠予剩余财产可能性的降低，也从侧面反映了她们正在丧失掌控先夫财产的权利，与此同时儿子在控制父亲财产上的权利却逐渐攀升。

表2-6　　　　不同时期遗赠房屋或土地的遗嘱制定人数

时段	遗赠房屋			遗赠土地		
	寡妇	儿子	女儿	寡妇	儿子	女儿
1500—1549	19	7	4	15	8	6
1550—1599	23	10	2	19	10	1
1600—1649	37	16	5	38	15	11
1650—1699	26	15	5	29	14	6
1700—1749	25	19	9	22	17	8
1750—1799	27	15	5	26	27	10

数据来源 Richard Wall, "Bequests to Widows and Their Property in Early Modern England", *The History of the Family*, Vol. 15, No. 3, 2010, p. 227.

---

[1] Richard Wall, "Bequests to Widows and Their Property in Early Modern England", *The History of the Family*, Vol. 15, No. 3, 2010, p. 229.

表 2-7　不同时期遗赠物品的遗嘱制定人百分比（%）

时段	遗嘱制定人（人数）	寡妇单独继承	寡妇与其他人(a)	遗赠寡妇(b)	遗赠子女(b)	儿子(a)	女儿(a)	其他亲属(a)
1500—1549	26	31	42	73	65	50	27	4
1550—1599	45	33	36	69	62	40	40	7
1600—1649	60	27	47	74	70	50	40	0
1650—1699	34	35	35	70	62	44	29	3
1700—1749	38	45	34	79	53	47	11	3
1750—1799	41	71	10	81	29	22	10	0

a：这不排除寡妇与子女或其他亲属共同继承的情况。

b：包括单独继承及与其他人一起继承的情况。

数据来源：Richard Wall, "Bequests to Widows and Their Property in Early Modern England", *The History of the Family*, Vol. 15, No. 3, 2010, p. 230.

表 2-8　不同时期遗赠剩余财产的遗嘱制定人百分比（%）

时段	遗嘱制定人（人数）	寡妇单独继承	寡妇与其他人(a)	遗赠寡妇(b)	遗赠子女(b)	儿子(a)	女儿(a)	其他亲属(a)
1500—1549	29	45	34	79	48	34	7	0
1550—1599	45	60	22	82	38	20	9	2
1600—1649	64	53	19	72	44	23	11	3
1650—1699	40	62	18	80	33	13	13	3
1700—1749	47	34	23	57	52	28	15	9
1750—1799	43	33	14	47	56	40	9	9

a：这不排除寡妇与子女或其他亲属共同继承的情况。

b：包括单独继承及与其他人一起继承的情况。

数据来源：Richard Wall, "Bequests to Widows and Their Property in Early Modern England", *The History of the Family*, Vol. 15, No. 3, 2010, p. 231.

在一些遗嘱中，孀妇对财产的继承是有条件限制的。根据艾瑞克森的统计，有将近 40% 的遗嘱制定人在遗赠妻子时都有所限制。[①] 在沃尔的分类统计中，那些遗赠妻子房屋和土地的遗嘱制定人里有高达 60% 以上的都对妻子进行了限制。（见表 2-9）这些限

---

① Amy Louise Erickson, *Women and Property in Early Modern England*, p. 158.

制主要有：(1) 遗赠的财产仅限于供寡妇终身享用，死后需传给先夫的继承人；(2) 孀妇从先夫那里继承来的财产要在孩子达到某个特定年龄或是结婚之时交给孩子；(3) 仅限于在她守寡期间享用。在这三类限制中，最为常见的是规定仅供遗孀终身享用，死后传给先夫的继承人。这类规定在所有的限制当中通常高达50%以上。而孩子达到某个特定年龄或结婚之时的限制最少出现，所占百分比不足10%。将遗赠予孀妇守贞相联系的限制在17世纪中期之后呈上升趋势，特别是在遗赠土地的情况下。从17世纪中期以前的3%左右增加到后来的6%。显然，无论何种类型的限制，都会让遗孀们处于被动境地。她们显然只继承了先夫财产的使用权，而没有获得与先夫同样的经济和社会自由。这些限制让她无法决定由谁最终继承这份财产，也无力以遗赠财产作为回报来换取继承人对自己的帮助和照料。

表2-9　　孀妇继承住房或土地时附加条件的情况（%）

遗赠	限制条件	1500—1549	1550—1599	1600—1649	1650—1699	1700—1749	1750—1799
住房	在世期间	58	57	46	49	47	62
	孩子满一定年龄或结婚前	5	4	18	9	3	3
	再婚前	0	13	3	6	12	8
	无条件	37	27	33	37	38	34
土地	在世期间	60	43	33	51	48	56
	孩子满一定年龄或结婚前	7	0	18	11	3	3
	再婚前	0	5	5	5	10	3
	无条件	33	52	45	32	39	38

数据来源：Richard Wall, "Bequests to Widows and Their Property in Early Modern England", *The History of the Family*, Vol. 15, No. 3, 2010, p. 226.

（二）法定继承

在近代早期的英国，约有70%的男子都未立遗嘱而亡。[1] 有关

---

[1] Sandra Cavallo, Lyndan Warner, ed., *Widowhood in Medieval and Early Modern Europe*, p. 152.

他们的遗产分配则依照法律和习俗来进行。根据普通法，在先夫去世之后，遗孀有权获得其不动产的三分之一供其终身享用，这称之为寡妇产。寡妇产起源于中世纪，通常是由土地和房屋构成，有时候也可以是动产或现金。寡妇产往往是以用益物权的形式供孀妇终身享用。孀妇对寡妇产的保有是绝对的，其先夫的债权人也无权以这部分财产来抵偿先夫所欠债务。寡妇产给孀妇提供了一定的经济保障，也在一定程度上维护了寡妇的社会地位，因为在那个时代社会地位紧密地与土地和土地的保有相联系。她对一部分房屋的权利，也常常意味着她能够和儿子及孙儿孙女毗邻而居，因此家庭的完整性在一定程度上得到了继续。

然而，孀妇所获得的寡妇产有时相当混乱，甚至难以管理和使用。例如托马斯·艾尔斯伯里（Thomas Aylesbury）的遗孀凯瑟琳所获得的寡妇产很丰厚，但却相当复杂和零散。她获得了"在大农场最东边三个拐角处的土地……开放式花园收入的三分之一……庄园中两个鸽舍收益的三分之一，一个普通烘房获利的三分之一……水磨盈利的三分之一，养兔场和所有兔子的三分之一，庄园中河流渔场的三分之一，所有在镇上或是在庄园之外的池塘渔场的三分之一……"[①]。不难想象，如此复杂和零散的寡妇产构成在很大程度上给寡妇带来了不便，也容易引起她与其他受益人之间的利益冲突。在近代早期的法庭记录上，因寡妇产而引发的诉讼并不在少数。"毕竟对继承人来说，无论他与寡妇的关系如何，寡妇产的存在意味着他们将获得更少（财富）并且这一变少通常还是无法弥补的"[②]。

在动产的分配上，寡妇也被赋予了获得总额三分之一的权利。如果一个男子未立遗嘱而亡，教会法赋予了遗孀在清算先夫动产之后，可获得剩余动产三分之一的权利。普通法上关于寡妇有权获得先夫动产的三分之一的权利在13世纪就消失了，故而有关动产的

---

① Marie-Françoise Alamichel, *Widows Anglo-Saxon and Medieval Britain*, New York: Peter Lang Publishing, 2008, pp. 231–232.

② J. Kirshner, S. F. Wemple, ed., *Women of the Medieval World: Essays in Honor of John H. Mundy*, Oxford: Basil Blackwell, 1985, p. 237.

处理依据教会法进行。根据教会法规，一名已婚男人的动产在经过清算之后，要被分为三个部分：一份给他的遗孀，另外两份则在他所有的孩子当中平均分配。在没有孩子的情况下，全部都归遗孀。然而，在16世纪晚期和17世纪的大部分时间里，教会法庭在分配未立遗嘱而亡者的财产上显示出了很大的弹性和地方性。剑桥郡是对有子女的寡妇最慷慨的地方，她们平均得到了先夫动产的80%，其中还有34%的人获得了先夫全部动产。相反，在林肯郡，那些有子女的寡妇平均获得了先夫动产的57%，获得先夫全部动产的妇女人数还不到6%。苏塞克斯的教会法庭则从来没有分配给寡妇超过其丈夫动产的80%，而通常是分给寡妇一半左右。虽然教会法庭在划分寡妇应得动产上存在地域差异，但是一位有孩子的寡妇所获得的份额几乎都超过了法定份额。根据艾瑞克森的统计，在1597—1686年间教会平均给那些有孩子的孀妇分配了先夫动产的63%，这接近于教会法所规定份额的两倍，其中还有18%的人获得了先夫的全部动产。①

教会法不仅给予寡妇比她们法定份额更多的遗赠，而且还不会对一名改嫁寡妇施加任何惩罚。如果一名寡妇在提交了先夫的财产清册之后就改嫁的话，她所享有的份额也不会因此而遭到任何削减。1670年北安普敦郡的约曼农布里奇特·加金（Bridget Gudgin）去世了，遗孀在提交了财产清册之后便改嫁了，但她仍获得了87英镑（先夫动产的64%）。又如约克郡的普鲁登斯·凯（Prudence Kay）在1674年提交了先夫的财产清册之后便改嫁了。两个孩子获得了他们父亲所留下的12英镑动产中的5英镑（42%），而普鲁登斯获得了剩余的7英镑，即先夫动产的58%，这仍接近于她法定份额的两倍。②

然而，对寡妇来说这一相对有利的境况到1670年起了变化。1670年议会出台了《无遗嘱而亡者的财产优化处理法案》（Act for the better settling of intestates'estates），从而干预无遗嘱而亡者的动产

---

① Amy Louise Erickson, *Women and Property in Early Modern England*, pp. 178–179.
② Ibid. p. 179.

分配。虽然这一法案表面上只是以法令的形式重申了已经存在的将无遗嘱而亡者的动产分为三份的教会分配法：一份给遗孀，两份给孩子。但在这一法案通过之后，教会和政府开始严格地将有孩子的寡妇所获得的份额限制在三分之一的法定额度上，无子女的寡妇所获份额也从原来的先夫财产的全部下降到了一半，严重损害了寡妇的经济利益。

二 寡妇对先夫遗产的管理

（一）被指定为先夫遗嘱执行人或作为遗产管理人

在近代早期，遗嘱执行人担负了很大的责任：他需要负责安排死者葬礼、偿清死者所欠债务并收回放出的贷款、清算死者遗产、根据遗嘱规定来确保受益人对遗产的继承等。即便如此，在这一时期妻子被指定为先夫遗嘱执行人的情况仍然相当常见。在遗嘱文件上经常可以见到女遗嘱执行人（executrix）一词，甚至还存在遗嘱执行人虽是男性却使用女遗嘱执行人一词的情况。例如，1684年林肯郡的伊莎贝尔·尤特（Isabel Uting）在遗嘱中将儿子指定为自己的遗嘱执行人时，用的却是女遗嘱执行人一词。这种法律措辞表明女遗嘱执行人在近代早期的英国社会中是相当常见的。1583年托马斯·斯密斯（Thomas Smith）在其法律著述中指出，"虽然我们的法律看起来似乎对妻子有点严厉，但是……她们中绝大部分人都是丈夫遗嘱的唯一或是主要的执行人，担负起管理孩子和遗产的绝大部分责任。"据艾瑞克森对1414—1710年间英国14个地区的遗嘱所进行的分析，有63%—89%的已婚男人都将妻子指定为自己的遗嘱执行人。[①]

虽然寡妇被指定为遗嘱执行人的可能性很大，但是一名富裕男子将其妻子指定为遗嘱执行人的情况要比一名普通男子少得多。而且，富裕男人更倾向于将妻子指定为共同的遗嘱执行人而不是唯一的遗

[①] Amy Louise Erickson, *Women and Property in Early Modern England*, pp. 156, 157, 158.

嘱执行人。在沃尔的统计中，绅士、约曼农和农场主阶层将妻子指定为遗嘱执行人的比例一直都低于手工业者、农民以及劳工阶层（见表2-5）。平民之所以更倾向于将自己的妻子指定为遗嘱执行人，可能存在以下几个方面的原因：第一，平民阶层的夫妻双方在最初结合的时候，利益性的干扰要更少一些，年龄也更加接近，夫妻之间的情感可能比富裕阶层的更深厚。第二，普通阶层的妇女可能更密切地卷入了家庭的经济事务中，更可能成为丈夫的事业搭档，因此也更容易得到丈夫的信任和关爱。在这些普通男人的遗嘱中，妻子往往被称为"亲爱的和深爱的"（dear and well-beloved）。这些形容词虽然俗套，但却表明了情感与信任。第三，近代早期英国人口的寿命普遍偏低。"从东北部郡的36.4岁到北部和中部地区的49岁不等"[1]，并且我们有理由相信平民阶层的人口寿命比上层社会更低，而他们的初婚年龄又高于社会上层[2]，因此丈夫去世时孩子往往还未成年。为了以微薄的遗产来维持整个家庭的运转，让妻子担任遗嘱执行人似乎成了最可行和最安全的选择。当然，最根本的原因可能还是在于他们可供分配的钱财比富裕男人更少。因此，祖传财物通过父系代代相传的思想在平民中并没有像在上层社会中那样强烈。

孀妇被指定为遗嘱执行人的可能性还随着时代的变迁而有所不同。到17世纪中期，妇女被指定为先夫遗嘱执行人的可能性开始迅速下降。通过表2-10我们可以看出，在17世纪上半期的遗嘱制定人当中约有60%的人将妻子指定为唯一的遗嘱执行人，而到了18世纪上半期则下降到35%。与此同时，指定孩子作为遗嘱执行人的可能性则从17世纪上半期的四分之一左右上升到了18世纪的三分之一强。其中，指定儿子作为遗嘱执行人的可能性上升得最快，从17

---

[1] Vivien Brodsky Elliott, "Single Women in the London Marriage Market: Age, Status and Mobility, 1598 - 1619", in R. B. Outhwaite, *Studies in the Social History of Marriage*, London: Europa Publications Limited, 1981, p. 90.

[2] 平民阶层的男子一般在二三十岁才结婚，而上层社会的男子一般在二十岁左右就结婚了。参见 Robert Tittler, Norman Jones, *A Companion to Tudor Britain*, Oxford: Basil Blackwell, 2004.

世纪后半期的 13% 上升到了 17 世纪上半期的 23%。这一趋势普遍存在于各阶层当中。1500—1649 年间在绅士阶层中有 70% 的遗嘱制定人将自己的妻子列为遗嘱执行人，但在 1650—1699 年间下降到 67%，到 1700—1749 年又进一步下降到 57%；在约曼农和农场主阶层当中，这一百分比也从原来的 76% 逐渐下降到后来的 50%；手工业者与农夫和劳工阶层的这一百分比分别从 79% 和 71% 下降到 33% 和 25%（见表 2-5）。与这一趋势相反的是，从 18 世纪开始在各个社会阶层当中将孩子指定为遗嘱执行人的比例却大大增加了（见表 2-11）。在 1650—1699 年间，绅士遗嘱制定人中有 36% 的人将孩子指定为遗嘱执行人，到了 18 世纪则陡然升至 60%；在约曼农和农场主中，这一百分比也从原来的 35% 上升到 18 世纪上半期的 58% 左右；在工匠中，这一百分比则从 33% 迅速上升到 81%；在农夫和劳工中，这一百分比也从 38% 上升到了 63%。

表 2-10　选择不同遗嘱执行人的遗嘱制定人百分比（%）

时段	寡妇	寡妇与其他人	孩子与其他人	儿子	女儿
1500—1549	33	47	39	33	10
1550—1599	50	31	35	28	12
1600—1649	59	18	28	25	3
1650—1699	63	17	20	13	7
1700—1749	35	25	34	23	10
1750—1799	41	17	34	30	4

数据来源：Richard Wall, "Bequests to Widows and Their Property in Early Modern England", *The History of the Family*, Vol. 15, No. 3, 2010, p. 225.

表 2-11　各社会阶层的遗嘱制定人选择孩子作为遗嘱执行人的百分比（%）

	1650—1699	1700—1749
绅士	36	60
约曼农/农场主	35	58
工匠	33	81
农夫/劳工	38	63

数据来源 Richard Wall, "Bequests to Widows and Their Property in Early Modern England", *The History of the Family*, Vol. 15, No. 3, 2010, p. 233.

(二) 未立遗嘱而亡者的遗孀对先夫遗产的管理

在丈夫未留遗嘱而亡的情况下，孀妇在法律上也被赋予了管理先夫遗产的权利，当然她也可以选择放弃这一权利。在林肯郡、北安普敦郡、剑桥郡和苏塞克斯郡未留遗嘱者的 475 名遗孀中，仅有 4%（20 名）放弃了她们管理财产的权利而接受了一笔象征性的酬金，通常是 1 先令。寡妇放弃这一权利往往是因为考虑到丈夫财产中存在比较棘手的问题。在这 20 位放弃管理先夫财产的妇女中，绝大部分是因为先夫的债务超过了所留下的遗产，或者很可能会这样。1595 年，苏塞克斯的伊丽莎白·沃德（Elizabeth Worde）放弃了管理先夫留下的价值 95 英镑的动产之权利，而将这份动产的管理权移交给先夫的一名债权人。这人在偿清了超过 12 份借据和字据所欠下的款项后，所剩财产还不到 5 英镑。[1]

总体而言，绝大多数寡妇还是选择了承担管理先夫遗产的责任。这比她们被指定为遗嘱执行人还要常见。在上面提到的四个郡当中，有高达 96% 的寡妇行使着这一权利。有时候她们甚至还会同时成为好几个人的遗产管理人。林肯的玛丽·阿彻（Mary Archer）在 1624 年管理着先夫价值 209 英镑的遗产，同时她又因为先夫是另外两人的遗嘱执行人而"继承了"一些遗嘱……结果，她必须要处理 10 份不同的租约和 17 份不同的债务。最终，在偿清债务和收回欠款之后，仅剩下了 46 英镑。当然，也不乏孀妇在清算完先夫遗产后陷于负债状态。事实上，在行使管理先夫遗产权利的人当中有五分之一（455 人中有 97 人）因此而负债。[2] 对于那些敢于冒险管理先夫财产的孀妇来说，她们可能拥有一份独立财产并且足以偿还先夫的债务，或者自信会将财产保护得很好，不会被先夫的债权人拿走，再或者是在她管理之下遗产的收益足以偿还债务。

对这些管理先夫遗产的妇女来说，她们可能需要付出极大的精力和不少的金钱。她们要搞清楚先夫的财产状况就不得不处理各种

---

[1] Amy Louise Erickson, *Women and Property in Early Modern England*, p. 174.
[2] Ibid., pp. 174, 175.

先夫留下来的契约、租约或票据等文件；需要从债务人那里收回欠款；需要从领主、托管人和其他相关人员那里要求本属于先夫的各种利益；如果先夫欠下债务的话，寡妇往往还需要说服债权人放弃或是延缓归还债务。而所有的这些事务对于没有什么法律知识的寡妇来说是相当麻烦的。例如北安普敦郡的汉娜·坦普（Hannah Tapp）的丈夫在1682年去世了。由于汉娜和她的丈夫签订了婚前财产契约，因此她拥有一份独立财产。这份财产足以让她有钱聘请律师和报信人，而这花了她5英镑。虽然她的丈夫欠下了高达283英镑的债务，但是其中绝大部分欠款都没有留下字据。这意味着她不会因为赖账而遭到处罚，所以先夫的债主可能不得不自己到她跟前来收账。而伊丽莎白·劳伦斯（Elizabeth Lawrence）就没有这么幸运。她只是一个勉强能维持生计的农夫之遗孀。1679年，她担任起了管理先夫遗产的重任。她必须从自己家中出发，徒步30英里来到林肯提交先夫的财产清册并取得遗产管理委任状。而后，她又必须要在50英镑的遗产中支付先夫欠下的同村25个男人和5个女人的债务，并且还要到离家达20英里远的其他村子和城镇中去偿付另外6个人的债务。这些债务的平均数额仅是1英镑多点，但如果伊丽莎白让送信人代为跑腿的话，那么用在送信人身上的钱可能就会比较高。①

这些管理丈夫遗产的妇女在履行这一职责的过程中常常还会遇到很多法律障碍。莎拉·杜比（Sarah Dalby）的案例就向我们展示了一名寡妇在管理先夫遗产上所遇到的种种困难。1642年，住在阿普比（Appleby）的莎拉相当生气地在林肯郡的遗嘱检验法庭上陈述了自己的苦处：

> 一名叫作斯密斯的教区执事……传唤她最迟于6月23日星期三出席林肯郡的遗嘱检验法庭，担负起管理她丈夫遗产的责任……然而，直到6月21日星期一……她才收到了管理先

---

① Amy Louise Erickson, *Women and Property in Early Modern England*, p. 177.

第二章 单身妇女对家庭财产的继承

夫遗产的委任状……这之后，斯密斯……借口她没有出席法庭而暂时剥夺了她的这一权利。斯密斯还威胁她，除非她跪在巡回法庭法官面前，否则不会宽恕她，并且……要让她支付他的劳务费，这可能要花费5英镑。

在法庭的审理中莎拉由于得到了教会的豁免而重获这一被暂时剥夺的权利，但是执事却坚持剥夺她的权利，而且这次使用了更多花招。莎拉抱怨说：

> 尽管在8月初的时候，所提到的斯密斯再次让她去阿普比，……告诉她应该在本月13日出现在他的面前……如果这一天她没有来的话，他将把她逐出教会且会让她非常难过。……现在她很担心被逐出教会，但是秋收成为她最大的牵绊。将6个没有父亲的孩子留在家里（也让其不放心）。因此，她非常希望这次去是有用的且没有任何的干扰……先夫仅留下了10英镑14先令4便士来供养她和6个孩子，而且这笔小钱还可能会因此而减少，致使他们陷入穷困境地。[①]

虽然莎拉的申诉最后获得了成功，但是她的故事也折射出寡妇其实很容易因为不知道法律程序或是遭遇一名执事的恶意刁难而深陷困顿。对于这些卷入法律诉讼的孀妇来说，"无论她们是采用衡平法、普通法、教会法或是习惯法，都必须要越过一系列的鳏夫完全不需要面对的障碍"。如果一个寡妇在法庭上喋喋不休地、强势地在法庭上争取自己利益的话，通常会被认为是令人厌恶的、狂躁的、不应该受保护的寡妇。这一时期的市民文学中出现了大量讽刺寡妇涉足法律诉讼事务的作品。许多审判者也"批评那些精力充沛地参与法律诉讼或者那些为维护自己利益而大喊大叫的寡妇"。然而，沉默对绝大多数寡妇来说显然不合实际，除非她们完全依赖于

[①] Amy Louise Erickson, *Women and Property in Early Modern England*, pp. 175–176.

律师或代理人。对于没有律师或代理人的寡妇来说,她们又该如何维护自己的利益呢?她们又该怎么样让法官知道自己的苦处呢?解决的办法可能只有如16世纪中期一名叫作休·拉蒂默(Hugh Latimer)的主教安慰那些在世间没有得到公平待遇的人所说的那样,"寡妇、孤儿、穷人,对你们来说这是一个舒适的地方。虽然世间的审判者没有倾听你的诉求,但是有一个人将会满足你、补救你"[1]。即寡妇应该相信上帝会在天堂为她们主持公道。置身于这样的舆论和文化氛围之中,寡妇必然也会在一定程度上内化社会对她们的期望。而这不仅仅会限制她们在法庭上的表现,也会让她们更加谨慎地考虑是否采用法律手段来维护自己的利益。

在本章中,我们主要考察了未婚女和寡妇在家庭财产继承上所面临的处境。对于未婚女来说,她们在继承不动产上确实处于比兄弟更加不利的位置。她们继承土地和房屋的概率都远远低于自己的兄弟。然而,她们在不动产继承上的劣势地位在一定程度上却因动产的分配而得到了补偿。遗嘱制定人和教会法庭往往以动产来平衡子女之间的财产分配。因此,女儿往往被赠予比不动产继承人更加丰厚的动产。由于近代早期的动产和不动产在价值差异上并没有我们想象的大,故而女儿在家庭财产继承上可能也不似我们想象的那样糟糕。

相对子女来说,孀妇在家庭财产的继承上得到了比较优厚的对待。在先夫遗嘱中,她们继承不动产的可能性一直大于子女。在除现金之外的动产继承上,她们也优于子女。她们也是先夫最常选择的遗嘱执行人。在先夫未立遗嘱而亡的情况下,她们不仅有权管理先夫遗产,而且直到1670年《无遗嘱而亡者的财产优化处理法案》出台之前,孀妇往往都得到了远大于法定份额的遗赠。

寡妇在家庭财产继承上所获得的慷慨对待,可能在一定程度上

---

[1] Tim Stretton, "Widows at Law in Tudor and Stuart England", in Sandra Cavallo, Lyndan Warner, ed., *Widowhood in Medieval and Early Modern Europe*, pp. 194, 198.

第二章 单身妇女对家庭财产的继承

源于她们对婚姻财产所做出的贡献。在近代早期，嫁妆体制仍然流行。嫁妆的多少不仅关系到新娘在婚姻中的地位，而且也可能会影响她们在守寡时的财产安排。通常，大笔的嫁妆也要求与之相匹配的寡妇产安排。根据艾瑞克森对林肯郡的研究发现，妇女带来的嫁妆通常占丈夫去世时所拥有财产的一半以上。一些妻子所带来的财富甚至超过了她丈夫去世时所拥有的全部财产。就此而论，妻子在守寡期间要求比子女更大的财产份额也就不足为奇了。1624 年，一名治安官的遗孀就认为自己应该继承更多的财产，因为她带着价值 60 英镑的现金和物品嫁给了自己的丈夫。结果，教会法庭判给了这名遗孀 50 英镑，刚好超过了她丈夫去世时拥有财产的一半。一名伦敦孀妇还更加明确地表达了嫁妆与遗产继承之间的关系。当她的丈夫在 1593 年宣读遗嘱的时候，她认为自己仅获得 400 英镑的遗赠是不对的，因为这 400 英镑还没她带来的嫁妆多。[①]

寡妇在家庭财产分配中的有利处境可能也源于维持家户顺利运转的需要。据艾瑞克森的研究，绝大多数男人在去世的时候都留有未成年子女。核心家庭的主导性又使得抚养子女、维持家户顺利运转的重任都落到了孀妇身上。然而，在 17 世纪中期以前，英国家庭的财富通常比较有限。在 1572—1711 年的林肯郡、剑桥、北安普敦和苏塞克斯的 703 份遗嘱检验账目中，可供在寡妇和孩子之间分配的财产平均仅有 33 英镑。[②] 这种情况下，如果将寡妇能继承的财产严格控制在法定的三分之一的话，那么很可能会造成整个家户无法顺利运转。

我们还需要注意，自 17 世纪晚期开始，寡妇在家庭财产继承上的处境日益恶化。她们获得土地、房屋和剩余财产的可能性减少了，被指定为遗嘱执行人的机会也下降了。而子女，特别是儿子获得这些财产的可能性和被指定为遗嘱执行人的概率却上升了。在先夫未留遗嘱而亡的情况下，孀妇所遭受的待遇也在 17 世纪晚期发

[①] Vivien Brodsky, "Widows in Late Elizabethan London: Remarriage, Economic Opportunity and Family Orientations", p. 146.

[②] Amy Louise Erickson, *Women and Property in Early Modern England*, p. 181.

生了巨大改变。她们所享有的份额被严格地控制在了法定的三分之一份额上。换句话说，到17世纪后半期人们开始减少寡妇所继承的家庭财产来增加孩子的经济利益。

这种情况的出现，可能在一定程度上归结于17世纪中后期婚姻财产契约的流行。婚姻财产契约兴起于16世纪，到17世纪中后期开始在社会各阶层中流行起来。一份婚姻财产契约可能规定了新娘嫁妆、寡妇产安排、独立财产或是零花钱等诸多事宜。先夫在遗嘱安排中削减寡妇的经济利益以及《无遗嘱而亡者的财产优化处理法案》的出台，可能在一定程度上源于寡妇的经济利益已在婚姻财产契约中有所安排。例如塞尔比的卡利斯提尼斯·布鲁克（Callisthenes Brooke）在遗嘱中没有给妻子留下任何的遗赠。在他去世十年之后，卡利斯提尼斯的遗孀也去世了。遗孀的财产清册中有价值142英镑的财产。这笔财产表明，卡利斯提尼斯的遗孀已经在婚姻财产契约当中得到了安排，因此丈夫才没有在遗嘱中遗赠妻子。

然而，最根本的原因可能归结于17、18世纪财富的迅速增加和个人主义思想的上升。17、18世纪是资本主义生产方式迅速成长的时期，这使得英国经济呈现出前所未有的活力。根据艾瑞克森对林肯郡和萨塞克斯郡的研究来看，两郡的平均财富在近代早期快速增长。在1650年之前林肯郡遗嘱检验文件中的平均财富仅为35英镑，然而到1650年之后增加到了74英镑。萨塞克斯郡遗嘱检验中的平均财富也从60英镑增加到了115英镑。[①] 财富的增加促使人们更加迫切地想要加强对家庭私有财产的保护，更加强调古老的父系传承制度。在遗嘱制定人看来，大笔的财富落到与他们毫无血缘关系的女人手中远比交到孩子手中更加危险。因为她们有可能会带着这笔财产而改嫁他人，致使家庭财产改名换姓。故而从17世纪晚期开始，寡妇在家庭财产继承上的优势遭到了削弱。

---

① Amy Louise Erickson, *Women and Property in Early Modern England*, pp. 163, 43.

第三章 单身妇女的社会影响力

凭借经济活动以及对家庭财产的继承,不少单身妇女积累了一定的财富。基于财富的占有,一部分相对富裕的单身妇女还负担起了公民职责——纳税。公民职责的承担犹如一把双刃剑摆在了政府面前。因为公民职责的承担反过来往往又会要求相应的公民权利作为回报。此外,伴随着英国政治民主化进程的开展以及社会思想领域的巨大变革所激荡起来的力量,大量妇女获得了有利的参政契机。她们开始利用多种方式参与国家的政治生活,进而彰显自己在社会当中的影响力。

第一节 作为财产占有者和纳税人的单身妇女

一 单身妇女的财产占有

如前文所述,单身妇女在经济权利和财产继承方面遭受了各种限制,但她们拥有财产也实属平常。伯格(Maxine Berg)发现在18世纪的伯明翰和谢菲尔德有47%的妇女都拥有不动产。[1] 鉴于已婚妇女通常没有独立的财产所有权(除非她们与丈夫签署了婚姻财产契约),故而这些拥有财产的妇女大多都是未婚和孀居妇女。

关于未婚和孀居妇女的财产占有情况,我们在很大程度上只能依靠遗嘱材料来探知一二。虽然财产和遗嘱制定之间并不存在

---

[1] Maxine Berg, "Women's Property and the Industrial Revolution", *Journal of Interdisciplinary History*, Vol. 24, No. 2, 1993, p. 242.

必然联系，但一般来说制定遗嘱的人可能比那些没有制定遗嘱者更加富裕。从林肯郡和苏塞克斯郡1582—1686年间的财产清册和遗嘱检验文件来看，立了遗嘱的妇女普遍比未立遗嘱的妇女拥有更多的财产（见表3-1）。在林肯郡，未立遗嘱的妇女平均拥有价值35英镑的财产，而立了遗嘱的妇女平均拥有价值59英镑的财产。在苏塞克斯，立遗嘱与未立遗嘱的妇女之间的财产差距虽然没有林肯郡那样大，但是前者拥有的财产仍然明显高于后者。这种财富上的差距反过来也说明了拥有更多财产的妇女也更倾向于立遗嘱。

表3-1　　　　1582—1686年财产清册和遗嘱检验文件中

妇女的平均财产　　　　　单位：人

地区	未制定遗嘱者		制定遗嘱者	
	英镑	人数	英镑	人数
林肯郡 1594—1686	35	95	59	32
苏塞克斯 1582—1684	61	61	66	43

数据来源：Amy Louise Erickson, *Women and Property in Early Modern England*, London: Routledge & Kegan Paul Plc., 1993, p. 208.

在16世纪中期到18世纪中期留存下来的200万份遗嘱中大约仅有五分之一（或40万份）是由妇女立下的。[①] 艾瑞克森研究了16—18世纪英国23个地区的遗嘱发现，女性遗嘱的百分比从12%—33%不等，平均数为20.2%。在所保存下来的1687—1750年间诺里奇的1000份遗嘱中有25%是妇女制定的。[②] 18世纪伯明翰所留存下来的2620份遗嘱中有23%是妇女留下的。在

---

① Amy Louise Erickson, *Women and Property in Early Modern England*, p. 204.
② Amy Louise Erickson, "Property and Widowhood in England 1660-1840", in Sandra Cavallo, Lyndan Warner, ed., *Widowhood in Medieval and Early Modern Europe*, p. 154.

第三章 单身妇女的社会影响力

谢菲尔德留存的1818份遗嘱中有18%是由妇女制定的。① 虽然这一数据随着地域的不同而有所差异，但是大体在20%上下浮动。由于已婚妇女基本被排除在遗嘱制定之外（除非她们和丈夫之间达成了某些特殊的安排），因此这些制定遗嘱的妇女基本都是未婚和寡居妇女。

相比男人而言，未婚和寡居妇女的遗嘱不仅数量更少，而且她们制定遗嘱的意愿也明显更低。根据艾瑞克森的研究，男人制定遗嘱的可能性要比寡妇或是未婚女高6倍。② 在17世纪后半期的两个萨福克教区，有24%的男人制定了一份遗嘱，但仅有4%的寡妇这样做了。③ 在16世纪60年代和17世纪20年代的坎特伯雷，约有33%的成年男人制定了遗嘱，而只有5%的成年未婚女和孀妇这样做了。④ 在1558—1723年的班布里，有26%的男子制定了遗嘱，而未婚和寡居妇女这样做的可能性仅为11%。⑤

基于未婚和孀居妇女制定遗嘱的数量和意愿明显低于男性的事实，我们可以做出这一合理推测——单身妇女占有的财产总体少于男性。单身女性所占有财产的微薄也可以从艾瑞克森的统计数据中得到更加直观的认知。艾瑞克森根据兰开夏所保存下来的1660—1780年间的遗嘱，列举出了女性遗嘱制定人在不同财产等级中所占的比例。从表3-2中我们可以清楚地看到，富裕的遗嘱制定人中妇女所占的比例要远远低于贫穷的遗嘱制定人中妇女所占的比例。她们在财产大于40英镑的遗嘱制定人中所占比例仅为五分之

---

① Maxine Berg, "Women's Property and the Industrial Revolution", *Journal of Interdisciplinary History*, Vol. 24, No. 2, 1993, p. 237.

② Amy Louise Erickson, *Women and Property in Early Modern England*, p. 204.

③ Nesta Evans, "Inheritance, Women, Religion and Education in Early Modern Society as Revealed by Wills", in P. Riden, ed., *Probate Records and the Local Community*, Glouceseer: A. Sutton, 1985, p. 55.

④ Motoyasu Takahashi, "The Number of Wills Proved in the Sixteenth and Seventeenth Centuries", in G. Martin, P. Spufford, ed., *The Records of the Nation*, Woodbridge: Boydell Press, 1990, pp. 212-213.

⑤ Richard Vann, "Wills and the Family in an English Town: Banbury, 1550-1800", *Journal of Family History*, Vol. 4, No. 3, 1979, p. 352.

一左右,而在那些财产小于 40 英镑的遗嘱制定人中则高达三分之一。这意味着更多的女性遗嘱制定人可能并不富裕。

表 3 – 2　　1660—1780 年兰开夏和柴郡所保存遗嘱中女性制定人的财产分布情况

时段	财产大于 40 英镑的遗嘱数量(份)	女性遗嘱所占比(%)	财产小于 40 英镑的遗嘱数量(份)	女性遗嘱所占比(%)
1660—1680	2083	19.2	1510	31.2
1681—1700	2029	22.3	1522	34.0
1701—1720	1552	19.0	600	26.2
1721—1740	1376	17.8	1163	23.3
1741—1760	1151	21.5	1025	22.4
1761—1780	1777	17.9	250	14.0

数据来源:Amy Louise Erickson, "Property and Widowhood in England 1660 – 1840", in Sandra Cavallo & Lyndan Warner, ed., *Widowhood in Medieval and Early Modern Europe*, Harlow:Pearson Education Limited, 1999, p. 156.

未婚和孀居妇女占有财产的微薄也可以通过其遗赠中不动产的情况加以证实。在 1550—1750 年间的约克郡,仅有 22% 的未婚女遗嘱制定人遗赠了不动产。在布里斯托尔这一百分比是 30%,在牛津为 32.5%。[1] 根据莱恩(Penelope Lane)对莱斯特郡城镇地区的研究,在 1750—1835 年间的阿什比德拉萨治(Ashby de la zouch)仅有 23.7% 的女遗嘱制定人在遗嘱中遗赠了不动产,在欣克利(Hinckley)也只有 38% 的女性遗嘱制定人这样做了。[2]

如果对这些女遗嘱制定人做进一步分析的话,我们将发现寡妇

---

[1] Amy M. Froide, *Never Married, Single Women in Early Modern England*, p. 121.
[2] Penelope Lane, "Women, Property and Inheritance:Wealth Creation and Income Generation in Small English Town, 1750 – 1835", in Jon Stobart, Alastair Owens, ed., *Urban Fortunes:Property and Inheritance in the Town, 1700 – 1900*, Aldershot:Ashgate Publishing Limited, 2000, p. 186.

在女性遗嘱制定人中占据了绝对多数。艾瑞克森对婚姻状况记录比较清楚的12个地区的女性遗嘱制定人所做的研究表明，随着年代和地域的不同，寡妇在女性遗嘱制定人中的百分比在74%—94%之间波动，平均值超过81%。而未婚女要少得多，徘徊于6%—20%之间，平均仅为17%左右（见表3-3）。前文已示，在近代早期的英国未婚女的人数几乎是寡妇的两倍，但是在女性遗嘱制定人中寡妇所占的比例却远远高于未婚女。这意味着寡妇可能比未婚女更加富裕。

表3-3　　16—18世纪女性遗嘱制定人的婚姻状况　　单位：人

地区	时期	未婚女 人数	%	妻子 人数	%	寡妇 人数	%	总数 人数*	%
赫特福德的金斯兰利	1523—1659	1	6	0	—	17	94	18	100
诺福克	1590—1750	14	15	3	3	74	81	91	100
约克郡的塞尔比	1635—1710	14	18	0	—	63	82	77	100
约克郡北部和东部	1640—1690	6	20	1	3	23	77	30	100
诺里奇主教区	1687—1750	110	18	52	8	464	74	626	100
兰开夏和柴郡	1660—1680	99	19	2	0	422	81	523	100
兰开夏和柴郡	1681—1700	106	16	10	1	558	83	674	100
兰开夏和柴郡	1701—1720	72	19	1	0	314	81	387	100
兰开夏和柴郡	1721—1740	39	20	—		153	80	192	100

*：此处的女性遗嘱制定人只包括婚姻状态清楚的情况，故人数上少于表3-2的数据。数据来源：Amy Louise Erickson, *Women and Property in Early Modern England*, London: Routledge & Kegan Paul Plc., 1993, p.206.

从时间的纵轴来看，寡妇和未婚女制定遗嘱的情况随着时代的变迁而呈现出明显变化。整体而言，妇女在遗嘱制定人中所占比例呈下降趋势。从17世纪后期的四分之一强下降到了18世纪后半期的七分之一不到（见表3-4）。这一变化主要是因为在女性遗嘱制定人中占据着主导地位的寡妇之经济处境日渐糟糕。前文讲到，从17世纪末开始寡妇从先夫那里继承的财产就不断减少。这在一个财富积淀更多靠遗产而非工资的社会中所带来的直接后果便是她们所占有的财产遭到削减，从而影响了她们制定遗嘱的可能性。

表3-4 女性遗嘱在1660—1800年兰开夏和柴郡遗嘱中所占百分比

时期	留存遗嘱数量（份）	女性遗嘱数量（份）	女性遗嘱所占百分比%
1660—1680	3593	868	24.2
1681—1700	3551	970	27.3
1701—1720	2152	452	21.0
1721—1740	2539	516	20.3
1741—1760	2176	478	22.0
1761—1780	2412	422	17.5
1781—1790	3931	653	16.6
1791—1800	3033	404	13.3

数据来源：Amy Louise Erickson, "Property and Widowhood in England 1660 - 1840", in Sandra Cavallo & Lyndan Warner, ed., *Widowhood in Medieval and Early Modern Europe*, Harlow: Pearson Education limited, 1999, p.155.

当寡妇在女性遗嘱制定人中所占比例不断下降时，未婚女制定遗嘱的倾向却在稳步增长。从表3-5的情况来看，在17世纪后半期未婚女在女遗嘱制定人中约17%，而到18世纪后半期则已经上升到了近30%。这种变化正好回应了前文所提到的未婚女在家庭财产继承上处境不断改善的事实。当然，这绝不是说她们的经济状况好于寡妇。毕竟，未婚女作为总数比寡妇多一倍的妇女群体，她们的遗嘱数量始终低于寡妇的遗嘱数量。换句话说，未婚女所占有的财产虽然呈上升趋势，但她们始终比寡妇更加贫穷。关于这一点，我们也可以从其纳税情况上得以证实。

表3-5　1660—1800年在兰开夏和柴郡女性遗嘱制定人的身份

时期	女性遗嘱总数[a]	未婚女%	妻子%	寡妇%	职业者%[b]
1660—1680	526	18.8	0.4	80.2	0.6
1681—1700	676	15.7	1.5	82.5	0.3
1701—1720	390	18.5	0.3	80.5	0.8
1721—1740	193	20.2	—	79.2	0.5
1741—1760	343	24.1	—	75.2	0.6
1761—1780	367	29.7	1.9	67.8	0.5
1781—1790	572	28.3	1.6	69.2	0.9
1791—1800	335	28.1	1.2	69.0	1.8

a：此处的女性遗嘱总数小于表3-2和表3-4中的数据。这是因为这里的女性遗嘱仅仅包括那些制定人身份清楚的情况，这大约是总数的四分之三。而表3-2和表3-4中的数据则包括那些身份不清楚的妇女在内。

b：在兰开夏和柴郡有少数女性遗嘱制定人的身份是按职业身份来进行界定的。

数据来源：Amy Louise Erickson, "Property and Widowhood in England 1660-1840", in Sandra Cavallo & Lyndan Warner, ed., *Widowhood in Medieval and Early Modern Europe*, Harlow：Pearson Education limited, 1999, p.151.

二　单身妇女的纳税情况

单身妇女仅占有微薄的财富，不仅关系自身，而且对社区乃至整个社会都存在着一定影响。因为她们所占有财富的多寡会直接影响地方和国家的财政税收。下面，我们不仅要考察未婚女和寡妇在各类纳税人名单上所占的比例，而且要进一步考察这一比例是否与她们在成年人口中所占的比例相吻合。如果她们在纳税人名单上所占的比例低于在成年人口中所占的比例，那么也从另一个角度反映了她们拮据的经济状况——她们所拥有的财产还未达到税收的起征点。

近代早期的英国，税收种类纷繁复杂。我们可以按照不同的标准对之进行分类。如果按照征收者的身份来划分，可以将各种税收大致分为国税和地税。国税是国家在全国范围内征收，而地税则是地方长官针对本地区居民征收。从税收来源上来分，则可以将之分为补助金、兵役税、灶税、土地税、动产税和关税等等。在此我们

◆ 近代早期英国社会中的单身妇女研究 ◆

主要考察补助金、兵役税、灶税和土地税等国税中未婚女和寡妇的纳税情况，同时也考察她们负担地方税的情况。显而易见，在这类税收文件中不会有已婚妇女的身影。因为根据近代早期的英国法律，妇女一旦结婚在法律人格上便与丈夫合二为一，失去了法律上的独立存在。因此，在税收报告中出现的妇女无疑都是单身妇女，即要么为寡妇要么是成年未婚女。

近代早期的补助金（subsidies）与之前的补助金同名而实异。之前的补助金所征收的对象是商人并且主要是进出口商人，征税物品主要限于羊毛等商品。16世纪的补助金是由亨利八世开始征收的。我们暂且将这种补助金称为"新补助金"。新补助金是以个人土地收入、动产和工资收入作为估税基础的综合性财产税。兵役税的征收对象则是土地所有者。它将绝大部分佃农作为没有法定地产的人而排除在外，因为这些佃农的收入源自劳作而不是源于拥有土地。从表3-6的情况来看，无论是在补助金还是在兵役税中，单身妇女所占的比例都相当低。1543—1545年间以及1641—1642年间的德文、多塞特和索莫塞三郡的补助金纳税人名单中，寡妇所占百分比从0—11%不等，平均数为4.8%；而未婚女所占比例则更低，从0—7%，平均数仅为3%。在兵役税的缴纳上，寡妇和未婚女所占的比例同样也很低。从1663年赫里福德郡的情况来看，寡妇在兵役税缴纳名单上所占的百分比从6%—14%不等，平均为8.4%；未婚女所占比例则从1%—4%不等，平均仅为2.7%。如果将此数据与人口统计学所推测出来的单身妇女在成年人口中所占的比例相对比，将发现她们在纳税人中所占比例远低于她们在成年人口中所占的比例。根据拉斯莱特关于近代早期英国100个农村和城市地区的样本研究来看，寡妇构成了成年女性人口的14.9%，未婚妇女占成年女性人口的30.2%。[①] 然而，无论是在补助金还是在兵役税的缴纳者中，寡妇和未婚女所占的比例均严重低于她们在成年人口中所占的比例。这意味着，很多寡妇和未婚女拥有的财产还不足以将

[①] Amy M. Froide, *Never Married, Single Women in Early Modern England*, p.2.

表3-6 妇女在1543—1545年与1641—1642年新补助金纳税人以及1663年兵役税纳税人中所占的百分比

税收	郡县	百户区(a)	时间	纳税人	妇女(%)	寡妇(%)	未婚女(%)
补助金	德文	科利顿	1543/5	199	5	—	—
		科利顿(b)	1543/5	153	8	—	—
		哈特兰	1543/5	411	8	—	—
		利夫顿	1543/5	628	10	5	5
		奥克汉普顿(b)	1543/5	126	6	2	4
	多塞特	考夫堡(c)	1544	52	2	0	2
		克兰伯恩	1545	286	6	1	5
		帕德尔顿	1545	112	3	3	0
	索莫塞	卡汉普顿	1641/2	746	14	7	7
		弗罗姆	1641/2	212	7	7	0
		迈恩黑德(b)	1641/2	189	14	11	3
		叶楼（Yellow）	1641/2	127	8	7	1
兵役税	赫德福德	布罗姆亚德(b)	1663	36	11	8	3
		布若坎斯	1663	749	11	9	2
		伊万斯蕾丝	1663	404	17	14	3
		格瑞垂	1663	485	10	7	3
		亨廷顿	1663	298	10	7	3
		莱德伯里(b)	1663	81	7	6	1
		罗斯(b)	1663	152	12	8	4

a：郡县的行政划分（百户区），除非有其他特殊的说明。

b：被单独列为一个百户区的城镇。

c：教区。

数据来源：Richard Wall, "Widows and Unmarried Women as Taxpayers in England before 1800", *The History of the Family*, Vol. 12, No. 4, 2007, p. 253.

其带到这两类税收的起征点上。如果进一步地将寡妇与未婚女做出比较的话，我们可以看到寡妇的情况又比未婚女的情况稍微好一些。特别是在基于拥有土地而征收的兵役税上，寡妇所占比例是未婚女的3倍多。这意味着，寡妇比未婚女更可能拥有土地或者说拥有更多的土地。这也回应了我们在上一章中所看到的寡妇和未婚女在土地的继承上所面临的不同处境——土地更多地被孀妇和儿子继承了。

当税收不是按照所有权而是按照占有权来征收时，妇女在纳税人中所占比例则要更高一些。灶税就是按照占有权而不是所有权来开征的税收。灶税是复辟时期（1660—1688年）引入的新税种。1662年议会通过了征收灶税的法案。对每个炉灶（每户）征收2先令的税，而最贫困的人则可以免除此项税收。某些地区的官员将灶税的起征点定为占有价值10英镑的动产或是年收益达20先令及以上的动产。从表3-7来看，妇女在此类捐税中做出了明显比在补助金和兵役税中更大的贡献，她们平均占到了纳税人的12%。虽然如此，这仍然低于女性户主在全国户主中所占的百分比：17.5%。这就意味着她们中仍有不少人因为贫困而被免除了该项税收。妇女缴纳灶税的情况还随着时间和地点的变化而存在很大不同（见表3-7）。在城镇地区妇女承担灶税的可能性普遍高于它周围的农村地区。在剑桥，妇女构成了灶税负担者的12.6%，而在同郡的两个农村地区，妇女所占百分比仅分别为9.0%和7.5%。在格拉摩根郡的斯旺西镇，妇女所占百分比更是高达了25.2%，约为同郡农村地区的2倍。在汉普郡的纽波特和斯塔福德郡的里奇菲尔德，妇女在灶税负担者中所占的比例也同样高于周围农村地区。这种状况的出现在一定程度上可能是因为在城镇中妇女占有财产的可能性要大于农村妇女。

虽然妇女因为占有财产而出现在灶税名单上的概率要比出现在补助金和兵役税中的概率更大，但同时她们也在免除灶税者名单中占据了相当比例。根据表3-8的情况来看，妇女在免除灶税者名单中约占三分之一到四分之三，平均高达53%。这几乎是妇女在灶税纳税者名单中所占百分比的4倍之多。这一数据反过来也证实了大部分妇女只有微薄的财产。如果将免除灶税者名单中男女所占比例进行比较的话，我们也能看到女户主所占据的高比例。在男性户主当中，免除灶税者所占的比例存在很大变化，从剑桥的16%到

表3-7　　1664—1674年农村和城镇中缴纳灶税的男女人数[a]

郡县	百户区[b]	时间	男人	寡妇[c]	未婚妇女	共同所有权[d]	妇女所占%
剑桥	剑桥[e]	1664	1109[f]	58	96	7	12.6
	雷德菲尔德	1664	333	28	4	1	9.0
	南威奇福德	1664	644	33	18	1	7.5
柴郡	诺斯威奇	1664	1470	37	217	0	14.7
德贝	阿普垂（Appletree）	1664	1342	97	37	1	9.1
	海伊皮克	1670	2674	160	82	0	8.3
德文	科利顿	1674	382	21	39	0	13.6
	哈特兰	1674	229	10	16	0	10.2
	利夫顿	1674	718	9	74	0	10.4
格拉摩根	圣海德	1670	487	18	66	0	14.7
	斯旺西	1670	745	42	51	7	11.8
	斯旺西[e]	1670	214	29	32	11	25.2
汉普	怀特岛	1665	1353	136	25	0	10.6
	纽波特[e]	1664	226	34	3	0	14.1
斯塔福德	卡特斯通（Cuttlestone）	1666	1446	106	36	6	9.3
	里奇菲尔德[e]	1662	237	18	9	0	10.2

a：排除那些因为名字无法辨认或是既可用在男人身上也可以用在女人身上的名字而弄不清楚性别的人。

b：郡县的行政划分（百户区），除非有其他特殊的说明。

c：包括那些被冠以夫人称号的妇女。

d：至少对一个男人和一个女人征税。

e：被单独列为一个百户区的城镇。

f：排除了剑桥大学。

数据来源：Richard Wall, "Widows and Unmarried Women as Taxpayers in England before 1800", *The History of the Family*, Vol. 12, No. 4, 2007, p. 255.

德文郡科利顿的43%。平均说来，在男性户主当中仅有27%的人被免除灶税。相比之下，女性户主被免除灶税的比例却是男性户主的两倍，平均有 53% 的女户主都得到了豁免。这也意味着女户主明显比男性户主更加穷困。

表 3-8　　1662—1674 年被免除灶税的男女人数及百分比　　单位：人

郡县	百户区[a]	应税男子[b]	免税男子	应税妇女[b]	免税妇女	免税男子所占%	免税妇女所占%
剑桥	剑桥[c]	1326	217	280	199	16	71
	雷德菲尔德	422	89	70	37	21	53
	南威奇福德	810	166	110	58	20	53
柴郡	诺斯威奇	1827	506	484	254	28	52
德贝	阿普垂（Appletree）	1544	374	210	86	24	41
德文	科利顿	671	289	142	82	43	58
	哈特兰	324	99	50	24	31	48
	利夫顿	804	142	111	34	18	31
格拉摩根	圣海德	549	148	167	105	27	63
汉普	怀特岛	1529	287	227	77	19	34
	纽波特[c]	331	105	70	33	32	47
斯塔福德	卡特斯通（Cuttlestone）	2006	588	211	211	29	59
	里奇菲尔德[c]	402	165	52	52	41	66

a：郡县的行政划分（百户区），除非有其他特殊的说明。
b：比表 3-7 的纳税人更少，因为一些教区没有记录被免税的人。
c：被单独列为一个百户区的城镇。

数据来源于 Richard Wall, "Widows and Unmarried Women as Taxpayers in England before 1800", *The History of the Family*, Vol. 12, No. 4, 2007, p. 257.

在土地税的支付上，未婚和孀居妇女所占比例同样也低于她们在成年人口中所占的比例。土地税开征于 1664 年。它不仅包括对土地征税，而且还包括对房屋、窗户、仆人、马车等财产征税。虽然金特尔（D. E. Ginter）对运用土地税来调查财产的所有和占有情况进行了严厉批评,① 但是这并不妨碍我们用土地税来比较妇女拥有或是占有财产的比例。因为我们不是要计算出每一个地区中妇女所拥有或占有财产的具体价值,而是将妇女在这类纳税人中所占的比例与我们从人口统计学中所推测出来的这类妇女在成年人口中所占的比例进行对比。从表3-9所展示的情况来看,因财产占有而缴纳土地税的情况中,妇女在纳税人中所占的最高比例出现在德贝郡,平均为11.5%,而最低的比例出现在苏塞克斯,平均占7.1%。从中位数来看,女性财产占有人在土地税纳税人中所占比例最高为8%,最低比例为4%。相比之下,因财产所有而缴纳土地税的情况中,妇女所占的比例要稍微高一些。从表3-10的情况来看,妇女在这类名单中所占比例最高出现在苏塞克斯,为12.4%,最低出现在威斯特摩兰,为8.8%。从中位数来看,妇女作为财产所有人在土地税纳税人名单上所占的比例最高为10%,最低为6%。然而,无论是作为财产占有者还是作为财产所有者而缴纳土地税,这均远远低于她们在成年人口中所占的比例。也就是说,绝大部分未婚和孀居妇女拥有或是占有的财产都太少,因而无法出现在土地税的纳税人名单上。

表3-9　妇女因占有财产而出现在土地税纳税人中的百分比

郡县	时间	占有者（人数）	妇女（人数）	平均比例	中位数	四分位差
德贝郡	1798	1448	166	11.5	8	5—13
德文郡	1797—1832	3649	291	8.0	7	3—11
赫里福德郡	1798—1807	1173	122	10.4	7	1.5—11.5
苏塞克斯	1785	1464	104	7.1	6.5	4—10
威斯特摩兰	1773—1824	1411	101	7.2	4	1—7

数据来源于Richard Wall, "Widows and Unmarried Women as Taxpayers in England before 1800", *The History of the Family*, Vol. 12, No. 4, 2007, p. 263.

① D. E. Ginter, *A Measure of Wealth: The England Land Tax in Historical Analysis*, London: The Hambledon Press, 1996, pp. 30-51.

表3-10 妇女因财产所有而出现在土地税纳税人中的百分比

郡县	时间	所有者（人数）	妇女（人数）	平均比例	中位数	四分位差
德贝郡	1798	1451	142	9.8	10	5—13
德文郡	1797—1832	4081	397	9.7	8	3—14
赫里福德郡	1798—1807	1146	140	12.2	9	6—13
苏塞克斯	1785	1408	175	12.4	10	7—15
威斯特摩兰	1773—1824	2832	249	8.8	6	3—12

数据来源：Richard Wall, "Widows and Unmarried Women as Taxpayers in England before 1800", *The History of the Family*, Vol. 12, No. 4, 2007, p. 264.

未婚和孀居妇女除了在上述国税中所占比例大大低于她们在成年人口中的所占比例外，她们也很少出现在地方性的纳税人名单上。地方税主要用于地方济贫、修葺教区教堂、维护地方道路以及其他各种地方性支出。它的征税对象是各种类型的土地财产，而且主要是对财产的占有者而不是财产的所有者征税。根据沃尔对剑桥郡的欧威尔（Over）教区和埃塞克斯的阿德利（Ardleigh）教区的研究来看，妇女在地方纳税人名单中所占的比例同样低于她们在成年人口中所占的比例。1786年，在欧威尔教区仅有5%的地方税纳税人是妇女。在1767年、1770年、1772年和1787年这一比例为7%。在阿德利，1794年和1803年只有3名妇女支付了地方税，所占的比例还不到4%。根据1796年地方人口统计学的情况来看，妇女作为地方税纳税人的人数还不到女性户主人数的五分之一，而男性地方纳税人则将近占到了男性户主人数的一半。[1] 这意味着在那些有能力支付地方税的相对富裕的居民中，妇女所占比例远低于她们在成年人口中的比例。

---

[1] Richard Wall, "Widows and Unmarried Women as Taxpayers in England before 1800", *The History of the Family*, Vol. 12, No. 4, 2007, p. 260.

第三章 单身妇女的社会影响力

如果我们将未婚女和寡妇的纳税情况做进一步对比的话，将发现寡妇无论是在国税还是在地方税的女性纳税人中均占据了更大比例。在1664年，剑桥郡的雷德菲尔德（Radfield）和1664年汉普郡的怀特岛（Isle of Wight）百户区中，缴纳灶税的女户主中有85%的妇女要么被称为寡妇，要么被称呼为"夫人"。出现在土地税纳税人名单中的妇女也主要是寡妇。在苏塞克斯的土地税承担者中，我们可以直接或是间接地推断出有四分之三的人都是寡妇。[1] 在1729年南安普敦的全圣（All Saints Infra）教区有92名土地税纳税人。在这92人中有8名妇女，其中5人是寡妇，3人是未婚女。到1754年，这一教区的土地税纳税人中有20名妇女，其中17人是寡妇，3人是未婚女。圣迈克尔（St Michael）教区的情况也同样如此。在1729年有188人缴纳土地税，其中有36人是妇女。在这36名妇女中，有32名寡妇和4名未婚女。到1754年，在这一教区中缴纳土地税的人数为179人，其中有31名妇女。在这31名妇女中，寡妇为21人，未婚女有10人。[2] 就地方税而言，情况也大致如此。在1726年科利顿的教区税收簿中，有三分之二的女纳税人被界定为寡妇。在格拉摩根郡的三个教区税收簿中列举出来的妇女几乎都是寡妇。在18世纪剑桥郡的欧威尔教区税收簿上，所列举出的妇女有四分之三都被直接称为寡妇或是在姓氏前面加上了夫人的称号。[3]

上述情况表明，虽然在近代早期未婚和孀居妇女拥有或占有财产并不罕见，但是她们明显没有男人富足。这不仅导致她们比男人更少制定遗嘱，而且也更少出现在近代早期的各类税收名单中。如果将寡妇和未婚女做进一步比较的话，我们将发现在女性遗嘱制定人和女性纳税人中寡妇所占的比例均高于未婚女。这种

---

[1] Richard Wall, "Widows and Unmarried Women as Taxpayers in England before 1800", *The History of the Family*, Vol. 12, No. 4, 2007, pp. 260, 256.

[2] Amy M. Froide, *Never Married, Single Women in Early Modern England*, p. 142.

[3] Richard Wall, "Widows and Unmarried Women as Taxpayers in England before 1800", *The History of the Family*, Vol. 12, No. 4, 2007, p. 264.

情况的出现反过来也回应了我们在前文中所讲到的寡妇和未婚女在经济活动和家庭财产继承上所面临的不同处境。无论是在近代早期的劳动力市场中，还是在家庭财产的继承上，寡妇的处境均比未婚女更为有利。这种情形可能导致了寡妇比未婚女拥有或占有更多的财产，进而更容易出现在纳税人名单上。作为一个整体，未婚和孀居妇女在纳税人中所占比例虽然不大，但是她们毕竟承担了国家和地方的公民义务，这意味着她们可能也会要求相应的公民权利作为回报。

第二节 单身妇女的政治影响力

如前文所述，近代早期一些富裕的单身妇女也像男性公民一样负担起了国家和地方的税收，并且她们中不少人还以放贷的形式给予私人和政府资金支持。她们之于社会的贡献如同一把双刃剑摆在了政府面前——政府在要求她们承担公民职责和履行公民义务的同时，可能也不得不以一定的公民权利作为回报。

近代早期的一些城镇就将拥有财产并支付了税收的单身女户主接纳为自由民。16世纪肯特郡的梅德斯通市，一名叫作罗斯·克拉克（Rose Cloke）的单身妇女被承认"从今以后在各方面与本城其他自由民享有同样的自由和公民权"[1]。"在伦敦，那些缴纳了地方税的人也能够获得自由民的身份并享有一定的权利。"[2]虽然我们通常将自由民的身份与公会成员的身份相连，但是这些例子告诉我们自由民的身份也能通过拥有或占有财产并承担税收来获取。

鉴于近代早期已婚妇女通常无财产所有权，也没有作为户主缴纳过地方税，因此她们一般不享有与自由民身份相联的很多权利。同时，她们被掩盖的法律身份通常也使其不能享有任何公共权利。

---

[1] Charlotte C. Stopes, *British Freewomen: Their Historical Privilege*, Cambridge: Cambridge University Press, 2010, p. 110.

[2] Amy M. Froide, *Never Married, Single Women in Early Modern England*, p. 144.

她们没有选举权和被选举权,也不能进入法庭进行诉讼和申辩。相比而言,那些拥有或占有财产的单身妇女所面临的情况则要好很多。她们不仅能够作为原告或是被告参与诉讼,而且她们还有权出席审判甚至是担任陪审员。在教区小礼拜堂中举行的地方会议上也能见到她们的身影。而且,拥有或占有财产的单身妇女有时还能够担任一些不太重要的官职,诸如狱吏、教区委员、济贫委员等等。一般说来,"一名妇女要获取公职的话,必须是单身妇女"①。因为这些公共权力几乎都与未婚或是寡居的婚姻状态相联系。在本节中,我们便要考察未婚和寡居妇女参与公共事务的情况。这既包括那些靠出身和血统而参与政治活动的女王和贵族女性,也包括普通单身妇女的参政情况。

一　女王和单身女贵族的政治影响力

(一) 女王

近代早期的英国社会中先后涌现出了四位女王——玛丽一世、伊丽莎白一世、玛丽二世和安妮女王。在这四位女王中,玛丽一世和伊丽莎白一世在其继承王位时均未结婚,而玛丽二世和安妮女王在即位之前就已经结婚。从这一点来看,婚姻状态似乎并没有影响女性对王位的继承。但是,婚姻状况却对她们后来的统治生涯产生着至关重要的影响。

1553年,爱德华六世无嗣而亡,玛丽幸运地坐上了国王宝座,成了英国历史上第一位合法的女性最高统治者,史称玛丽一世。鉴于当时社会舆论仍然坚持从古典时代起就流行的观点——妇女不适合参与政治事务。因此,绝大多数议员都认为她应该结婚并在丈夫的协助之下进行统治。然而,当同年10月玛丽决定嫁给西班牙王储菲利普时,却在英国引起了一系列的政治疑虑和恐慌。一些法律界人士提出,"根据英国的法律",玛丽将会失去自己的王位。② 作

---

① Amy M. Froide, *Never Married, Single Women in Early Modern England*, p. 144.
② Sara Mendelson, Patericia Crawford, *Women in Early Modern England, 1550–1720*, p. 352.

为一名已婚妇女,玛丽将从属于自己的丈夫并且应将自己的财产交予丈夫(在此时的政治思想中王位也属于一种财产)。为了防止菲利普将英国作为他的财产对待,议会和枢密院特别注重保护玛丽的权威,并为此与菲利普签订了一份婚前协议。根据协议,玛丽仍然是女王,菲利普的职责只是协助,英国也不会因为菲利普的利益而卷入战争。为了强调玛丽作为女王的最高地位,淡化她作为妻子的从属角色,议会还于1554年以法案的形式肯定了玛丽作为女王的权力与国王的权力完全等同,与她任何先辈所享有的权力完全一致。在婚礼庆典上,玛丽作为君主的至高无上地位再次得到了凸显——玛丽站在右边且国剑被呈在她的面前。

尽管有婚前协议、法案规定和婚礼仪式上的强调,但是"同时代的人仍然认为她已经成了一个妻子,并因此有顺从丈夫的职责"①。在实际的政治生活中,为人妻的角色也实实在在地削弱了玛丽一世作为君主的权力。虽然菲利普从来没有加冕,但是却被赠予了国王的头衔并且所有的法案都以二人共同的名义颁布。当玛丽误认为自己怀孕时,菲利普便试图进一步扩大自己的权利。菲利普提出,如果玛丽因生育而亡,自己将获得国家的统治权。虽然有婚前协议的存在,但是议会最终同意菲利普可以代表他的孩子统治这个国家。后来证实玛丽并没有怀孕,这些计划自然就废弃了。但这一事件至少说明一点——婚后菲利普的权力开始膨胀,而玛丽的权力却不断遭到削弱。戴维斯(Natalie Zemon Davis)甚至认为"玛丽·都铎实际上是处于她丈夫菲利普二世的支配之下"②。

婚姻给女王权威所带来的不利影响同样也在斯图亚特王朝的玛丽二世身上充分地体现了出来。当议会讨论邀请玛丽回国继承王位时,荷兰国王威廉却坚决反对玛丽作为唯一的君主继承王位。据报

---

① Sara Mendelson, Patericia Crawford, *Women in Early Modern England, 1550 – 1720*, p. 353.

② Georges Duby, Michelle Perrot, *A History of Women in the West* III, Cambridge: The Belknap Press of Harvard University Press, 2000, p. 170.

道，威廉宣称"一个男人的妻子应该只是妻子"，"他不会考虑通过裙带关系来掌控任何事情"，除非作为共同君主并且在玛丽死后能够继续统治英国，否则他将率领军队返回荷兰。① 当议会就此问题进行讨论时，一些托利党人提出玛丽应该单独继承王位并且由她决定给丈夫威廉什么样的权力或头衔，但另外一些政客则依旧援引已婚妇女的法律规则，认为王位也是财富的一部分，因此在婚后应该属于她的丈夫。哈利法克斯（Halifax）就提出，"玛丽作为一名已婚妇女，已经将她的王位作为一份财产交给了威廉"②。虽然最后的讨论结果是玛丽二世和威廉作为共同的王位继承人统治英国，但是玛丽却始终以一个温顺的妻子形象示人。甚至还允许由威廉来决定当他不在国内的时候，是让她以自己的名义管理国家还是让枢密院进行管理。在玛丽的观念里，作为妻子，她的角色就是服从于丈夫，而不是去享受一位女王至高无上的权力。

安妮女王是斯图亚特王朝时期的最后一位女王，也是英国历史上最默默无闻的一位女王。罗伯特·布霍尔茨（Robert Bucholz）甚至认为安妮连一个能代表自己特点的形容词都没有。虽然安妮在位期间（1702—1714），英国成长为了欧洲的仲裁者，但是同时代的人和传统史学家却很难将这一成就与安妮相连。他们更关注女王肥胖的身体、坎坷的生育之路以及其与侍女莎拉之间的纠葛。近年来，一些学者开始重新评价安妮女王，赞美她的睿智与成就，肯定她之于英国强盛时代到来的重要作用。虽然在这些记述和研究中，我们很难直接证实安妮女王的丈夫——丹麦乔治王子对其施政的影响。但是，所有的记述和研究几乎都一致认为安妮女王符合同时代人心目中的好主妇形象，她接受并展现了传统的女性气质。在与乔治的婚姻中，她安静、害羞、节俭、充满母性，是众所周知的模范

---

① Lois G. Schwoerer, *Women and the Glorious Revolution*, North Carolina: Appalachian State University, 1986, p. 212.

② Sara Mendelson, Patericia Crawford, *Women in Early Modern England, 1550－1720*, p. 360.

妻子。① 从女王形象来看，我们可以合理推测出她的政治主张不可避免地会受到丈夫的影响和制约。毕竟，在近代早期的英国社会中，顺从于丈夫是妻子应尽的本分。此外，安妮极度渴望生育子嗣。她一共生育了17个孩子，但却全部早夭。频繁地怀孕、生子、丧子不仅影响了女王君主角色的扮演，而且也拖垮了女王的身体。1709年，随着丈夫乔治的过世，安妮备受打击，再也无法从悲伤中恢复过来，身体每况愈下。5年之后，安妮女王去世。

已婚女王遭遇的尴尬处境——应该做一个至高无上的女王还是扮演一个恭顺的妻子——被一直保持单身的伊丽莎白一世有效地避免了。1558年伊丽莎白继承王位时，英国政治思想中仍然弥漫着伊恩·麦克莱恩（Ian Maclean）所称之的"对妇女卷入政治所表现出来的几乎一致的讨厌"②。在伊丽莎白继承王位后，"她仍然被当作是一名应该处于男性指导之下的无经验年轻女性"③。因此，在伊丽莎白即位之后，婚姻大事成了大臣们极度关心的问题。早在1559年2月4日，下议院就起草了一份文件，请求女王结婚并为国家生育一名继承人。他们强调，"一名丈夫对于国家的影响要比其他许多男人的共同努力都要有益得多"；女王的婚姻"包括了国家的安全与和平"；如果她保持单身的话，这可能"违背大众的敬意"④。到16世纪60年代，塞西尔和其他的议员甚至怂恿将女王的婚姻与1563年和1566年的补助金的通过联系起来。然而，面对议会的巨大压力，伊丽莎白始终坚持不嫁。

长期以来，学者们在分析伊丽莎白独身的原因时，往往将此归

---

① Robert Bucholz, "The 'Stomach of a Queen', or Size Matters: Gender, Body Image, and the Historical Reputation of Qeen Anne", in Carole Levin, Robert Bucholz, *Queens and Power in Medieval and Early Modern England*, Lincoln: University of Nebraska Press, 2009, pp. 243 – 263.

② Amanda L. Capern, *The Historical Study of Women, England, 1500 – 1700*, Basingstoke: Palgrave Macmillan, 2008, p. 150.

③ Sara Mendelson, Patericia Crawford, *Women in Early Modern England, 1550 – 1720*, p. 353.

④ J. B. Black, *The Reign of Elizabeth, 1558 – 1603*, Oxford: Oxford University Press, 2004, p. 18.

第三章　单身妇女的社会影响力

结为伊丽莎白的外交策略和她童年时的心理阴影。其实，为了防止婚姻削弱自己的权力，为了避免处于已婚女王的尴尬境地也是伊丽莎白的重要考虑。在强调妻子应该服从于丈夫的文化中，女王一旦结婚便被置于一种模棱两可的矛盾境地——从私人的层面来讲，她应该臣服于她的丈夫，而从国家层面上来讲，她又是一个至高无上的权威者。在这种矛盾中已婚女王的权威不可避免地会遭到分享和削弱，就如她的姐姐玛丽一世那样。因此，在1599年议员们第一次请求她结婚时她就明确表示，结婚与"女王的最高权威极不相符"①。从这一点来看，我们可以推测伊丽莎白已经清楚地意识到了婚姻之于女王权力的束缚，懂得未婚比已婚状态更利于自己掌控和实施权力。而且，"她的贞洁也成了女性权力的有效象征，增加了围绕在她身边的魔力和宗教氛围"②。

终其一生，伊丽莎白都比其他几位女王享受着更大的政治权力，因为对已婚女王来说，统治权力的削弱和分享很难避免。这一症结归于英国的文化传统——作为妻子应该顺从丈夫，处于丈夫的控制之下。作为妻子的从属地位显然与作为国家首脑应具备的权威格格不入。在这样一种矛盾和冲突的境地中，女王所享有的权威必然大打折扣。解决的途径或许只有一条——保持单身，从而保证女王至高权威的完整性。伊丽莎白这样做了，事实上这名处子女王也确实做到了。女王们的遭遇向我们展示了处于权力金字塔顶端的女王都不可避免地会因婚姻而影响自己的参政活动，更何况是居于其下的妇女。

（二）**女贵族**

对近代早期的妇女而言，她们的政治参与度在很大程度上受其所处社会阶层的影响。总体说来，贵族妇女作为一个群体，依靠自己的出身、依靠自己与掌握政治权力的男人之间的关系而实践着她们的政治影响力。就像雷诺兹（K. D. Reynolds）所揭露的那样：

---

① J. B. Black, *The Reign of Elizabeth*, 1558 – 1603, p. 19.
② Sara Mendelson, Patericia Crawford, *Women in Early Modern England*, 1550 – 1720, pp. 355 – 356.

"在与她们自身家庭及本阶层的关系中,贵族妇女首先是妇女,然而在与社会其他人的关系中,她们始终是贵族"[①]。虽然所有的妇女(女王除外)几乎都会因为性别问题而被排除在具备直接和正式权力的重要官职之外,但是她们中的一些人仍能够在宫廷中谋得一个正式职位,从而施展其政治影响力。

从 16 世纪开始,贵族们逐渐发现在宫廷中任职成了一种必须。因为随着国王地产和收入的增加,宫廷成了国家的政治中心,也是官职、权力、金钱和庇护的分配中心。在此背景之下,与国王及其亲信之间建立一种直接联系便成了走向成功的关键。在宫廷中任职也成为拥有社会和政治特权的标志。对于贵族妇女来说,她们能在宫廷中谋得的职位通常是做女王或王后的侍女。这一表面上看来无关紧要的职位实则潜藏着相当重要的政治影响力。

对宫廷侍女来说,政治权力可以通过多种方式获得。首先,在宫廷中任职可以增加与国王及有权势男人接触的机会。如果她们幸运地吸引了这些男人的注意,经济和政治利益便会接踵而来。安妮·巴赛特(Anne Basset)是亨利八世的王后珍·西摩(Jane Seymour)的一个未婚侍女。她成功地吸引了亨利八世的注意并得到了亨利的宠爱。一名西班牙的观察家甚至认为安妮的继父得以从伦敦塔中释放,都是源于亨利对她的爱。[②]

除了像安妮·巴赛特那样通过与有权势的男人建立起直接联系而取得政治影响力外,侍女们还能够通过与女王或王后建立起良好关系而达成此目的。这些侍女时常陪伴在女王或是王后的身旁并且从事着男性侍从可能无法胜任的一些亲密工作,如伺候女王或王后就寝、帮助她们梳洗打扮等等。这种与女王或是王后的直接的、频繁的接触本身就是一种政治参与,虽然这可能不是直接的政治行为。因为对那些无法直接接触到女王或是王后的人来说,她们可以很好地扮演"中间人"的角色。这些人可以通过侍女而将自己的心

[①] K. D. Reynolds, *Aristocratic Women and Political Society in Victorian Britain*, Oxford: Clarendon Press, 1998, p. 4.

[②] Barbara J. Harris, *English Aristocratic Women*, 1450–1550, p. 227.

第三章 单身妇女的社会影响力

愿传达到女王或王后的耳朵里,或是通过她们在适当的时机给女王或王后呈上一封书信或提到自己。例如莱斯特公爵罗伯特·达德利(Robert Dudley)就曾利用了布兰奇·帕里(Blanche Parry)之类的侍女来接近女王。终身未婚的布兰奇是伊丽莎白一世宫廷中最为重要的人物之一。在伊丽莎白70年的生命里有56年都是在她的陪伴下度过的。她作为伊丽莎白寝宫的首席女侍官掌握着极大的权力。少数幸存下来的信件和文件在提及布兰奇时都清楚地指出,她控制了接近女王的渠道。对于那些想要引起女王注意,向女王提出请求或是陈述自己想法的人来说,她就是十分关键的"中间人"。如果你是一个想要发挥自己影响力的廷臣,她显然就是你必须要与之成为朋友的那类人。莱斯特公爵还与伊丽莎白的孀居侍女桃乐西·斯塔福德(Dorothy Stafford)保持着紧密联系。为了莱斯特公爵的利益,桃乐西·斯塔福德在1576年写信给诺福克的郡长要求他指派一个莱斯特的人作为诺福克的代理郡长。[1]

在此需要指出的是,婚姻状态对职位的获取并不会产生决定性的影响。除了单身妇女外,已婚妇女也可以谋得这一职位。玛丽·达德利(Mary Dudley)在嫁给亨利·西德尼(Henry Sidney)之后仍然在伊丽莎白的寝宫中任职,并且在1559年还与西班牙大使阿尔巴多·夸卓(Alvaro De Quadra)商讨伊丽莎白的婚姻大事。在安妮女王时期,影响力最大的一个女侍官莎拉·丘吉尔(Sarah Churchill)在结婚之后也继续在宫廷中服务。但是对已婚贵族妇女来说,她们必须要面临将婚姻、孩子和家庭的义务与她们作为女侍官的职责协调起来的问题。对任何一名已婚女贵族来说,养育继承人都是她们生活中最为关键、最为重要的职责。因此,怀孕、生产和养育孩子都极有可能影响和妨碍她们在宫廷中的任职。伊丽莎白·斯坦利(Elizabeth Stanley)在生育长子詹姆士之前便辞去了王后侍女的工作,并且后来也没能重返这一岗位。贝德福德公爵夫人

---

[1] Jacqueline Eales, *Women in Early Modern England, 1500 – 1700*, London: UCL Press Limited, 1998, p. 54.

也在怀孕的时候辞去了为王后服务的工作。①

　　宫廷之外，贵族妇女也能凭借其出身和财富施展政治影响力。当议会政治在近代早期变得越来越重要时，贵族妇女也开始积极涉足议员的选举。这些参与议员选举的贵族妇女一般都是单身女性。虽然已婚女贵族也能通过非正式的手段来影响选举活动，但是她们的举动往往会受到丈夫的限制和制约，很难自由地参与其中。关于这一点，我们可以从前面讲到的安妮女王时期最有影响力的女侍官莎拉·丘吉尔的事例中得到印证。由于莎拉支持辉格党人，这挑战了女王支持托利党的立场，她因此失宠并于1711年离开了宫廷。在离宫之后，她则在地方政治中扮演起积极角色。她通过委托代理人和写信等手段来影响地方议会的选举。不过，莎拉最初卷入地方选举始于丈夫在1702—1711年之间离家服役的时期。"1722年丈夫去世之后，她则获得了更大的自由去发挥她的政治影响力。"②从莎拉参与地方议会选举的经历来看，丈夫的存在显然约束了她的政治活动。

　　相比已婚女贵族，单身女贵族享受了更大的参政自由。她们可以凭借自己获得的或是继承到的地产而享有依附在这块地产上的合法权利。她们甚至可以在这块地产上担任公职并掌控这块地产上的政治事务。莎拉·理查森（Sarah Richardson）研究了妇女参与18世纪30年代约克郡的选举活动后指出，约克郡的未婚女贵族享有政治权力。她们希望自己管理地产上的政治事务，而不是顺从于男性亲属或男性干事的控制。③ 那些继承了地产的贵族遗孀同样如此。凯珀恩（Amanda Capern）、哈瑞斯（Barbara J. Harris）以及门德尔森和克劳福德之类的学者均向我们展示了寡妇广泛参与政治的情

---

① Helen Payne, "Aristocratic Women, Power, Patronage and Family Networks at the Jacobean Court, 1603–1625", in James Daybell, *Women and Politics in Early Modern England, 1450–1700*, Aldershot: Ashgate Publishing Limited, 2004, p. 166.

② Jacqueline Eales, *Women in Early Modern England, 1500–1700*, p. 58.

③ Sarah Richard, "The Role of Women in Electoral Politics of Yorkshire during the Eighteen-thirties", *Northern History*, Vol. 32, No. 1, 1996, pp. 131–151.

况。萨克福公爵夫人凯瑟琳在丈夫去世两年之后，被描述为统治整个林肯郡的人物。① 彭布罗克伯爵的遗孀安妮·克利福德（Anne Clifford）于1650年获得了父亲在约克郡和威斯特摩兰的地产，并且从那时起便担任郡长的职务。她给治安法官提出建议，签署所有选举议会候选人的文件。② 16世纪50年代，当孀居的伊丽莎白·科普利（Elizabeth Copley）的儿子还未成年时，她为肯塔基自治市的市议会推荐了两名议员。后来，她的儿媳妇凯瑟琳也基于自己的寡妇产而拥有了推荐议员的权利。桃乐西·帕金顿（Dorothy Packington）夫人也在1572年享有对艾尔斯伯里市相似的权力。③ 弗朗西斯·谢泼德（Frances Shepherd）在丈夫去世之后，通过长期的努力，掌握了西苏塞克斯的议员选举权。④ 上述这些单身女贵族在担任官职和推荐议员上拥有的权利主要是基于她们继承而来的地产，从而享有依附在这块地产上的支配权。就像约翰·尼尔（John Neale）所观察到的那样，"这不是性别，而是对自治市的支配权在起作用"⑤。

除选举活动而外，单身女贵族还在其他方面彰显着自己的政治力量，甚至还可能成为地方权力的主要掌控人。例如约克公爵的遗孀西塞莉·内维尔（Cicely Neville）一直被现代历史学家描述为在约克党圈子中拥有"领导性"影响力的人物。她的儿子爱德华四世和格洛斯特公爵理查德还经常就国家问题咨询她的意见。⑥ 萨克福公爵的遗孀爱丽丝在丈夫死后的很长时间内都主导着东英格兰的政治。除了使用联姻、欺骗和拉帮结派的手法去对抗自己的宿敌帕斯

---

① Jacqueline Eales, *Women in Early Modern England*, *1500–1700*, p. 52.
② Amanda L. Capern, *the Historical Study of Women*, *England*, *1500–1700*, Basingstoke: Palgrave Macmillan, 2008, p. 151.
③ Jacqueline Eales, *Women in Early Modern England*, *1500–1700*, p. 57.
④ Elaine Chalus, "Women, Electoral Privilege and Practice in the Eighteenth Century", in Kathryn Gleadle, Sarah Richardson, ed., *Women in British Politics*, *1760–1860*: *The Power of the Petticoat*, London: Macmillan, 2000, pp. 19–38.
⑤ John Neale, *The Elizabethan House of Commons*, London: Jonathan Cape, 1949, p. 176.
⑥ Jacqueline Eales, *Women in Early Modern England*, *1500–1700*, p. 51.

顿（Pastons）家族之外，她还使用武力强行霸占帕斯顿家族的庄园。爱丽丝在地区争端上的强势态度使得王室都不得不进行干预。在1468—1469年间，伊丽莎白·伍德维尔（William Woodville）王后写信给爱丽丝，要求她在已经和国王讨论过的问题上与其他领主们保持公允。①

与萨福克公爵夫人同时代的诺福克公爵夫人伊丽莎白·莫布雷（Elizabeth Mowbray）也是在东英格兰相当有政治影响力的人物。她倾向于支持帕斯顿家族。1469年丈夫夺取了帕斯顿家族的凯斯特（Caister）城堡时，公爵夫人一直努力劝说丈夫将之归还给帕斯顿家族，但丈夫不为所动。这种情况直到诺福克公爵去世之后才发生了改变。在丈夫死后，公爵夫人可以自由地按照自己的喜好来处理此事。结果，在不到6个月的时间里公爵夫人就将凯斯特归还给了帕斯顿家族，并与帕斯顿家族重修旧好。后来，当威廉·帕斯顿二世与他侄儿约翰二世和约翰三世就继承问题发生争斗时，伊丽莎白支持威廉并在1479年给威廉提供了60名骑士。最后，约翰三世和威廉二世将他们之间的争执交给亨利·海登（Henry Heydon）加以仲裁并签署了一份协议。但是亨利警告约翰，公爵夫人的同意对于协议的订立是非常重要的。"我明智地建议你，无论是你还是你的仆人在这件事情上都没有任何的发言权，这需要我的女主人同意，你才能够和平地占有。"② 海登的警告透露出这位公爵夫人在地方事务上的重要性。

除了通过正式渠道和手段参与政治活动以外，一些单身女贵族也像已婚贵族妇女那样，依靠私人关系而卷入其中。例如，萨福克公爵的遗孀凯瑟琳·威洛比在1547年为先夫的表兄弟威廉·农顿（William Naunton）入选议会而积极奔走。当威廉·农顿与理查德·孚尔顿（Richard Fulmerton）就一个皇家职位（王座法庭的执行官）而发生争夺时，凯瑟琳至少四次以私人关系请求首相威廉·

---

① Barbara J. Harris, *English Aristocratic Women*, 1450–1550, Oxford: Oxford University Press, 2002, pp. 205–206.

② Barbara J. Harris, *English Aristocratic Women*, 1450–1550, pp. 206–207.

塞西尔（William Cecil）的帮忙。①

综上，对女王和女贵族来说，婚姻虽然不是她们参与政治不可逾越的障碍，却也在一定程度上妨碍了她们。已婚女王和女贵族的政治权力在很大程度上遭到了丈夫的束缚和削弱，而单身状态却能让她们更合情理地、更自由地参与政治活动。虽然哈瑞斯（Barbara J. Harris）和佩恩（Helen Payne）一类的学者告诉我们，有大量已婚女贵族参与政治领域并发挥了重要影响力，但是她们也承认已婚女贵族比寡妇更受约束和限制，其拥有的政治影响力往往也更小。②

二 普通单身妇女的政治活动

在近代早期的英国，除了高高在上的女王和女贵族能够参与政治生活外，大量的普通妇女也能够凭借自己的财富而参与进来。她们通过获取公职、参加选举、政治请愿、宣誓效忠以及发表政治言论等方式实践自己的政治权力。如同精英妇女一样，普通单身妇女也比她们的已婚姐妹更加自由、更加积极并且更加合法地实践着自己的政治权利。

（一）获取公职与参加选举

虽然近代早期的政治空间充满了性别歧视，但是妇女也可以担任教区委员、穷人工头、监狱女吏等低级公职。在16世纪的英国，妇女担任教区委员的情况并不罕见。在科米尔顿（Kilmington）教区，在1560—1581年间一名妇女先后六次当选为教区委员并且享有极大的权力，处理从建筑物的修葺和教区养蜂到宗教纪律方面的事宜。在墨巴斯（Morebath）教区，连续好多年的教区委员也都由妇女担任。1528年教区委员是玛格丽特·博尔斯顿（Margaret Borston）；1542年是琼·莫尔斯（Joan Morsse）；1543年是由琼·古德

---

① Barbara J. Harris, *English Aristocratic Women*, 1450–1550, p. 200.
② 参见 Barbara J. Harris, *English Aristocratic Women*, 1450–1550 以及 Helen Payne, "Aristocratic Women, Power, Patronage and Family Networks at the Jacobean Court, 1603–1625", in James Daybell, *Women and Politics in Early Modern England*, 1450–1700, Aldershot: Ashgate Publishing Limited, 2004.

曼（Joan Goodman）担任；1548 年则由露西·希利（Lucy Seely）担任；1554 年琼·莫尔斯再次成为了教区委员；1557 年琼·罗比洛（Joan Rumbelow）担任了这一职位；1561 年是艾莉森·佩里（Alison Perry）；1563 年是艾莉森·诺曼（Alison Norman）；1570 年是琼·诺曼（Joan Norman）；1571 年是玛格丽特·泰勒（Margaret Taylor）；在1575 年是格雷斯·泰威尔（Grace Timewell）（到这个时候这名牧师的记录结束了）。[1]

　　虽然妇女（所有婚姻状态的）可以获得公职在 1739 年的王座法庭所审理的案件中得到了支持。但是，根据弗若伊德的研究，"一名妇女要获得公职的话，她似乎必须是单身妇女"。除此之外，她们往往还需要拥有或占有一定的财产。财产是能够让妇女跻身于近代早期政治生活的必要条件之一。拥有或占有财产所带来的特权（及责任）之一就是拥有获得公职的可能性。因此，近代早期"绝大多数女性官员都是精英男子的女儿或遗孀。她们往往在继承家庭不动产的同时，也继承了与之相连的职责和权利"[2]。

　　拥有或占有财产的单身妇女不仅可以获得公职，她们甚至还有权参加选举。1720 年多切斯特的地方法规规定："选举多切斯特议会议员的权力为本城镇中根据自己的动产（personal estate）支付了教会税和济贫税的居民所有；也属于在本城镇中根据自己的不动产（real estate）而支付了教会税和济贫税的居民所有。"[3] 换句话说，那些根据他们所拥有或占有动产或是不动产支付了有关税收的人就有权选举议会代表。事实上，在 1832 年议会改革之前，英国"旧制度"的选举法也只是规定了财产资格和身份资格，而没有性别限制。然而，法律理论通常与地方习俗及社会现实相矛盾。就像斯泰

---

[1] Crawford, "Pubilc Duty, Conscience and Women in Early Modern England, in John Stephen Morrill, Paul Slack, Daniel R. Woolf, ed., *Public Duty and Private Conscience in Seventeenth – century England*, Oxford: Clarendon Press, 1993, p. 63.

[2] Amy M. Froide, *Never Married, Single Women in Early Modern England*, pp. 144 – 145.

[3] Charles Herbert Mayo, Arthur William Gould, *The Municipal Records of the Borough of Dorchester*, Exeter: William Pollard, 1908, p. 439.

年（Karl Von Den Steinen）指出的那样，在18世纪的英国，"选民中缺乏妇女身影主要是因为社会的限制而不是法律的禁止"①。

1640年，萨克福郡要选举两名骑士进入长期议会。伊普斯威奇（Ipswich）的大量单身妇女都参加了选举。对于这次选举，萨福克郡的治安官德维斯（Simonds D'Ewes）先生给我们提供了比较详细的信息：

> 在其他两个选举登记处的一些办事人员接受了那些作为自由持有农（freeholder）的单身妇女的宣誓。然而，这些办事人员却不知道郡长只要看到这种情况的话就会立即制止。郡长认为，对任何的绅士来讲，利用她们（女性自由持有农）的发言权都是极不值得的并且是极其不光彩的一件事情。虽然她们（女性自由持有农）在法律上可能被允许这样做，但郡长不允许这样的投票……会将她们从名单中剔除。②

从德维斯先生的记录来看，单身妇女的投票虽然并不违背法律，但是地方长官却将接受单身妇女的投票视为不光彩的行为。这种态度的产生可能需要在父权体制上去找原因。在父权社会中，妇女如果能够切实有效地实践选举权，那么这必将对男性霸权构成挑战。就像平等派主张成年人的选举权会威胁到阶级秩序一样，单身妇女的投票权利对男性官员来说也是不可容忍的女性支配行为。这是对社会性别秩序的一种威胁，是对女性不适合参与政治的传统观念的颠覆。

萨克福的选举并不是唯一一次有单身妇女参与的选举。在1640年伍斯特郡的选举中，托马斯·利特尔顿爵士（Thomas Littleton）

---

① Den Steinen, Karl Von, "The Discovery of Women in Eighteenth-Century Political Life", in Barbara Kanner, ed., *The Women of England from Anglo-Saxon Times to the Present*, Hamden: Archon Books, 1979, p. 240.

② Sara Mendelson, Patericia Crawford, ed., *Women in Early Modern England, 1550–1720*, pp. 396–397.

的投票点中充斥着"男人、妇女和穷人"①。在里士满 1678 年的一次选举中,虽然不允许妇女直接投票,但是允许她们将自己的投票权让渡给男性代理人。② 这三个例子让我们得以窥见史料中记载甚少的单身妇女参与选举的情况。然而,我们之所以能知道 1640 年的两次选举中有单身妇女参与投票,是因为在有争议的选举中投票者的名字会被记录下来,但我们却无法知道拥有或占有财产的女性在没有争议的选举中是否能够顺利地运用她们的法律权利去投票。

(二)革命时期单身妇女的政治参与

1640 年,长期议会的召开标志着 17 世纪英国资产阶级革命的爆发。这场持续将近半个世纪的斗争不仅打破了传统的政治模式,而且还以一股强大的浪潮将各个阶层都卷了进来,妇女自然也包括在内。在这一时期,妇女特别是单身妇女主要通过三种方式参与到政治活动当中。

一是向议会呈递请愿书。虽然从中世纪起妇女就已经开始向统治者和法庭请求纠正各种不公,但是这种自发的、小规模的请愿活动因内战的爆发而有了根本性的变化。大量的妇女组织起来,为了某种利益甚至是为了某一政治派别的利益而向议会提出请愿。门德尔森和克劳福德向我们展示了妇女在内战和政治运动期间广泛参与政治请愿的画面。③ 虽然在这些妇女中既有已婚妇女也有单身妇女,但已婚妇女可能会因其被掩盖的法律身份而致使法庭或议会否定她们的请愿权力。

一份 1653 年的实时通讯报道称:在星期三,大约有 12 名妇女来到了议会门前,请求释放约翰·利尔伯恩(John Lilburne)——一名被投入监狱的平等派领袖。这 12 名妇女的领导人是一名叫作凯瑟琳·奇德利(Katherine Childley)的寡妇。她们向议会递交了

---

① Sara Mendelson, Patericia Crawford, ed., *Women in Early Modern England*, *1550–1720*, p. 396.

② Amy M. Froide, *Never Married*, *Single Women in Early Modern England*, p. 146.

③ Sara Mendelson, Patricia Crawford, ed., *Women in Early Modern England*, *1550–1720*, pp. 380–428.

释放约翰的请愿书,请愿书上有超过6000名妇女的签名。然而,议会拒绝了。其理由是:"她们是妇女,而且其中很多人还是妻子,因此在法律上她们是不存在的。"① 但这次请愿的领导者凯瑟琳就不是妻子,而是一名寡妇。因此,她们依据"她们不全都是妻子"为由,坚持自己拥有请愿的权利,要求议会接受她们的请愿书。当然,她们的坚持和强硬不仅仅在于此。这种坚持和强硬还来源于她们的经济独立,也来自她们在智力和法律上的世故。如凯瑟琳一样,17世纪40年代和50年代的许多女性激进主义者都是中等资产的女企业家。凯瑟琳本人就在为新模范军提供袜子;浸信会传教士阿塔韦(Attaway)夫人是一个花边销售商;玛丽·波普(Mary Pope)则从先夫那里继承了盐生意并且利用盈利来出版自己的小册子。

二是参与革命募捐和革命活动。这一时期,有一定财产的单身妇女还积极地为革命募捐甚至直接参与到革命活动当中。就像同阶层的男性一样,在整个内战期间很多妇女都为国王或是议会提供了人力、财力、物力方面的支持。这些捐款捐物的妇女当中,单身妇女所占的比重很大。在16世纪80年代蒙墨斯公爵的叛乱中,我们甚至能够看到单身妇女直接参与革命活动的信息。当时一首讽刺性民谣《西方的荣耀》(*The Glory of the West*),夸张地描绘了少女们以不可思议地撕开长裙而让蒙墨斯公爵的军队感到脸红的行为,从而嘲讽了单身妇女直接参与军事斗争的举动。阿弗拉·贝恩(Aphra Behn)则在丈夫去世之后,接受了查理二世指派的政治任务——作为英国的政治间谍前往安特卫普。她在荷兰的主要任务就是与威廉·斯科特(William Scott)——1660年10月17日以弑君罪被处死的托马斯·斯科特(Thomas Scott)的儿子——建立起亲密关系,因为此时威廉已经准备与那些密谋反对英国国王的流亡者共同实施谋反行动了。

---

① Sara Mendelson, Patricia Crawford, ed., *Women in Early Modern England*, 1550–1720, p. 408.

三是进行政治论战。单身妇女还通过发表和出版政治性读物来表达自己的政治观点,进而参与政治活动。在内战和空位时期,妇女出版读物的数量和主题范围都有了显著增长。她们开始涉足政治性言论的写作和出版。从克劳福德的统计来看,从 1641 年开始,政治类女性出版物的增长速度非常快,仅次于预言类出版物和贵格会会员的出版物。在 17 世纪期间,政治类的出版物在那些著述超过四本的妇女中所占比例约 10%,在那些著述 1—4 本的妇女中所占比例更大,达到了 13.2%。[1]虽然这些妇女中也有已婚妇女,但是单身妇女所占的比例无疑更高。这一方面源于单身妇女拥有更多的时间和精力来追求妻子和母亲所需知识以外的学问,另一方面也在于她们比已婚妇女拥有更多的自由来写作和出版自己的著述。由于这一时期女性出版公共读物和谈论政治并不被社会所接受,因此丈夫往往会对妻子的这一行为加以约束。埃莉诺·道格拉斯(Eleanor Douglas)的两任丈夫都将她的不少著述付之一炬。英国第一位以写作为生的妇女阿弗拉·贝恩也是在丈夫去世之后才开始文学创作的。作为一名炽烈的保皇党人和一个秘密的天主教徒,贝恩利用各种文学体裁来表达她坚定的党派立场。她将自己的一生总结为保皇党人的宣传员。她在喜剧《圆颅党人》(The Roundheads, 1681)和《城市女继承人》(The City - Heiress, 1682)的扉页中撰写了长篇的政治评论。她将辉格党显要人物及其党羽的生活变成了滑稽小说。她还使用各种各样的诗歌、故事和讽刺文学来表达自己的政治观点。贝恩在其小说《一位贵族和小姨子的情书》(Love Letters between a Nobleman and His Sister, 1684)中,对辉格党的领袖进行了戏剧性的描述。贝恩著述的党派性还逐渐发展成了保皇党人的一种宣传方式。保皇党人通过这种讽刺性和诽谤性的嘲弄来实现它强有力的宣传效果。

(三) 忠诚宣誓

近代早期,单身妇女还能够以忠诚宣誓来实践她们的政治权

---

[1] Patrica Crawford, "Women's Published Writings, 1600 – 1700", in Mary Prior, Women in English Society, 1500 – 1800, pp. 273 – 274.

利。为了强调这些行为的政治性,门德尔森和克劳福德已将之作为"契约选举权(covenantal suffrage)"加以对待。近代早期,这类宣誓对妇女来说变得越来越常见。妇女有时出现在1641年和1642年关于新教信仰的宣誓中,发誓要维护她们的"生命、权利、财产以及宗教改革后的新教信仰……反对天主教会和天主教的所有革新"。在宣誓人的身份要求上,各地区之间存在一定差异。从完全将女性排除在外到完全将成年妇女包括在内;一些地方的宣誓者由成年男子和一部分被界定为寡妇的女性构成;而另一些地方的妇女在宣誓者中的比例(虽然没有界定婚姻状况)则符合未婚成年妇女在总人口中所占的比例;还有许多教区只是让年龄在18岁以上的男性参与宣誓。从某些教区宣誓效忠新教的女性人员名单来看,不仅有未婚女和寡妇,而且还存在大量的已婚妇女。[1] 这意味着有关信仰的宣誓并不是丈夫能代妻子进行的。从宗教层面来说,男女基督教徒在上帝的眼中都是平等的灵魂,因此必须根据他们各自的内心意愿进行宣誓。

在更具政治意味的效忠宣誓(例如向国王的效忠誓言)中,妇女的参与情况在目前学术界还很少被研究。约克郡的北瑞丁教区留存下来的忠诚誓言揭示,这一地区只有男人向国王威廉、玛丽、安妮和乔治一世宣誓效忠(除了一名地方公职人员的遗孀,她似乎代表其先夫)。相比之下,女王或是王后身边的女官和侍女则须像其他国家官员一样需要宣誓效忠。在出现政治危机的时候,她们还需要进行特别的效忠宣誓。例如在1696年詹姆士密谋杀害威廉三世之后,格雷格(Edward Gregg)发现,"甚至莫尔伯勒公爵夫人和女王宫中的其他女士也都进行了效忠宣誓"[2]。当然,这些妇女宣誓效忠不是因为她们的性别或社会地位,而是因为她们在宫廷中作为公职人员的身份。

那英国社会中普通的、非公职人员的女性是否也向国王宣誓了

---

[1] Sara Mendelson, Patericia Crawford, *Women in Early Modern England, 1550–1720*, p. 398.
[2] Edward Gregg, *Queen Anne*, London: Routledge & Kegan Paul Plc., 1984, p. 108.

呢？从18世纪的一些城镇来看，普通妇女确实这样做了。在1723年的10月和11月，南安普敦的市民向乔治一世国王签署了效忠誓言并且一起指责詹姆士三世是王位的窥视者。在492名宣誓者中，有186名妇女。这一发现揭示了我们以前所认为的只有男人才需要向国王宣誓效忠并签署这类政治文件的看法并不符合实际。在南安普敦向国王宣誓效忠的妇女基本都是单身妇女。虽然记录中并没有明确给出宣誓者的婚姻状况，但是能够界定出141名女签字人中124名妇女的婚姻状态。她们中有61名是未婚女、40名是寡妇，另外23名要么是寡妇，要么是未婚女。约克郡也保留下了一份1723年完整的效忠誓言。在1538名忠诚宣誓的签署者中有684人是妇女（44.5%）。在这些妇女中，同样也是单身妇女占据了绝大多数。其中有186人（27.2%）是未婚女，有253名（37%）寡妇，即单身妇女在女性宣誓者中占了64%强。[1]

出现在这类效忠宣誓中的单身妇女主要得益于她们的财富、地位以及年龄。在南安普敦的单身女性签署人中有超过一半的人都是富人、女商人或者是本城镇中显赫家庭的成员。在61名宣誓效忠的未婚女中有22人拥有不少财产，其中6人还支付了高昂的特许费以求在南安普敦独立从业；有17人与南安普敦的议员或是公职人员（即南安普敦的精英男子）姓氏相同；还有13名未婚女是南安普敦男性自由民的亲戚，这些男性自由民也都是富裕的手工业者。另外，在这些宣誓的单身妇女中绝大多数都是中年或是老年妇女。她们中将近有75%的人都在35岁以上。从这点来看，年龄似乎给了妇女包括单身妇女以权利，给了她们在社区中一定的权威性和政治影响力。当然，更加可能的原因是年老的单身妇女往往比年轻单身妇女更加富裕。当单身妇女继承了家庭财产或者通过自己的努力而积累了一定财富时，她们可能已经人至中年。此外，单身妇女的识字情况也可以折射出她们的地位和财产状况。在这61名未婚女宣誓人中仅有12人是以手印而不是以签名来进行的。这意味着未婚

---

[1] Amy M. Froide, *Never Married*, *Single Women in Early Modern England*, pp. 149, 151.

第三章　单身妇女的社会影响力

女宣誓人中有80%的人识字。这种情况意味着，大部分向国王宣誓效忠的单身妇女都可能来自比较富裕的家庭并且拥有一定的财产。对单身妇女参与忠诚宣誓的研究是相当重要的。因为过去有关妇女参政情况的研究告诉我们，在内战之后妇女参与政治的可能性在降低。但是，如果从这类忠诚宣誓的情况来看，单身妇女的政治行为是在增加而不是降低。

综上所述，虽然近代早期的政治思想中仍然延续着自古典时代伊始的妇女不适合参与公共事务的理念，但是不少妇女都在一定程度上实践着自己的政治权利。精英妇女能够利用自己的血统和庇护关系而直接或间接地参与政治，普通妇女也可以通过获取公职、参与选举、参加革命活动、宣传政治主张以及宣誓效忠的方式来实践她们的政治权利。在这些参与政治的妇女中，单身妇女往往比同一社会阶层的已婚姐妹表现得更加自由与活跃。

在近代早期的英国社会，财产是相当重要的。就像拉森（Ruth Larsen）在研究中指出的那样："对所有社会阶层的单身妇女所做的研究已经证明，财产在很大程度上能够使单身妇女对自己的生活拥有权利、做出自己的选择并且凭借自己的头衔而成为一个成功的、重要的人物。"[1] 的确，财富不仅可以给单身妇女带来尊严，而且还允许她扮演重要的市民角色。她可以凭借放贷来帮助私人和政府，可以基于财富展开慈善活动，还可以通过缴纳各种税收来为社会做出贡献。

然而，公民义务和职责的承担往往会要求相应的权利作为回报。在近代早期，大量单身妇女开始积极争取自己的政治权利。此时，英国政治组织形式所发生的根本性变革和动荡的政治局势也给妇女提供了必要的参政契机。在政治民主化的过程当中，英国爆发了长达4年之久的资产阶级革命和前所未有的弑君行动，各种政治

---

[1] Ruth Larse, "For Want of a Good Fortune: Elite Single Women's Experiences in Yorkshire, 1730–1860", *Women's History Review*, Vol. 16, No. 3, 2007, p. 388.

论战从未停歇。这种因社会政治和思想领域的巨大变革所激荡起来的动员力，以压倒性的力量推动着妇女对传统两性秩序进行了反思，推动着她们冲破传统家庭私生活的藩篱。"许多妇女在政治事务中扮演了公开的、积极的角色。"[①] 这不仅体现在精英妇女利用血统和庇护等传统手段参与其中，还表现在广大普通妇女通过获取公职、参与选举、宣誓效忠、加入革命活动以及发表政治言论等方式来实践自己的政治权利。在这些参与政治活动的妇女当中，单身妇女的表现最为积极。她们凭借自己独立的法律地位、凭借自己的财产所有权，借助没有丈夫束缚的优势，比已婚妇女更加自由、更加直接、也更加有力地参与了政治活动。

当我们进一步将单身妇女中未婚女和寡妇的社会影响力进行对比后发现，寡妇无论是在财富占有，还是纳税，再或者是参与政治活动上都比未婚女更具优势。从根本上来说，这可能是婚姻带来的影响。作为先夫的代理人，寡妇需要继续维持家户的运转。故而，无论是在经济活动还是在财产继承上，她们往往都处于比未婚女更加有利的地位，通常也积累了更多的财富。基于财富，她们承担了更多的公民责任，自然也会要求更大的社会权力作为回报。此外，也因为寡妇曾经结过婚，她们通常拥有比未婚女更加广泛的社会关系网络，而这一关系网络可能又有助于她们发挥社会影响力。

[①] Jacqueline Eales, *Women in Early Modern England, 1550–1700*, p.54.

第四章 单身妇女的社会交往

婚姻往往意味着夫妻双方在经济和情感上的相互支持和慰藉。于是，我们容易将单身妇女设想为孤独无助的个体。事实上，婚姻反而限制了一个人对社会的参与，因为它要求夫妻双方将更多的精力和时间投入到照料家人、培养孩子以及维持家户正常运转等事务上，这无疑会影响已婚人士与他人交往的方式和频率。这一时期的遗嘱研究告诉我们，已婚男性遗嘱制定人所提到的社会关系极为有限。其遗赠的对象主要局限在妻子、子女和孙子女身上。他们提到子女的概率比提到侄儿或是侄女要高5倍，比提到堂表兄弟姐妹的概率要高16倍。[1] 而鳏夫、寡妇、单身汉及未婚女却遗赠了更多的亲属和非亲属。比格斯（Carmel Biggs）对1543—1709年间南安普敦女性遗嘱的分析揭示了单身妇女所拥有的广阔亲属和非亲属关系。其社会关系网络从诸如双亲、子女、孙儿孙女及兄弟姐妹等亲密的家人延展到更疏远的亲属，如伯父伯母、侄儿侄女、堂表兄弟姐妹和各种姻亲关系。另外，她们的遗嘱还展示了高达14种类型的非亲属关系。[2] 比格斯的统计也支持了范恩（Richard T. Vann）的论断——单身妇女更倾向于将其遗产赠予来自更广阔社会范围的人群。[3]

---

[1] David Cressy, "Kinship and Kin Interaction in Early Modern England", *Past & Present*, Vol. 113, No. 1, 1986, p. 56.
[2] Carmel Biggs, "Women, Kinship, and Inheritance: Northamptonshire, 1543 – 1709", *Journal of Family History*, Vol. 32, No. 2, 2007, pp. 115 – 119.
[3] Richard T. Vann, "Wills and the Family in an English Town: Banbury, 1550 – 1800", *Journal of Family History*, Vol. 4, No. 4, 1979, pp. 363 – 364.

当然，仅靠遗嘱还不足以展示单身妇女所拥有的全部社会关系。那些未出现在遗嘱中的人并不一定就与遗嘱制定人没有关系。他们可能因为已经获得过遗赠或是无法得到遗赠，再或者是因为先于遗嘱制定人去世而没有出现在遗嘱中。例如南安普敦的未婚女爱丽丝·扎因斯（Alice Zains）的遗嘱只涉及两个姐妹和一个兄弟，但是其他材料却显示她还有一个叫作简的独身姐妹。她和简一起生活，共同经营亚麻布生意。然而简比爱丽丝先去世，这也就是爱丽丝在遗嘱中未提及她一生中可能是最重要的社会关系的原因。[1] 虽然遗嘱本身存在这样的缺陷，但是它无疑能够展示一名遗嘱制定人在其生命的关键时刻所拥有的最为重要的社会关系。根据受益人所获得的遗赠价值，我们还能够一定程度上推断出他们与遗嘱制定人的亲密程度。另外，单身妇女与他人的情感也能够在诸如信件、日记、自传和回忆录等私人资料中反映出来。因此，利用这些证据，我们就有可能勾勒出单身妇女所享有的有效社会关系网络。

本章在展现单身妇女并非孤独无依的同时，我们还将进一步揭示她们的社会关系网络在很大程度上是以女性为中心的，即以母亲、姐妹、侄女、堂表姐妹、伯母姨妈等为中心。在这些女性群体当中她们又更偏爱与之处于相同婚姻状态的妇女。简而言之，单身妇女的社会关系网络在很大程度上以单身的同性交往为中心。

第一节 未婚妇女的社会交往

一 未婚妇女与原生家庭

未婚女和寡妇在她们的社会关系网络上存在明显区别。从理论上来说，未婚女的社会关系最为狭窄，因为她们没有结过婚，通常也没有生育子女。对她们而言，最为重要的社会关系可能在于父母和兄弟姐妹。虽然在未婚女的遗嘱中父母作为受益人的情况很少

---

[1] Amy M. Froide, *Never Married, Single Women in Early Modern England*, p. 48.

见①，但这可能只是因为未婚女在制定遗嘱时父母已经过世，而不是与父母的关系不重要。

事实上，未婚女与父母之间的情感纽带可能相当强烈。史东在解释 17 世纪以前英国亲子关系淡漠时指出，子女与父母待在一起的时间太短是造成亲子感情疏远的原因之一。② 按照史东的观点，我们也能合理地推断出未婚女与父母的情感可能更加亲密，因为她们与父母相处的时间通常更长。沃尔在研究中发现，老人更倾向与自己的未婚子女，特别是未婚女儿一起生活。在 1692 年的里奇菲尔德，65 岁以上的男性中有 46% 的人与未婚孩子居住在一起，与已婚子女一块居住的仅为 8%；65 岁以上的妇女中有 25% 的人与未婚子女一起生活，与已婚子女生活的只有 9%。并且，50% 以上的父或母都更喜欢与女儿一起生活。③ 在与父母的共同生活中，未婚女可能也承担了更多照顾双亲的责任。同时代的社会观念甚至认为"孩子的职责，特别是未婚女儿的职责就是照顾双亲"④。长期的共同居住和相互照料使得未婚女儿与父母之间更容易形成深厚的情感。伯明翰的凯瑟琳·赫顿（Catherine Hutton）就十分重视陪伴和照顾父母。虽然在她年轻的时候不乏追求者，但是她总是以"我怎么能够离开我的母亲"为由而拒绝了。当她母亲身体状况日趋糟糕的时候，凯瑟琳又花了大量的时间来照顾母亲，并且将母亲从一个温泉疗养地带到另一个温泉疗养地以期她能够康复。在母亲去世之后，她又开始忙着照顾、陪伴和鼓励父亲。虽然到她五十岁的时候仍然有人向她求婚，但这时候她又因无法舍弃父亲而推辞了。⑤ 那

---

① Amy M. Froide, *Never Married, Single Women in Early Modern England*, p. 46.
② 参见［英］劳伦斯·史东《英国十六至十八世纪的家庭、性与婚姻》（下），第 323—375 页。
③ Richard Wall, "The Residence Patterns of Elderly English Women in Comparative Perspective", in Lynn Botelho, Pat Thane, ed., *Women and Ageing in British Society: Since 1500*, Harlow: Pearson Education Ltd., 2001, pp. 152 – 153.
④ Alan Macfarlane, *Marriage and Love in England*, Oxford: Basil Blackwell, 1986, p. 4.
⑤ Ralph M. Wardle, *Mary Wollstonecraft*, pp. 13 – 16.

些没有和父母一起居住的未婚女往往也能够通过信件、拜访或是提供其他形式的帮助来表达对父母的爱。有时候未婚女甚至还希望将对父母的爱延续到自己死后。未婚女儿经常提到希望与父亲或是母亲比邻而葬。就像约克郡的伊莎贝尔·哈里森（Isabel Harrison）那样，要求"尽可能地……埋葬在离我父母墓地最近的地方"。安妮·汉森（Ann Hanson）在母亲去世之后，由于悲伤过度，于三个月之后便随母亲而去。在遗嘱中她也要求埋葬在母亲身边。①

当然，未婚女也能够在与父母的紧密联系中获得支持和帮助。彼得斯（Christine Peters）在对16世纪的埃塞克斯和伍斯特保存下来的遗嘱进行研究后发现，遗嘱制定人越来越倾向于将年龄而不是婚姻作为女儿继承遗产的条件。在伍斯特有60%的人这样做，在埃塞克斯这一比例则高达80%。②这样的遗嘱意味着父母对未婚女儿不确定的未来进行了更加人性化的考虑。这给可能会终身不嫁的女儿提供了一个经济独立的机会。有时候，父母在遗嘱中对未婚女儿的遗赠还超过了对儿子和其他已婚女儿的赠予。南安普敦的理查德·科尼利厄斯（Richard Cornelius）在1667将他的造纸厂留给了未婚女儿达梅尔（Dumer Cornelius），而只给儿子留下了一笔现金。③文具商亨利·弗莱彻（Henry Fletcher）赠给他未婚女儿普雷登斯（Prudence Fletcher）所有的土地，但是仅给已婚女儿露西·劳顿（Lucy Laughton）留下了12便士。④父母与未婚女儿之间的这种深厚情谊使得他们有时候可能会包庇女儿的越轨行为。例如1595年艾格尼丝·斯密斯（Agnes Smith）因与某个男人私通而怀孕。她的母亲爱丽丝将她从一个地方转移到另一个地方。其目的就是"为了隐藏艾格尼丝怀孕的事实，帮助她逃脱惩罚并打算在经济

---

① Amy M. Froide, *Never Married, Single Women in Early Modern England*, p. 49, pp. 49 – 50.

② Christine Peters, "Single Women in Early Modern England: Attitudes and Expectations", *Continuity and Change*, Vol. 12, No. 3, 1977, p. 335.

③ Amy M. Froide, *Never Married, Single Women in Early Modern England*, p. 105.

④ Richard Grassby, *Kinship and Capitalism: Marriage, Family and Bussiness in the English – speaking World, 1580 – 1740*, Cambridge: Cambridge University Press, 2001, p. 200.

上支持她"。哈特菲尔德的寡妇巴纳德（Barnard）还因窝藏怀孕的未婚女儿而遭到了教会法庭的警告。威廉·维克斯尔（William Vixar）则因在自己家中养着他那未婚生子的女儿并且允许女儿在没有接受惩罚的情况下就离开而被勒令忏悔。①

当然，我们也不能将未婚女与父母之间的关系想得过于美好，他们之间仍然会存在矛盾和冲突。年轻的未婚女可能会因婚姻问题而与父母产生矛盾。1577 年，索默塞的埃德蒙·海利斯（Edmund Haylles）想方设法将女儿安妮送到南安普敦并要求她待在那里。他这样做是想要将安妮与不合他心意的追求者分开。② 此外，未婚女，特别是年龄更大一些的未婚女也可能因为财产继承问题而与父亲发生冲突。赫斯特·皮尼因仅得到父亲遗赠的一根金条（这可能是考虑到当时赫斯特自己的经济状况已经十分宽裕的缘故）而致使她在父亲去世后好长一段时间都感到非常郁闷。她的侄儿小约翰·皮尼在 1713 年写信给自己的父亲说，他经常听到姑姑"不堪入耳地讽刺……祖父对陌生人都比对自己的家人更友好"③。未婚女与母亲之间也会存在紧张关系。1741 年，玛丽·杰弗里（Mary Jeffreys）向南安普敦的治安官控诉母亲已经打了她好几次并且威胁要杀了她。④

除父母之外，未婚女与兄弟姐妹的关系也相当重要。在近代早期的英国家庭史上，兄弟姐妹之间的关系很少被研究。史学家们几乎都将注意力都放在了丈夫与妻子、父母和孩子的关系上，而忽略了兄弟姐妹之间的情谊。事实上，与兄弟姐妹的联系是近代人所享有的最持久和最深刻的社会关系之一。这种关系的重要性还因这一时期的高死亡率而进一步增加。高死亡率致使孩子们可能在成人以前就失去了父亲或母亲，甚至是双亲。亲人的去世可能促使他们更

---

① Dave Postles, "Surviving Lone Motherhood in Early-modern England", *Seventeenth-century*, Vol. 21, No. 1, 2006, p. 165.
② Amy M. Froide, *Never Married, Single Women in Early Modern England*, p. 51.
③ Pamela Sharpe, "Dealing with Love: The Ambiguous Independence of the Single Woman in Early Modern England", *Gender and History*, Vol. 11, No. 2, 1999, p. 221.
④ Amy M. Froide, *Never Married, Single Women in Early Modern England*, p. 51.

加依赖对方。年长的兄弟姐妹通常需要扮演代理父母的角色，担负起照料年幼弟妹的重任。伊丽莎白·卡特（Elizabeth Carter）是一名牧师的女儿，母亲在其年仅10岁的时候就过世了。在接下来的岁月里，她很快便成了弟弟妹妹的代理母亲。在通信中她提到与最小的妹妹一起散步，"为我的弟弟缝制衬衣"，为妹妹佩吉（Peggy）安排婚事。在继母去世的时候，她又开始照顾同父异母的弟弟妹妹。她在1746年给朋友凯瑟琳·塔尔博（Kathrine Talbor）的信中动情地表达了对弟妹们的深厚情谊。"妹妹生病比生活中遇到的任何事情对我的影响都更大。这不仅仅是因为我害怕会失去她……而且还因为她承受着如此巨大的痛苦。"①

兄弟姐妹之间的深厚情谊不仅在人们的早年生活里很重要，而且对成年人来说也同样如此。对很多成年未婚女来讲，死亡可能已经将父母带走，但兄弟姐妹却很可能会陪伴她们一生。由于兄弟通常比姐妹们更容易获得金钱和其他资源，因此社会希望他们能给自己的未婚姐妹提供住宿以及经济和法律上的帮助。在中上层社会，未婚女在父母过世之后寄居兄弟家户是相当普遍的现象。托马斯在其遗嘱里将未婚姐妹安妮睡的那张羽毛床和一笔每年3英镑6先令8便士的年金赠予了他人。对床的遗赠显示了安妮生活在托马斯的家户之中。② 除了给未婚姐妹提供住所以外，兄弟还可能会提供经济或是法律方面的援助。例如里奇菲尔德的独身妇女露西·波特（Lucy Porter）获得了兄弟给她留下的将近一万英镑的遗赠。1624年，一个南安普敦的女仆伊丽莎白·华顿（Elizabeth Warton）发现主人家的一些银勺不见时，她求助于自己的兄弟。最后，兄弟帮助她在一个客栈中找到了这些东西。在有的情况下，兄弟也可能会包庇未婚姐妹的越轨行为。例如艾米斯·福克斯（Amis Fox）就躲到兄弟家中产下了一名私生子。③

---

① Sylvia Myers, *The Bluestocking Circle*: *Women*, *Friendship*, *and the Life of the Mind in Eighteenth – Century England*, Oxford: Clarendon Press, 1990, p. 45.
② Barbara J. Harris, *English Aristocratic Women*, *1450 – 1550*, p. 92.
③ Amy M. Froide, *Never Married*, *Single Women in Early Modern England*, p. 61.

第四章 单身妇女的社会交往

在兄弟给未婚姐妹提供帮助的同时，未婚姐妹通常也会有所回馈。17 世纪的威廉·布兰德尔（William Blundell）就得到了他独身姐妹的莫大帮助。威廉在 40 年代遭遇了经济困难，而这种困难却随着姐妹艾米丽亚（Emelia）的过世而有所缓解。因为艾米丽亚让威廉成为她的遗嘱执行人并且给他留下"她所有的金钱、债券和其他生活用品"。艾米丽亚去世后，威廉的另外两个独身姐妹威尼弗雷德（Winifred）和弗朗西斯（Frances）则继续住在威廉家中，帮助他管理家户和抚养孩子。1653 年，当威廉必须要支付 1109 英镑以赎回自己的地产时，其中超过一半（520 英镑）是威尼弗雷德和弗朗西斯提供的。并且，她俩从来也没有让兄弟归还这部分钱，而只是每年从他那里获得 25 英镑的年金而已。威尼弗雷德和弗朗西斯对于威廉的重要性不仅仅在金钱上，而且还在于其他诸多方面。1654 年弗朗西斯拜访她嫂子的家人，对方想要把她留下来一起生活。对此，威廉赶紧写信给他的岳母阻止这一行为："你这样做将会给我的家庭带来灾难。你将从我的姐妹威尼弗雷德身边带走一位伴侣，从我女儿米莉（Milly）身旁带走一位家庭教师，从我妻子身旁带走一位亲密朋友，从我身边带走一名最杰出的羽毛球玩伴。"[①] 威廉的话语清楚地揭示了一名未婚女在家庭中可能占据的重要位置。她之于姐妹、兄弟、嫂子以及侄儿侄女来说可能都是不可或缺的。

当未婚女与兄弟之间保持重要联系的同时，未婚女与其姐妹之间也存在密切往来，而且我们有充分的证据证明未婚女更加偏爱她的姐妹。一名死于 1726 年的未婚女商人玛丽·格雷沙姆（Mary Gresham）就根本没有遗赠任何东西给自己的兄弟，而只让她的姐妹做了继承人。[②] 伊莎贝尔·贝勒别（Isabel Beilebie）在 1681 年去世之后将自己唯一的遗产———一所茅屋赠予了她的姐妹。[③] 从统计数据来看，兄弟姐妹在未婚女的遗嘱里出现的概率也不相同。来自

---

① Amy M. Froide, *Never Married*, *Single Women in Early Modern England*, p. 76.
② Richard Grassby, *Kinship and Capitalism*, p. 208.
③ Amy Louise Erickson, *Women and Property in Early Modern England*, p. 192.

南安普敦和汉普郡的未婚女遗嘱制定人中约有67%的人提到了自己的姐妹。在牛津、布里斯托尔和约克郡有45%的未婚女遗嘱制定人这样做了。而兄弟在未婚女的遗嘱中出现的概率明显更小。在牛津，仅有27.5%的未婚女遗赠了兄弟；布里斯托尔、约克郡和汉普郡的未婚女中平均有35%的人这样做；在南安普敦这一比例最高，有40%的人在遗嘱中将兄弟列为受益人。即便如此，这仍低于姐妹作为受益人的可能性。①

在与姐妹的情谊里，未婚女也是有所倾斜的。她们通常更加偏爱单身姐妹并且往往还会与之一起生活。例如在17世纪80年代，未婚女伊丽莎白·雷普利（Elizabeth Ripley）和她的一个寡居姐妹一起居住在她的茅舍中。②小说家亨利·菲尔丁（Henry Fielding）的四个独身姐妹一起生活在威斯敏斯特。未婚姐妹不仅仅在居住上倾向于与单身姐妹结成伴侣，而且还经常与单身姐妹成为工作搭档。南安普敦的伊丽莎白·谢尔高德（Elizabeth Shergold）和乔安娜·谢尔高德（Joanna Shergold）姐妹俩一起经营一家寄宿学校近三十年。1698年安·福克纳（Ann Faulkner）和孀居的姐妹玛丽·斯多茨（Mary Stotes）一起继承了母亲的生意并共同将之继续下去。这些一起生活或工作的单身妇女也倾向于将自己的财产留给对方。简·扎因斯（Jane Zains）和爱丽丝·扎因斯（Alice Zains）在17世纪90年代末共同经营着亚麻布商店。1698年简去世后，爱丽丝继承了店铺并将之继续经营下去。③

同样，未婚女与兄弟姐妹之间也会不可避免地存在这样或那样的矛盾与冲突。作为家长，兄弟既可能是保护者也可能是权威的施行者。这种角色往往会导致兄弟和姐妹之间的关系并不总是那么友好。在我们的研究中存在不少兄弟和未婚姐妹之间关系紧张的证据。例如1653年，桃乐茜·奥斯本（Dorothy Osborne）的父亲去世

---

① Amy M. Froide, *Never Married, Single Women in Early Modern England*, p. 52.
② Amy Louise Erickson, *Women and Property in Early Modern England*, p. 191.
③ Amy M. Froide, *Never Married, Single Women in Early Modern England*, pp. 54, 99, 108, 110.

了，她的长兄接管了家户。此时，她在这个家中的日子也就到头了。她写道，长兄"如此野蛮、残忍地对待她"，以至于"我怕我将永远不再会将他作为兄长对待"①。贝特西·谢里丹（Betsy Sheridan）的遭遇也与桃乐茜类似。她的兄长查尔斯是家中长子，比贝特西大八岁。贝特西和她的姐姐艾利西亚都不喜欢长兄的"专横和吝啬"。贝特西和查尔斯一起生活三年后，贝特西对他愈感愤恨，因为查尔斯就像对待一个穷亲戚那样对待她。② 未婚女与姐妹之间也不乏矛盾。乔治·布恩（George Boone）的未婚女儿在1709年起诉了她的姐妹。③ 赫斯特·皮尼曾强烈反对自己35岁的姐姐莎拉在家庭经济困难之际出嫁并且发誓如果她坚持嫁人的话，将不会再认这个姐姐。在后来的岁月里，赫斯特似乎信守了自己的誓言。虽然莎拉的婚姻十分不幸，但是赫斯特并没有与之联系，更没有给她提供任何的帮助。④

二 未婚妇女与其他亲属

由于未婚女与兄弟姐妹之间保持着紧密关系，因此她们与兄弟姐妹的配偶之间也会存在千丝万缕的联系。未婚女通常会帮助自己的嫂子或是弟媳管理家务和照料孩子。就如我们前面提到的威尼弗雷德和弗朗西斯那般。未婚女也会在自己的遗嘱中给嫂子或是弟媳留下遗赠。在南安普敦有17%的未婚女在遗嘱中给兄弟的配偶留下了遗赠，而在牛津有20%的人都这样做了。⑤ 当然，未婚女也能够从兄弟的配偶那里获利。嫂子或是弟媳通常会替丈夫的未婚姐妹

---

① M. Phillips, W. S. Tompkinson, *English Women in Life and Letters*, Oxford: Oxford University Press, 1927, pp. 49-50, 60.
② Sheridan Elizabeth, *Betsy Sheridan's Journal: Letters from Sheridan's Sister, 1784-1790*, Oxford: Oxford University Press, 1986, p. 11.
③ Richard Grassby, *Kinship and Capitalism*, p. 208.
④ Pamela Sharpe, "Dealing with Love: The Ambiguous Independence of the Single Woman in Early Modern England", *Gender and History*, Vol. 11, No. 2, 1999, pp. 202-232.
⑤ Amy M. Froide, *Never Married, Single Women in Early Modern England*, p. 47.

寻找对象或是安排婚事。玛格丽特·帕斯顿（Margaret Paston）就积极给小姑子伊丽莎白张罗婚事。1453年玛格丽特写信给丈夫，忠告他要给伊丽莎白寻找一个适合的对象。一年之后，玛格丽特又向丈夫重提此事。① 一些未婚女与嫂子弟媳的关系似乎比与兄弟的关系还要亲密。例如，伊丽莎白·戴克（Elizabeth Dacre）想要从哥哥那里借10英镑的时候，她并没有直接写信给哥哥，而是请求嫂子帮她说情。嫂子显然帮了这个忙，因为在一个星期之后伊丽莎白就写信感谢哥哥的这笔借款。②

未婚女与其姐妹的配偶之间通常也会保持着重要联系。姐夫或妹夫通常会给未婚女提供类似于父亲和兄弟那样的帮助。她们可能在姐夫或是妹夫的家户中获得一席之地，也可能得到经济方面的援助。例如安妮·梅因沃林（Anne Mainwaring）在经济拮据的时候向姐妹的丈夫亨利·纽康比（Henry Newcombe）开口借5英镑。虽然亨利也没有钱，但他向别人借了2英镑来给安妮并且还不用安妮归还。在亨利看来，因为"我们是亲戚，因此我有一定的责任帮助她"。1592年，南安普敦的克里斯蒂安·寇尔森（Christian Colson）和爱丽丝·奥特（Alice Oate）在大街上发生争吵。当爱丽丝动手打她的时候，克里斯蒂安的姐夫威廉·阿诺德（William Arnold）赶来并保护了她。③ 1590年斯坦福的约翰·达姆（John Dam）甚至还窝藏生育私生子的小姨子爱丽丝·科顿（Alice Cotton）。④

未婚女与其姐夫妹夫之间的密切联系也可以在未婚女的遗嘱中找到证据。在未婚女的遗嘱中，姐夫妹夫经常出现。在南安普敦有23%的未婚女在遗嘱中提到了他们，在汉普郡有27%的未婚女这

---

① Norman Davis, ed., *Paston Letters and Paper of the Fifteenth Century*, Vol. 1, Oxford: Oxford University Press, 2006, p. 145, 150.

② Barbara J. Harris, "Sisterhood, Friendship and Power of English Aristocratic Women, 1450 – 1550", in James Daybell, *Women and Politics in Early Modern England, 1450 – 1700*, p. 38.

③ Amy M. Froide, *Never Married, Single Women in Early Modern England*, pp. 57 – 58.

④ Dave Postles, "Surviving Lone Motherhood in Early – modern England", *Seventeenth Century*, Vol. 21, No. 1, 2006, p. 165.

◈ 第四章 单身妇女的社会交往 ◈

样做。并且从表面上看来，姐夫或妹夫出现的可能性比嫂子或弟媳在未婚女遗嘱中出现的概率更大一些——在布里斯托尔、牛津、南安普敦、约克郡和汉普郡平均有13%的未婚女遗赠了嫂子或弟媳，而平均有16%的人遗赠了姐夫或是妹夫。这种情况的出现在很大程度上可能是源于已婚妇女没有财产所有权，那些想要遗赠财产给已婚姐妹的未婚女有时候会选择将姐夫或是妹夫指定为遗产受益人或是遗嘱执行人。例如南安普敦的莎拉·佩奇（Sarah Page）将她绝大部分财产赠予了她已婚姐姐安妮·埃罗斯密斯（Anne Arrowsmith），并让她"亲爱的姐夫"查尔斯做了她的遗嘱执行人。①

另一类经常在未婚女遗嘱中出现的血亲则是她们的侄儿侄女。从弗若伊德的研究来看，侄儿侄女是未婚女遗嘱制定人除兄弟姐妹之外最经常提及的亲人。值得我们注意的是，侄儿侄女在未婚女遗嘱中出现的概率明显不同。在南安普敦的21名提到了侄儿侄女的未婚女遗嘱制定人中，有10人提到的侄女比侄儿多，6人提到的侄儿和侄女一样，仅有5人提到的侄儿多过侄女。在汉普郡，13位提到的侄女多于侄儿，4人提到的侄儿侄女一样多，另外8位提到的侄儿多过侄女。不仅如此，未婚女还经常赠予侄女更大的遗产份额。米尔德里德·阿诺德（Mildred Arnold）在1667年过世，她将遗产留给了31位家庭成员和朋友。她最大的遗产份额赠予了侄女玛丽·阿诺德（Mary Arnold）。南安普敦的玛丽·史密斯（Mary Smith）在1705年过世时将她"所有的物品和动产"都留给了侄女伊丽莎白·史密斯。那些独自经营生意的未婚女还倾向于将生意传给侄女。前面提到的爱丽丝·扎因斯虽然有很多亲戚，包括兄弟姐妹和堂表兄弟姐妹等等，但是她将主要的财产——所有的家庭物品以及价值50英镑以上的亚麻布商店物品赠予了独身侄女伊丽莎白·惠勒（Elizabeth Wheeler）。② 1725年，费勒姆的伊丽莎白·阿尔德里奇（Elizabeth Aldridge）去世时，她将自己的住房以及女帽

---

① Amy M. Froide, *Never Married, Single Women in Early Modern England*, pp. 47, 57.
② Ibid., pp. 87, 67.

店都赠予了侄女安·里奇（Ann Leach），并让安做了唯一的遗嘱执行人。

未婚女所拥有的有效亲属关系还延伸到了堂表兄弟姐妹当中。在弗若伊德的研究中，堂表兄弟姐妹是女性遗嘱制定人中仅次于兄弟姐妹和侄儿侄女的第三类常见的遗产受益人。未婚女在遗赠这些更加疏远的血亲时，同样存在着性别区分。在布里斯托尔、牛津、南安普敦、约克郡和汉普郡，堂表姐妹被提到的概率均大于堂表兄弟。平均有38%的未婚女遗赠了堂表姐妹，而仅有26%的人提到了堂表兄弟。有些未婚女甚至还遗赠了那些相距甚远的堂表姐妹。例如南安普敦的伊丽莎白·康普顿（Elizabeth Compton）将其财产留给了远在弗里曼特尔教区的表姐妹。这种跨越血缘距离和空间距离的遗赠，显示了未婚女与她们的堂表姐妹之间的密切联系。在有的情况下，她们甚至还希望把这种紧密关系延伸到死后。例如格瑞希尔·罗伯茨（Gracill Roberts）就要求与其表姐妹凯瑟琳·帕默（Katherine Palmer）埋葬在一起。① 这意味着血缘和距离上的疏远并不代表情感上的淡漠。

未婚女有时候也会遗赠她们的叔伯婶娘和姨父姨母。叔伯婶娘或姨父姨母之所以出现可能是因为他们曾经抚养过未婚女或者扮演过一种类似父母的角色。不少未婚女都曾在叔伯婶娘或姨父姨母的家户中度过一段时间。例如玛格丽特·詹金（Margaret Jenkin）的父母去了伦敦，因此她从两岁起就与叔伯婶娘一起生活在南安普敦。由叔伯婶娘对其"进行教育、训练和抚养"直至她20岁。② 有些叔伯婶娘或姨父姨母还通过提供嫁妆或是遗产来帮助他们的侄女。南安普敦的面包师傅乔治·唐斯（George Downs）将财产留给了一名独身侄女和一名侄儿，也给另外6名未婚侄女和6名未婚侄

---

① Amy M. Froide, *Never Married*, *Single Women in Early Modern England*, pp. 47, 67, 71, 70.

② Judith M. Bennett, Amy M. Froide, "A Singular Past", in Judith M. Bennett, Amy M. Froide, ed., *Single Women in European Past*, *1250–1800*, p. 24.

儿遗赠了金钱。"婶娘姨母通常也十分慷慨地馈赠和遗赠未婚侄女。"① 然而,未婚女遗嘱制定人遗赠叔伯婶娘或姨父姨母的可能性非常低。在弗若伊德的研究中,最可能对叔伯婶娘或姨父姨母进行遗赠的是汉普郡的未婚女遗嘱制定人。在这里,婶娘姨母出现的可能性为11%,而叔伯姨父出现的可能性为13%。综合布里斯托尔,牛津和约克的情况来看,婶娘姨母出现的可能性稍微大于叔伯姨父。婶娘姨母出现的概率在这些地方平均是9.2%,而叔伯姨父出现的概率为8.7%。② 叔伯婶娘或姨父姨母之所以很少能出现在未婚女的遗嘱中,在很大程度上是因为他们已经过世了而非不重要。

三 未婚妇女与非亲属间的交往

在未婚女的生活中,不仅亲属的认同要比我们通常所认为的广博,而且非亲属纽带也相当活跃。在非亲属关系当中,既包括虚拟血亲关系如教子教女关系,也包括仆人、东家、朋友和邻里关系等等。

虽然绝大部分未婚女都没有自己的孩子,但是她们却能够通过选择教子教女来实践母亲角色。教子教女在未婚女的遗嘱中被提到的概率并不大。在汉普郡未婚女的遗嘱受益人中教子教女占8%,而在南安普敦这一比例仅为3%。教子教女很少作为受益人出现,一部分原因是宗教改革之后人们越来越重视血缘上的联系而非精神上的联系,另外也可能是因为侄儿侄女通常就是未婚女的教子教女。例如福丁布里奇的埃伦·希格尔(Ellen Seager)将她大部分财产遗赠给了侄儿侄女,而这些人同时又是埃伦的教子教女。③ 因此,受益人的教子教女身份可能在一定程度上被侄儿侄女的身份所掩盖了。

在非亲属关系网络中仆人可能是相当重要的一类人。毕竟,一些未婚女可能是长期与仆人生活在一起,也容易发展出类似亲人和

---

① Judith M. Bennett, Amy M. Froide, "A Singular Past", p. 24.
② Amy M. Froide, *Never Married, Single Women in Early Modern England*, p. 47.
③ Ibid.

友人的情愫。在对仆人的遗赠中，未婚女提到女仆的概率显然要比提到男仆的概率更大。在约克郡和汉普郡，提到女仆的概率为20%左右，但完全就没有提到男仆。有些未婚女甚至还将自己全部的财产都遗赠给了女仆。例如詹姆士·伍德福德（James Woodeforde）牧师记录了姑姑在去世之后将其所有财产遗赠给了女仆贝蒂，这使得"我的叔叔汤姆及其家人感到非常不悦"①。

在非亲属关系中，最经常出现的可能要算朋友了。从未婚女的遗嘱来看，这却是唯一一个不是以女性为中心的社会交往。虽然男女朋友在未婚女的遗嘱中都占据着相对重要的位置，但是未婚女提到男性朋友的可能性要比提到女性朋友的可能性大得多。在南安普敦有34%的未婚女都提到了男性朋友，而仅有14%的未婚女提到女性朋友；在约克郡这一比例分别是16%和6%；在布里斯托尔分别为28%和20%；只有在汉普郡才有更多的未婚女提到了女性朋友。这一现象的发生可能是因为这些男性朋友几乎都是作为未婚女的遗嘱执行人而出现在遗嘱当中的。在布里斯托尔，未婚女提到了11位男性朋友，其中7位都是她们的遗嘱执行人。在牛津，未婚女提到了5位男性朋友，其中有3位都是遗嘱执行人。② 未婚女之所以倾向于选择男性朋友作为遗嘱执行人，在很大程度上可能是源于同时代的人感到男性有更多的法律知识、智谋和关系来保证遗嘱的顺利执行。

虽然男性朋友更可能出现在未婚女的遗嘱里，但是未婚女与女性朋友，特别是与单身女性朋友之间的友谊也不容忽视。虽然未婚女通常居住在亲属家中，但是她们也可能会选择与一名没有亲戚关系的妇女，一般是单身妇女一起生活。1722年，一名叫作安·坎瑞克（Ann Carrack）的老小姐和同样未婚的玛丽·埃里克（Mary Erick）在伦敦开了一家女帽店。她们在店里一起工作、一起生活。7年之后，两人因为某种原因分开了。安成了一个针线女工，而玛

---

① Amy M. Froide, *Never Married, Single Women in Early Modern England*, p. 80.
② Ibid., pp. 47, 84.

丽则在切尔西教区开了一间小店。但是十年之后,她们又重新走到了一起。在接下来的20年里安一直都生活在玛丽的小店中,直到安69岁被送回她出生的教区接受济贫救济时她们才分开。这种情况在希区柯克(Tim Hitchcock)看来十分正常。"在一个大约有着五分之一的人口都从未结婚的英国,这两名妇女的经历并不奇怪。"[1] 对此,经济学家将之解释为一种经济的必须,因为这种居住方式可以节约生活成本。她们常常两三个或是三四个一起合租住房,平摊取暖和照明的费用,一起去市场、一起准备食物和水等等。这也就是赫夫顿所提出的"未婚妇女的类聚"。值得注意的是,在衣食无忧的中上层社会中也不乏未婚女采取这样的居住模式。例如莎拉·菲尔丁在其三个姐姐都过世后,她没有选择与兄弟住在一起,而是和一名女性朋友简·科利尔(Jane Collier)一起生活。[2] 女家庭教师艾格尼丝·波特(Agnes Porter)在她生命的最后几年里都在不同的亲戚和朋友家做临时寄宿者,其中包括她的朋友露西·劳埃德(Lucy Lloyd)。最后,她还埋在劳埃德家族的墓地中。[3] 鉴于此,一些研究同性恋史的学者则倾向于将之解释为"罗曼蒂克的友谊"或者是将之解释为"同性爱的传统"。无论如何界定这种关系,都显示出未婚女与单身女性朋友之间的亲密关系。这种亲密性也能在未婚女的遗嘱中得到体现。未婚女往往会让这些与之共同生活的妇女作为自己的主要继承人。牛津的莎拉·佩斯里(Sarah Piesley)制定遗嘱时,她就将所有的家庭物品、工具材料、戒指珠宝、衣服现金、票据债券、木头煤炭及其所有的社会关系都遗赠给了同住的老小姐黛博拉·玛驰(Deborah Marcham),并且她还将黛博拉指定为她的遗嘱执行人。[4]

---

[1] Tim Hitchcock, *English Sexualities, 1700–1800*, New York: Macmillan Press Ltd., 1997, p. 76.
[2] Amy M. Froide, *Never Married, Single Women in Early Modern England*, p. 54.
[3] Jeanna Martin, ed., *A Governess in the Age of Jane Austen: The Journals and Letters of Agnes Porter*, London: Hambledon Press, 1998, pp. 333–351.
[4] Amy M. Froide, *Never Married, Single Women in Early Modern England*, p. 72.

就我们所勾勒的未婚女的社会关系来看，她们虽然没有丈夫，通常也没有子女，但是她们远非我们所想象那样孤苦无依。相反，她们通常享有相当广阔的社会关系网络。从原生家庭成员到更加疏远的血亲再到朋友邻里都构成了未婚女的社交圈子。她们的社会交往也存在明显的偏好，即更加偏爱那些处于单身状态的妇女。这一偏好同样也体现在寡妇的社会关系网中。

第二节 寡妇的社会关系网络

相比已婚妇女而言，寡妇虽然失去了对自己来说很重要的社会关系——与配偶的关系，但是她们也绝不会因此而孤苦无依。对她们来说，娘家人、婆家人以及自己的子女（如果有的话）通常都是可以依靠的资源。不仅如此，她们的非亲属网络通常也比较活跃。布罗茨基在对伊丽莎白时代晚期伦敦寡妇的遗嘱研究中发现，有55%的受益人都是与孀妇没有亲戚关系的朋友、仆人、主妇、邻居以及邻居的孩子。[①] 即便如此，对那些有孩子的孀妇来说，最重要的可能还是与子女之间的关系。

一 寡妇与其直系血亲

这一时期的文学作品普遍将母亲对子女的爱描述为天生且深厚的。在实际生活中，母亲与子女之间的频繁接触，照料他们的吃、穿、住、行等生活细节，使得母亲与子女之间容易培养出一种强烈的感情。"许多自传作家都以更加深厚的情感，在更长的篇幅中回忆了母亲。"[②] 在丈夫过世之后，寡母与子女之间的情感很可能会进一步加深。因为对双方来说都痛失了相当重要的亲人，故而容易将更多的情感转移到彼此身上。对于那些从小丧父的子女来说，母

[①] Vivien Brodsky, "Widow in Late Elizabethan London: Remarriage, Economic Opportunity and Family Orientations", p. 150.

[②] Ralph A. Houlbrooke, *The English Family*, 1450–1700, London: Longman, 1984, p. 182.

第四章 单身妇女的社会交往

亲照顾和培养自己所付出的辛劳可能会令其终生难忘。威廉·斯道特（William Stout）满怀崇敬和感激之情在回忆录中追溯了母亲在漫长的守寡生涯中是如何为子女奉献的。在父亲去世之后，母亲为了孩子们的利益而继续经营农场，并确保儿子约西亚（Josias）和伦纳德（Leonard）接受了有关农场管理方面的教育。另外，她还将儿子威廉送到亨利·考沃德（Henry Coward）那里做学徒。在长子成年的时候，寡母帮助他管理家务和农场。在生命的最后几年里，年迈的母亲仍然闲不下来，还在以纺纱来为儿女们贡献自己的一分力量。①

寡妇与子女们的密切联系也可以从他们的居住方式上得到证实。根据英国的习惯法，大多数孀妇只要不改嫁就有权在长子的家户中获得一间房屋，并拥有接近宗族火塘的合法权利。朱莉安娜·克（Juliana Ker）在1634年将家宅交给儿子时，就保留了一间。"那是我自己使用和娱乐的地方。我将它锁起来，并在里边放置我的床和柜子。只要我高兴，我可以在任何时候去那。"为了防止儿子抗议，朱莉安娜还直接指出，"不要对此大吼大叫……没有人能够剥夺我的这一权利"②。理查德·沃尔（Richard Wall）估算出，有60%的寡妇都与她的某个孩子生活在一起。③ 当然，还有相当一部分寡妇没有与子女生活在一起，但是这并不意味着他们之间就没有接触，他们可能通过彼此拜访、互赠礼物或是相互帮助来维系着情感联系。例如塞缪尔·皮佩斯（Samuel Pepys）虽然远在伦敦，但是他仍然会定期探望自己寡居的老母亲。④

遗嘱也显示了寡妇与子女之间的密切关系。我们可以发现很多在遗嘱中为其寡母考虑的子女。"为了她在晚年有更好的生活和保

---

① William Stout, John Duncan Marshall, *The Autobiography of William Stout of Lancaster, 1665 – 1752*, p. 75.
② Olwen Hufton, *The Prospect before Her*, Vol. 1, p. 228.
③ Olwen Hufton, "Women Without Men: Widows and Spinsters in Britain and France in the Eighteenth Century", *Journal of Family History*, Vol. 9, No. 4, 1984, p. 362.
④ Ralph A. Houlbrooke, *The English Family, 1450 – 1700*, p. 184.

障"，缝纫用品经销商托马斯·迪恩（Thomas Deane）给寡母留下了70英镑的现金和他店铺里的物品。食品商罗伯特·斯密斯（Robert Smith）将他在约克郡的土地留给了长子，但是从这一土地上得到的收入却首先归自己的寡母在余生享用。① 同样，在寡妇的遗嘱中子女也通常是最主要的受益人。在南安普敦的卡斯特教区，子女占遗嘱受益人的44%，在金斯顿这一比例为38%，在布拉克斯利这一比例则为39%。② 不仅如此，子女通常还继承了寡妇的绝大部分遗产。布罗茨基对200份伦敦寡妇的遗嘱研究表明，三分之一财产有限的寡妇都仅仅遗赠自己的子女。③

在孀妇与子女的关系中，有证据显示她们通常更加偏爱女儿。近代早期仍然流行长子继承制。父亲往往会赋予长子以某些继承上的特权，但寡母却不一定会这样做。不少寡妇将自己的遗嘱作为平衡孩子们所获遗产的一种手段。弗若伊德认为，"总的说来，寡妇通常更喜欢小的而不是大的，并且更喜欢女儿而不是儿子"④。哈瑞斯在对英国贵族妇女的研究中发现，许多贵族妇女对女儿的遗赠都相当慷慨。她们将大部分的奢侈品——金银餐具、珠宝、昂贵的床和衣物都赠予了女儿。母亲也经常将女儿指定为自己的遗嘱执行人。当亨利·海登（Henry Heydon）先生1503年去世，他将绝大部分动产在遗孀和继承人之间做了划分。7年后，这名孀妇将她的绝大部分珠宝、金银餐具和家庭用品赠予了已婚女儿、女婿以及他们的孩子，而将更小的一笔遗赠———一些家庭用品和"更糟糕"的银盆和水罐赠予了幼子。将她在肯特家里的家庭用品（不包括金银餐具或是珠宝）赠予亨利的继承人。梅布尔·帕尔（Mabel Parr）也给她的女儿凯瑟琳留下了大量的珠宝和一张紫色绸缎镶边的床。

---

① Richard Grassby, *Kinship and Capitalism*, p. 205.
② Carmel Biggs, "Women, Kinship, and Inheritance: Northamptonshire 1543 – 1709", *Journal of Family History*, Vol. 32, No. 2, 2007, p. 115.
③ Vivien Brodsky, "Widow in Late Elizabethan London: Remarriage, Economic Opportunity and Family Orientations", p. 148.
④ Amy M. Froide, "Single Women, Work and Community in Southampton, 1550 – 1750", PhD thesis, Duke University, 1996, pp. 310 – 312.

第四章 单身妇女的社会交往

这笔遗赠的价值不仅超过了女儿的嫁妆,而且还严重损害了传给唯一儿子的遗产。因为在珠宝中有两样一般是作为传家宝赠予长子的。① 然而,梅布尔却牺牲儿子的利益来增加女儿的财富,这明确显示出对女儿的偏爱。对并不富裕的寡妇玛格丽特·霍尔(Margaret Hall)来说,她也同样偏心女儿。她在去世时交给伦敦圣伦纳德教区的教区委员30英镑,用作女儿玛丽·贝巴奇(Mary Babbage)的教育和生活开支,而让儿子沦落到救济院中寻求帮助。② 寡妇对女儿的偏爱,也使得女婿在她们的遗嘱中成为常见的受益人。布罗茨基发现在伊丽莎白晚期的伦敦,有20%寡妇都给女婿留下了遗赠并且还会指定女婿为遗嘱执行人。③

相比已婚女儿,寡妇通常还更喜欢单身女儿。沃尔证实了寡妇与未婚子女一起生活的可能性远比与已婚子女共同生活的可能性要大,仅有5%的鳏寡者与已婚子女一起居住。④ 而在未婚子女里边,寡母往往更倾向于与未婚女儿一起居住。根据赫夫顿的看法,寡母和女儿之间很容易因生活而结成一种同盟。一位收入有限的寡母往往会让已经过了平均结婚年龄的女儿留在家里,以便母女俩可以互相照应,对于儿子则愿意放手让其外出闯荡。⑤ 长期的共同生活使得寡妇和未婚女儿之间容易培养出更加深厚的情感。母亲往往会在去世时遗赠未婚女儿更多的财产。寡妇伊丽莎白·格尔拉姆(Elizabeth Guillum)在去世时给已婚女儿和儿子留下了每人1先令的遗产,但是却给当时仍然未婚的女儿玛丽留下了80英镑。寡妇安·

---

① Barbara J. Harris, "Sisterhood, Friendship and Power of English Aristocratic Women, 1450 – 1550", in James Daybell ed., *Women and Politics in Early Modern England, 1450 – 1700*, pp. 31 – 32.

② Patricia Crawford, *Blood, Bodies and Families in Early Modern England*, Harlow: Pearson education limited, 2004, p. 214.

③ Vivien Brodsky, "Widow in Late Elizabethan London: Remarriage, Economic Opportunity and Family Orientations", p. 152.

④ Richard Wall, "The Residence Patterns of Elderly English Women in Comparative Perspective", pp. 145 – 146.

⑤ Olwen Hufton, "Women Without Men: Widows and Spinsters in Britain and France in the Eighteenth Century", *Journal of Family History*, Vol. 9, No. 4, 1984, p. 362.

◇ 近代早期英国社会中的单身妇女研究 ◇

奥克尔福德（Anne Ockleford）在去世时，将自己的家具留给了儿子和未婚女儿，仅给已婚女儿留下了一些象征性的赠予。此外，她将土地、动产、剩余物品以及作为遗嘱执行人的权利留给了终身未嫁且与之共同居住的女儿玛萨。虽然我们可能会质疑，母亲是出于便利性的缘故而将与之共同居住的单身女儿列为自己的主要继承人和遗嘱执行人，但却有证据表明母亲确实更加偏爱单身女儿。1708年，南安普敦的伊丽莎白·罗特（Elizabeth Rowte）去世了。她在遗嘱里将独身女儿玛丽确定为自己的遗嘱执行人，而不是将这一权利留给与之共同居住的独身儿子。有时候寡妇甚至还乐意将家庭生意传给单身女儿而不是儿子。例如南安普敦的孀妇安·法克尼尔（Ann Faukerner）与未婚女儿安以及孀居女儿玛丽·斯多茨（Mary Stotes）一起生活并共同经营生意。安于1679年去世，她的两个女儿（安还有其他孩子）被指定为共同的遗嘱执行人，一起继承了母亲的剩余财产，同时还一起接管了母亲的生意。药剂师玛丽·阿诺德（Mary Arnold）于1650年去世时，给儿子和已婚女儿遗赠了剩余财产和各种家庭用品，但是却给未婚女儿米尔德里德留下了所有从业所需的物品——许多玻璃瓶子、装玻璃瓶子的食橱、酒壶、陶器以及陶罐等等。这些物品表明母亲正积极帮助未婚女儿在药剂行业中立足并尽量确保未婚女儿今后的生活。同样，如果单身女儿比她的母亲更早去世的话，通常也会让母亲来执行她的遗嘱并将主要财产留给母亲。当南安普敦的未婚女儿伊丽莎白·维斯兰德（Elizabeth Whislad）去世时，她将房子赠予了寡母埃莉诺，并且让母亲做了她的遗嘱执行人和剩余财产受益人。[1]

当然，我们也不能总是将寡妇与子女之间关系设想为和睦融洽的，他们之间也有矛盾和冲突。威廉·斯道特的回忆录展示了寡母和子女之间的冲突是如何在不同生活阶段爆发的。在威廉的父亲去世之后，母亲伊丽莎白与儿子约西亚一直相处融洽。但是，约西亚娶妻之后，伊丽莎白则发现自己和儿媳妇希尔比很难相处，因为新

---

[1] Amy M. Froide, *Never Married, Single Women in Early Modern England*, pp. 50, 107, 49.

媳妇决定要做自己家户中有权威的女主人。为了家庭的平静，儿子约西亚将年迈的老母亲送到了未婚的威廉那里。此后，伊丽莎白在她未婚儿子威廉和未婚女儿在兰开夏所组建的家户中度过了余生。虽然伊丽莎白老有所依，但是她也是悲哀的。在与儿媳的冲突中，操劳一生的她作为一个失败者丧失了在长子家户中拥有栖身之所的合法权利。寡妇和孩子之间还容易出现财产上的纷争。毕竟，在家庭财产的继承上寡妇与孩子处在敌对的位置上。16世纪70年代，一名寡妇在通信中抱怨："儿子霸占着原本属于我的土地，没给我任何的金钱或是债券，还严厉地责骂我，这使我感到害怕……他已经伤透了我的心……在他父亲去世之前，他曾向他的父亲承诺将永远不会侵占或是乱动我的公簿持有田。"[1] 孀妇桃乐茜·韦尔奈（Dorothy Verney）则试图使用伪造的遗嘱去侵占她唯一女儿的遗产。[2] 寡母和子女之间也可能会因为婚姻问题而闹得不愉快。特别是对未婚女儿来说，寡母可能一直都是一个权威者。她们可能逼迫女儿舍弃不合自己心意的对象。例如，寡妇玛格丽特·斯密斯（Margaret Smith）的女儿艾格尼丝（Agnes Smith）和托马斯·索莱伊（Thomas Soley）交往。虽然艾格尼丝单独地与托马斯在房间里过夜并且按照托马斯的说法他们已经交换了信物，但是在法庭上玛格丽特却要求女儿拒不承认这一行为。她打算将女儿嫁给本地一个上了年纪的鳏夫，虽然她也知道女儿不喜欢这名鳏夫。[3]

在孀妇的遗嘱中，孙儿孙女也是经常出现的一类人。比格斯对1543—1709年间南安普敦女性遗嘱的分析揭示，有将近20%的受益人都是遗嘱制定人的孙儿孙女，并且孙女作为遗嘱受益人的可能性要比孙儿大得多。虽然我们在比格斯的统计数据中看到儿子作为

---

[1] Sara Mendelson, Patericia Crawford, *Women in Early Modern England, 1550 – 1720*, p. 177.

[2] Barbara J. Harris, "Sisterhood, Friendship and Power of English Aristocratic Women, 1450 – 1550", in James Daybell, ed., *Women and Politics in Early Modern England, 1450 – 1700*, p. 32.

[3] Miranda Chaytor, "Household and Kinship: Ryton in the Late 16th and Early 17th Centuries", *History Workshop*, Vol. 10, No. 1, 1980, p. 42.

遗嘱继承人的概率大于女儿，但这在很大程度上可能是因为先夫去世时已经规定孀妇在死后要将某部分财产传给他的继承人（通常有高达50%以上的男性遗嘱制定人这样做）。在寡妇对没有直接责任的孙辈之遗赠中，我们则可以更清楚地看到孀妇自己的意愿和偏好。根据比格斯的统计，孙女在遗嘱受益人中所占比例为11.5%，而孙儿仅为7.9%。①

在孀妇的直系亲属中，父母很少出现在她们的遗嘱中。这可能是因为在孀妇制定遗嘱的时候，父母已经过世而并非不重要。从其他一些材料来看，寡妇与其父母之间也存在强烈的情感纽带。当桃乐茜·科德林顿（Dorothy Codrington）没有得到应有的寡妇产时，她的母亲和继父给她提供了相应的法律帮助。② 一些妇女在守寡之后甚至会回到父母身边居住。例如，霍尔·皮尼（Hoare Pinney）在1679年成为寡妇后并没有继续生活在先夫的家户当中，而是带着未成年的孩子回到娘家居住。③

二 寡妇与其他亲属

虽然在寡妇的遗嘱中直系亲属是其最主要的受益人（在比格斯的研究中约占受益人总数的60%左右④），但更加疏远的血亲也常常出现。这些亲属既包括娘家亲属，也包括婆家亲戚。

对寡妇来说，兄弟姐妹可能占据着相当重要的位置。兄弟姐妹不仅可能会陪伴她们度过人生的大部分时光，而且往往也会给寡居姐妹提供相应的物质帮助和情感慰藉。例如赫斯特·马索（Hester

---

① Carmel Biggs, "Women, Kinship, and Inheritance: Northamptonshire, 1543 – 1709", *Journal of Family History*, Vol. 32, No. 2, 2007, p. 115.

② Barbara J. Harris, "Sisterhood, Friendship and Power of English Aristocratic Women, 1450 – 1550", p. 29.

③ Pamela Sharpe, "Dealing with Love: The Ambiguous Independence of the Single Woman in Early Modern England", *Gender and History*, Vol. 11, No. 2, 1999, p. 224.

④ Carmel Biggs, "Women, Kinship, and Inheritance: Northamptonshire, 1543 – 1709", *Journal of Family History*, Vol. 32, No. 2, 2007, p. 115.

第四章 单身妇女的社会交往

Mulso）在丈夫去世之后搬到了她兄弟家居住。① 埃德蒙·博尔特（Edmund Boulter）则给其寡居姐妹提供了莫大的经济支持。他在侄儿约翰·弗瑞尔（John Fryer）成为伦敦的白蜡匠学徒时，赠予了侄儿10英镑并且给侄儿买了一套衣服。1695年，他又给上述的寡居姐妹提供了一处住房。在去世时，他还要求埋在这位姐妹身旁。除了物质帮助之外，兄弟姐妹也会在情感上慰藉和鼓励孀居姐妹。1670年，赫尼奇·费奇（Heneage Finch）鼓励孀居姐妹振作起来，劝说她不要过于悲伤，应该要"开始考虑对孩子的赠予"。他祈求姐妹照顾好自己并对姐妹先夫的遗嘱、遗嘱执行人和债务问题提出建议，也希望姐妹尽可能频繁地给他写信。②

除了这种混合着情感和物质援助的兄妹关系外，我们也能找到很多寡妇与姐妹之间保持着深厚友谊的例子。在哈瑞斯的研究中，有11%的寡妇在遗嘱中都提到了姐妹。她们对姐妹的遗赠通常是衣物、珠宝或是珍贵书籍。这与母亲对女儿的遗赠类型比较相似，但是价值通常要小一些。例如，马尼夫人（Lady Marney）给她的姐妹留下了一枚镶嵌蓝宝石的戒指并且将之指定为遗嘱执行人。简·内维尔（Jane Nevill）夫人赠予了她的姐妹伊丽莎白一枚有一颗红宝石和两颗半珍珠的金花。伊丽莎白·赫西（Elizabeth Hussey）夫人则给她的每位姐妹都留下了10英镑的遗赠。③

对孀妇来说，侄儿侄女也是其生活中相对重要的一类人。在侄儿侄女中，孀妇显然更加偏爱侄女。她们不仅倾向于与侄女一起生活，而且也倾向于将侄女而不是侄儿列为遗嘱受益人。虽然对孀妇来说，最大的遗赠通常给予了自己的孩子，但是"在没有孩子的情况下，姐妹和侄女便成了她们主要的继承人"。无子嗣的厄休拉·奈特利（Ursula Knightley）将自己的财产在她的姐妹以及姐妹的孩

---

① Amy M. Froide, *Never Married, Single Women in Early Modern England*, p. 75.
② Patricia Crawford, *Blood, Bodies and Families in Early Modern England*, pp. 220 – 221, 225.
③ Barbara J. Harris, "Sisterhood, Friendship and Power of English Aristocratic Women, 1450 – 1550", pp. 32, 33.

子中做了划分。她指定寡居的侄女伊丽莎白·农顿（Elizabeth Naunton）作为自己唯一的遗嘱执行人，并遗赠了这名侄女某些土地20年的使用权，且在这之前她已经赠予了这名侄女物品、动产和金银餐具。与此同时，她仅给自己的四个侄儿遗赠了20年的年金。伊丽莎白·斯科罗普（Elizabeth Scrope）也没有自己的子女。她选择了侄女露西作为继承人，条件是露西要同意自己为其安排的结婚对象。一年以后，斯科罗普夫人写下了自己的遗嘱并且增加了一个遗嘱附件，这个附件表明露西嫁给了她所安排的对象。根据协定，露西继承了她姨妈的土地并被指定为她所有剩余财产的继承人。[①] 虽然露西有两个兄弟，但是在伊丽莎白的遗嘱中完全没有被提到。伊丽莎白的安排显示出她更倾向于帮助一个女性而不是与之拥有相同亲属关系的男性。

与已婚男人或鳏夫相比，寡妇也更常提到堂表兄弟姐妹。在1580—1595年间的伦敦，有20%的寡妇都在遗嘱中提到了堂表兄弟姐妹。[②] 而克莱西（David Cressy）对17世纪80年代的埃塞克斯和威尔特郡的男性约曼农和商人的遗嘱进行分析时发现，他们中仅有6.2%的人对堂表兄弟姐妹进行了遗赠。[③]

与未婚女不同，由于寡妇曾经结过婚，因此对她们来说还有一个庞大的姻亲网络。在这一网络中继子女、公婆、儿媳和先夫的兄弟姐妹都可能是寡妇常见的交往对象。在近代早期的大部分时间里，饥荒和传染病造成了大量寡妇、孤儿和继子女。虽然在文学作品中可恶后母的形象一直根深蒂固，但是同样也有寡妇与继子女之间结成亲密关系的例子。安妮·诺里斯（Anne Norris）是约翰·诺里斯（John Norris）和第一任妻子的长女。1466年约翰去世，他的

[①] Barbara J. Harris, "Sisterhood, Friendship and Power of English Aristocratic Women, 1450 – 1550", pp. 33, 34.

[②] Vivien Brodsky, "Widow in Late Elizabethan London: Remarriage, Economic Opportunity and Family Orientations", p. 152.

[③] David Cressy, "Kinship and Kin Interaction in Early Modern England", *Past & Present*, Vol. 113, No. 1, 1986, p. 55.

第三任妻子玛格丽特改嫁给了约翰·霍华德（John Howard）。当玛格丽特前往萨福克的霍华德庄园生活时，她不仅带走了自己与约翰的两个孩子，同时也让她的继女安妮随同前往。在之后的14年里，单身的安妮一直与继母生活在一起。① 不仅如此，一些寡妇还在遗嘱中对继子女进行了遗赠。在1543—1709年的南安普敦女性遗嘱中，有3.9%的受益人是遗嘱制定人的继子女。② 同样，继子女也可能给自己的继母提供帮助。例如林肯郡的劳工罗伯特·德林瓦特（Robert Drenckwater）在1597年的遗嘱中规定："我的继母应该在这所住宅中拥有她的住处，拥有一半的房屋地基，收割一半的玉米……同时也要支付领主地租的一半以及其他任何税收的一半……只要租约还没有到期，我的妻子和继母就可以一起使用土地。"③

除继子女之外，公婆也可能与寡妇保持着密切联系。在哈瑞斯的研究中，有18%的寡妇都对公婆进行了遗赠，而在同期的男性遗嘱中给岳父母及儿媳留下遗产的仅占男性遗嘱制定人的0.8%。④ 虽然婆媳之间容易出现矛盾和冲突，但是我们发现这一时期不少寡妇与自己的公婆一起生活。1701年，塞尔比一名屠夫的遗孀与其"值得尊敬且细心的母亲"生活在一起。林肯郡一名农夫的遗孀苏珊娜·巴恩（Suzanne Barne）在自己的家户中给婆母留了一个房间并供给她得体的饮食。即便在苏珊娜改嫁之后，她仍然供养着婆母。在有的情况下，孀妇并没有与公婆一起生活，而是以支付年金的方式来供养他们。例如莎拉·哈尔福德（Sarah Halford）在丈夫死后继续支付一份年金给她寡居的婆母乔伊斯。斯蒂芬·梅斯（Stephen Mercy）的遗孀玛丽每年支付公婆30英镑的年金。在公公去世之后，她每年支付10英镑给孀居的婆母。⑤

---

① Barbara J. Harris, *English Aristocratic Women, 1450–1550*, p. 91.
② Carmel Biggs, "Women, Kinship, and Inheritance: Northamptonshire, 1543–1709", *Journal of Family History*, Vol. 32, No. 2, 2007, p. 115.
③ Amy Louise Erickson, *Women and Property in Early Modern England*, p. 190.
④ Barbara J. Harris, "Sisterhood, Friendship and Power of English Aristocratic Women, 1450–1550", p. 37.
⑤ Amy Louise Erickson, *Women and Property in Early Modern England*, pp. 189, 190.

寡妇也可能会给自己的儿媳留下遗赠。所赠予的物品通常与留给姐妹和侄女的物件相似——珠宝、衣服、少量现金和金银餐具。有时候，她们也遗赠在自己看来是有特殊意义的东西。例如，1487年伊丽莎白给儿子罗伯特的妻子留下了一个"与罗伯特父亲结婚时所戴的金戒指"。伊丽莎白·菲茨詹姆斯（Elizabeth Fitzjames）甚至指定她的儿媳作为自己的遗嘱执行人之一。①

先夫的兄弟姐妹及其他亲戚也可能获得孀妇的遗赠或其他形式的帮助。哈瑞斯的研究中，寡妇在遗嘱中提到先夫兄弟姐妹的可能性为19%。② 在对先夫兄弟姐妹的遗赠中，寡妇更加偏向于先夫的姐妹和其他女性亲戚。孀妇在遗赠先夫姐妹时，其遗赠物品的价值通常都比给自己亲姐妹的少，但基本是由同类财物组成——珠宝首饰、餐具、衣服、书籍和少量的金钱。例如玛格丽特·朱什（Margaret Zouche）于1530年去世时，遗赠了先夫的未婚姐妹塞茜莉一件缎子礼袍上的毛皮。③ 最慷慨的遗赠同样也来自那些没有孩子的孀妇。安妮·斯科罗普（Anne Scrope）嫁了三次，但都没有孩子。在她去世时，她三任丈夫的姐妹都获得了遗赠。④ 有时候，寡妇还愿意让先夫的姐妹与自己一起居住。克莱尔·普拉普顿（Clare Plumpton）居住在哥哥威廉的家户中。当1547年哥哥去世之后，她继续和寡居的嫂子一起生活了5年。⑤ 苏塞克斯一名农夫的遗孀伊丽莎白·埃尔文（Elizabeth Aylwin）不仅让先夫孀居的姐妹与自己一起生活，而且每季度还支付给她2先令6便士以方便其购买肉和酒之类的生活用品。⑥

---

① Barbara J. Harris, "Sisterhood, Friendship and Power of English Aristocratic Women, 1450 – 1550", p. 37.
② Ibid., p. 38.
③ Barbara J. Harris, *English Aristocratic Women, 1450 – 1550*, p. 96.
④ Barbara J. Harris, "Sisterhood, Friendship and Power of English Aristocratic Women, 1450 – 1550", p. 38.
⑤ Barbara J. Harris, *English Aristocratic Women, 1450 – 1550*, p. 92.
⑥ Amy Louise Erickson, *Women and Property in Early Modern England*, p. 190.

三 寡妇与非亲属间的交往

除了亲属关系之外，对寡妇来说虚拟血亲、邻里及朋友关系也相当重要。布罗茨基对伦敦 200 份寡妇遗嘱中受益人的分析揭示出，大约 55% 的受益人都是与孀妇没有亲戚关系的朋友、仆人、女主人、邻居以及这些人的孩子们。[①] 伊丽莎白·福克斯（Elizabeth Foulks）的遗嘱证实了这一点。她的四个女邻居玛琪琳·格里芬（Margarine Griffin）、阿韦里·汉金森（Averie Hankinson）、伊丽莎白·摩根（Elizabeth Morgan）和埃伦·库克（Ellen Cooke）是她遗嘱的见证人。伊丽莎白·福克斯的遗产价值 14 英镑 4 先令 2 便士。她将其中大部分——价值 5 英镑的物品和邻居约翰·格里芬（John Griffin）所欠她的 5 先令欠款——赠予了自己的"亲戚"理查德·杨格（Richard Younge），而她的女主人汉金森则获得了她"简陋屋子里的架子、木板和桌子"。除此之外，伊丽莎白还赠予"上述四位女邻居的孩子以白蜡大浅盘"。更富裕的康士坦茨·卡尔佩伯（Constance Culpepper）则给肯特的朋友兼邻居留下了金珠子、戒指和一颗无袖胸衣上的金纽扣。[②] 还有一些寡妇因为长期与仆人或是朋友一起或邻近居住而发展出了类似血亲的深厚情感。例如，孀妇玛格丽特·乔普林（Margaret Jopling）在先夫死后便与仆人托马斯·乔普林（Thomas Jopling）、托马斯的妻子伊丽莎白以及伊丽莎白的姐妹埃莉诺生活在一起。虽然她有一个已婚儿子就生活在附近，但是玛格丽特于 1616 年去世之后却将自己的农场遗赠给了托马斯夫妇。[③]

如同未婚女一样，寡妇也常常与其他单身女性一起生活并发展

[①] Vivien Brodsky, "Widow in Late Elizabethan London: Remarriage, Economic Opportunity and Family Orientations", p. 151.

[②] Barbara J. Harris, "Sisterhood, Friendship and Power of English Aristocratic Women, 1450 – 1550", p. 38.

[③] Miranda Chaytor, "Household and Kinship: Ryton in the Late 16th and Early 17th Centuries", pp. 45 – 46.

出深厚情感。1488年，孀居的伊丽莎白·莫布雷（Elizabeth Mowbray）悠闲地生活在伦敦。和她一起居住的有安妮·蒙哥马利（Anne Montgomery）、简·塔尔博（Jane Talbot）、伊丽莎白·布拉肯伯里（Elizabeth Brackenbury）以及玛丽·蒂雷尔（Mary Tyrell）。1498年安妮去世的时候埋在了她们居住地的附近。接下来伊丽莎白·莫布雷和简也要求挨着安妮埋葬。16世纪拉特兰郡的伯爵夫人埃莉诺与威斯特摩兰郡的伯爵夫人凯瑟琳也一起住在伦敦。当她们于16世纪50年代初去世时，也相邻而葬。[1] 选择埋葬在朋友身边而不是丈夫身边的事实，明确而公开地表明了她们之间的亲密关系。这种违背传统习俗的举动也意味着女性朋友对许多孀妇来说可能扮演着相当重要的角色。除贵族妇女以外，在其他社会阶层中我们也能发现孀妇与单身妇女一起居住的情况。1696年，寡妇福德就与寡妇威克斯以及威克斯的两个孩子一起生活在南安普敦的圣劳伦斯教区。这两名寡妇共同承担家户的开支和家务劳动，很可能也互相提供着情感的慰藉和物质上的帮助。[2]

另外，教子女这类宗教上的血亲关系也经常出现在寡妇的生活当中。在伊丽莎白时代晚期的伦敦，当有高达40%的寡妇似乎都没有存活下来的孩子时，有五分之一的寡妇至少在其遗嘱中提到了一个教子女。[3] 在那些提到了教子教女的孀妇中，有一半的人似乎都将选择教子教女作为加强和巩固更疏远血族纽带的一种手段。在这些例子中，教子女们通常是堂表兄弟姐妹的孩子，甚至有时候就是自己的亲侄儿侄女。牛津伯爵夫人伊丽莎白对她的侄儿侄女都进行了遗赠，但是她对其中一个叫伊丽莎白的侄女特别好，这人也是她的教女。伯爵夫人除了给她留了一些金银餐具之外，还给她留下了100英镑的嫁妆。通过选择教子教女也能够在非血亲关系中创造

---

[1] Barbara J. Harris, "Sisterhood, Friendship and Power of English Aristocratic Women, 1450–1550", p. 43.

[2] Amy M. Froide, *Never Married*, *Single Women in Early Modern England*, p. 18.

[3] Vivien Brodsky, "Widow in Late Elizabethan London: Remarriage, Economic Opportunity and Family Orientations", pp. 151–152.

第四章　单身妇女的社会交往

一种虚拟的血族纽带。当然孀妇与教子教女之间的关系同样也无法做出定性。在教子教女的选择上既可能怀着寻求庇护的功利性目的,也可能是基于情感上的重要性。但不管怎样,在对教子教女的遗赠上,遗赠教女的孀妇显然比遗赠教子的多。在哈瑞斯的 266 份遗嘱样本中,有 20.3% 的寡妇至少遗赠了一名教女,而仅有 6.3% 的寡妇遗赠了教子。在这些得到遗赠的 95 名教女中,有 61 人(64%)与其教母有相同的名,有 22 人(23%)是其教母的孙女,2 人是继孙女,5 人是侄女。有些寡妇甚至还将自己的教女指定为遗嘱执行人。弗罗威克夫人(Mrs Frowick)的遗嘱表明她与一位名叫伊丽莎白·斯佩尔曼(Elizabeth Spelman)的女孩之间存在紧密关系。伊丽莎白是她的侄孙女,同时也是她的教女。弗罗威克夫人将一个银和镀金的有盖杯子、两张桌布、一枚戒指和 20 英镑的现金遗赠给了她的教女。虽然伊丽莎白有 19 名兄弟姐妹并且其中有 13 位都是男子,但是弗罗威克夫人决定挑选教女伊丽莎白作为受益人,而没有对其他与之有着同样血缘关系的侄孙辈进行遗赠。[①]

不仅如此,有些寡妇还将社会关系网络延伸到了公会组织当中,在那里可能有其先夫所建立的朋友关系。这种与公会之间的联系通常可以让她们在活着的时候有所依靠。在英国社会中,虽然公会师傅的遗孀常常被排除在公会的权力机构之外,并且在生产活动中受到各种限制,但是她们也能够得到公会的一些帮助。例如孀妇可能比较容易获得低利息的贷款,在困难时候还能够得到一定的救济和施舍。反过来,富裕的寡妇在遗嘱中也会给公会施以慷慨的遗赠,以用于"喝酒""吃饭"和"娱乐"。有时候,孀妇还会指定公会中的男性成员作为自己的遗嘱执行人和监督人。例如寡妇乔伊斯·威廉姆森(Joyse Williamson)就对公会进行了相当慷慨的遗赠。她遗赠了"100 英镑的丰厚礼物"给服装制作公会并指定了两位公会成员作为她的遗嘱监督人,保证她遗赠给孙儿孙女的 1000

[①] Barbara J. Harris, "Sisterhood, Friendship and Power of English Aristocratic Women, 1450–1550", pp. 24, 36, 29.

英镑能按照每年5%的比例投资到公会当中去。①

在此需要说明的是，子女和血亲通常得到了寡妇遗赠中的最大份额和最有价值的财产，而没有血亲关系的邻里、朋友虽然在遗嘱中频繁出现，但通常只是象征性地被提到。即便如此，我们仍然可以断定曾经结过婚的寡妇并没有像已婚男人那样将注意力放在核心家庭上，而是建构了一个包括世系家庭成员和朋友邻里等非亲属人员在内的宽泛社会关系网络。特别对于那些没有子女的寡妇来说，她们通常更加慷慨地遗赠了核心家庭以外的成员。

在本章中，我们主要依靠单身妇女的遗嘱、日记、信件和回忆录等资料勾勒了单身妇女的社会关系网络。从中我们所看到的画面与当代英美史学界的泰斗劳伦斯·史东所描述的有所不同。史东认为，在"教会、国家和市场经济的压力"下，十六七世纪英国家庭核心成员的情感联系不断增强，而邻里和亲属的重要性日趋减淡。②随后，基恩·莱特逊（Keith Wrightson）、阿兰·麦克法兰（Alan Macfarlane）、阮博·休斯顿（Rab Houston）和理查德·斯密斯（Richard Smith）等学者也都支持了史东的论断，这似乎已经成了学术界的正统观点。③然而，从我们对单身妇女的社会关系网络所做的研究来看，情况似乎并非如此。她们并不像已婚人士那般将注意力集中在自己的核心家庭上，而是与兄弟姐妹、侄儿侄女、叔伯姊娘、姨父姨母甚至是堂表兄弟姐妹及其他姻亲都保持着有效的互动。她们通过共同居住、相互拜访和礼物馈赠等方式活跃着疏远血亲关系的同时，也建构了一个宽泛的非血亲关系网络。

单身妇女与已婚男性在构建有效社会关系上所表现出来的差

---

① Vivien Brodsky, "Widow in Late Elizabethan London: Remarriage, Economic Opportunity and Family Orientations", p. 151.

② ［英］劳伦斯·史东：《英国十六至十八世纪的家庭、性与婚姻》（上），刁筱华译，麦田出版社2000年版，第107—124页。

③ 参见 David Cressy, "Kinship and Kin Interaction in Early Modern England", *Past & Present*, Vol. 113, No. 1, 1986, pp. 38 – 40.

第四章 单身妇女的社会交往

异,其实不难理解。对已婚男人来说,一方面婚姻减少了他们交往的时间和精力,而更重要的是已婚男人所面临的习俗和担负的责任给他们造成了限制。对已婚男子来说,他们的财产安排通常会涉及土地和房屋这类不动产,他们需要遵循财产世袭传承的规则,需要维系家户的正常运转,因此他们更倾向于将遗赠局限在更为狭小的人群当中。与之相比,单身妇女的财产安排更少涉及土地,也更少受到责任和习俗的约束,她们能够更加自由地将礼物和遗赠作为表达情感的一种方式。故而在她们的受益人中,核心家庭以外的人群得到了更多的关注和考虑。

当我们进一步对单身妇女的社会关系网络进行性别和婚姻状态的区分时会发现,单身妇女通常更加偏爱女性,尤其是单身女性。这种以单身妇女为中心的社会关系网络的出现,一方面源于近代早期英国在很大程度上仍然是同性交往的社会,另一方面可能也因为单身妇女之间往往有着相似的经历,因而更容易结成深厚情谊。通过这种以单身妇女为中心的社会关系网络,单身妇女建构起了自己的支持平台。在这一平台中,她们相互提供着物质帮助和情感慰藉,相互协助地在这个为难她们的社会中生活下去。

第五章　单身妇女的婚姻前景

与崇尚独身的天主教国家不同，宗教改革之后的英国希望所有人都能够结婚。绝大多数女孩自幼就被鼓励去憧憬一种包括妻子和母亲角色在内的成年生活。然而，理想和现实之间往往存在很大差距。事实上，在近代早期的英国有相当比例的妇女迟迟未婚甚至是终身不婚，也有大量的孀居妇女选择守贞。在本章中，我们便要考察未婚女晚婚或是独身的原因，同时也要考察孀妇对情感道路的选择。

第一节　未婚妇女的晚婚与独身

一　导致晚婚或独身的社会环境

对大部分晚婚或是独身的妇女来说，她们并非天生的独身主义者。她们中不少人只是在追求婚姻的道路上由于种种障碍而暂时或永久地停下了脚步。虽然每个人保持单身的具体因素可能不尽相同，但是她们所生活的地域环境、时代背景、社会阶层以及择偶方式也从整体上塑造着她们的婚姻前景。

从地域环境来看，在性别比偏低[①]的地区，妇女晚婚或独身的可能性就比那些性别比偏高的地区大得多。安德森（Michael Anderson）的研究表明，在性别比对妇女特别不利的地方（男性人口少于女性人口的地方），妇女的结婚年龄要比全国平均婚龄晚 18 个

[①] 性别比是指每 100 名男子所对应的女性人数。

第五章 单身妇女的婚姻前景

月,并且这些地方保持独身的妇女人数也是性别比偏高地区的两倍。① 由于妇女人数超过男人的情况通常在城市地区出现,因此城市妇女保持单身的时间通常更久,独身的可能性也更大。根据科娃莱斯基(Maryanne Kowaleski)对英国农村地区和城市地区的比较,城市妇女的初婚年龄高于农村妇女。② 贝纳特和弗若伊德也指出,"城市中的独身妇女比乡村更多"③。城市和农村环境所呈现出的性别比差异在很大程度上需要从人口流动上进行考察。希尔在著作中提出,近代早期英国未婚女在农业部门的工作机会逐渐减少,越来越多的妇女涌入城镇谋生。这导致那些留在原籍的妇女处于一种非常有利的性别比之中,故她们通常较早就结婚了并且很少有人会保持独身。而那些涌入城镇的妇女则可能面临着对自己不利的性别比,因此结婚的可能性更低。④

性别比失调给未婚女的结婚前景所带来的影响在很大程度上又因为近代早期的择偶模式而强化了。在近代早期的英国,绝大多数人都在狭窄的地理范围内寻找伴侣。尽管择偶范围随着当事人社会等级的升高而成正比地扩大,但是直到16世纪之初贵族才具备一个真正的全国性婚姻市场。除贵族以外,近代早期英国人的择偶范围实则相当有限。在17世纪初,60%的兰开夏郡的乡下大地主阶级和50%的多塞特郡的乡下大地主阶级都在本郡内选择结婚对象。就普通劳动者而言,至1800年所有在出生地结婚的新郎当中有约三分之二是从同村挑选新娘的,90%从十英里之内挑选新娘,从二

---

① Michael Anderson, "Marriage Partner in Victorian Britain. An Analysis Based on Registration District Data for England and Wales, 1861", *Journal of Family History*, Vol. 1, No. 1, 1976, p. 62.

② Maryanne Kowaleski, "Single Women in Medieval and Early Modern Europe: The Demograohic Perspective", in Judith M. Bennett, Amy M. Froide, ed., *Single Women in the European Past, 1250 – 1800*, pp. 326, 342.

③ Judith M. Bennett, Amy M. Froide, "A Singular Past", p. 5.

④ Bridget Hill, "The Marriage Age of Women and the Demographers", *History Workshop*, Vol. 28, No. 1, 1989, p. 134.

十英里左右挑选新娘的比例则微不足道。① 许洁明在其著作《十七世纪的英国社会》中也指出，除了贵族和大乡绅是在全国范围内选择配偶之外，地方乡绅大多是在本郡选择对象，而普通人择偶的范围则更窄，一般都是在本人居住的教区之内。② 这种择偶模式对于那些处于低性别比地区的女性来说相当不利，她们可能面临结婚对象不足的窘况。

此外，未婚女所生活的时代背景也会对其婚姻前景造成重要影响。17世纪初英国的女性人口开始超过男性，偏低的人口比例到17世纪末18世纪初达到极限而后才逐渐好转。③ 与此同时，保持独身的妇女比例也呈现出大致相同的变化曲线。在性别比偏低的时代，自然会有一些妇女无法进入一夫一妻制的婚姻当中，出现无法找到丈夫的"多余之人"。时代背景给妇女婚姻前景所带来的影响在英国内战时期体现得尤为明显。同时代的一些观察家发现，内战期间大量年轻男子应召入伍并且其中不少人一去不复返，使得处于适婚年龄的男子人数减少，这给妇女的婚姻前景带来了不利影响。自从战争打响以后，伦敦就出现了不少奚落妇女找不到适合结婚对象的小册子。拉尔夫·韦尔奈（Ralph Verney）就忧愁在这个特殊时期可能无法为其姐妹们寻找到合适的伴侣。17世纪40年代，他好几次在与亲朋好友的通信中都提到了战争给妇女造成的一些特殊困难。1644年，他的婶婶艾莎姆（Isham）在来信中也写道："如果这些岁月再持续下去的话，我想这里可能没有男人能留给女人了。"后来苏塞克斯女士也告知他："我担心在这不好的年月里，你可能没法为你的姐妹们找到中意的丈夫。"为了更加准确地估量十年内战对女性婚姻所造成的影响，我们需要借用里格利和斯科菲尔德对每年结婚人数的估计。他们指出，在内战之前的十年，每年

---

① ［英］劳伦斯·史东：《英国十六至十八世纪的家庭、性与婚姻》（上），刁筱华译，麦田出版社2000年版，第47页。
② 许洁明：《十七世纪的英国社会》，中国社会科学出版社2004年版，第119页。
③ Christopher Durston, *The Family in the English Revolution*, Oxford: Basil Blackwell Ltd., 1989, p. 61.

第五章 单身妇女的婚姻前景

平均有 43000 桩婚姻,到 1643 年下降到了 32184 起,到 1648 年则仅有 28607 对新人。① 婚姻缔结数量的减少在很大程度上就是因为这一特殊时代损失了大量适婚的男性人口,从而也降低了女性嫁人的可能性。

未婚女的结婚前景同样也受经济大环境的影响。英国结婚率最低、初婚年龄最高的时期也正好是经济最困难的时代。1648 年,结婚率创 17 世纪的最低,也是英国处于严重战后经济危机和农业歉收的年月。严重的经济危机使得那些没有充足资产的人需要花上更长的时间去攒钱以建立自己的小家庭。对于那些有土地的、较为富裕的家庭来说,他们想要按照传统习俗来为打算结婚的年轻人提供财物帮助的举动也变得更加艰难。1651 年 9 月,约翰·珀西瓦尔(John Percival)写信给他的叔叔贝弗利·亚瑟(Beverley Usher),叙述了他对婚姻的打算。他告诉叔叔,大部分家产都留在了爱尔兰,并且由于时局不幸,最近几年已经没有收入了。现在他只有考虑娶一名能给他带来丰厚嫁妆的女子。如此,他便可以用妻子的嫁妆来为他的姐妹们提供嫁妆。第二年,他的姐妹朱迪丝想要和一名保皇党人兰德尔·克莱顿(Randal Clayton)结婚,但约翰非常担心兰德尔的财产过于微薄。正是因为约翰的疑虑,使得这段婚姻推迟了好几年。②

当然,未婚女所处的社会阶层及相应的婚姻观也是影响其结婚前景的重要因素。近代英国是一个分层的社会,每个社会阶层都是一个有着不同价值体系和行为模式的文化单位。一般说来,妇女的社会阶层越高,其婚姻选择权就越有限。但是无论对哪一阶层的妇女来说,她们在结婚对象的选择上都呈现高度的同源性。也就是说,在这个分层细密的社会当中,各阶层的人通常在本阶层内部通婚。例如"在 17 世纪上半叶的肯特郡,所有骑士、乡绅、自耕农和农夫中,约半数迎娶来自本身份团体的女孩,约三分之一的牧师

---

① E. A. Wrigley, R. S. Schofield, *The Population History of England, 1541 – 1871*, p. 497, 448.

② Christopher Durston, *The Family in the English Revolution*, pp. 61 – 62.

和牧师的女儿结婚"。对女性来说，想要缔结门当户对的婚姻，通常需要准备与其社会地位相当的嫁妆。在 16 世纪晚期，英国社会出现嫁妆不断膨胀的趋势，再加上在有产者家庭当中"维持家庭世袭财产原封不动以传给男性继承人"的愿望更加强烈，因此使得不少上层家庭的女儿被迫放弃结婚的念头。结果，在贵族和大地主阶层中"到达五十之龄而从未结婚的女儿比例，从 16 世纪的 10% 上升到了 17 世纪初的 15%，在 1675—1799 年间则将近 25%"。对于那些社会地位更低的普通妇女而言，她们通常需要更长的时间来准备嫁妆，因此这一阶层的妇女往往要到 25 岁甚至是 27 岁之后才会结婚。① 在社会的赤贫人口中，妇女结婚的可能性则受到教区权威人士的严格限制。因为对教区来说，穷人的婚姻可能会增加教区的济贫负担。就如贝纳特和弗若伊德所发现的那样，"独身妇女在穷人家户中比在富裕家户中更加常见"②。

二 影响未婚妇女婚姻前景的各类具体因素

虽然未婚女的婚姻前景从总体上受到地域、时代或社会阶层等大背景的制约，但同样也为她们的特殊生活经历所塑造。未婚女从事的职业、外表的吸引力、担负的家庭责任以及嫁妆的多寡等都在一定程度上影响着她们的婚姻前景。

欧格里（William Ogle）认为妇女的职业类型对其婚姻前景产生至关重要的影响。③ 安德森在解释伦敦妇女结婚的可能性更低时也指出，妇女的结婚年龄和独身的可能性与她们所从事的职业之间存在密切关系。安德森提出，对所有年龄阶段的妇女来说，女仆一职是决定婚姻模式和婚姻前景的重要因素。在容易找到女仆工作的地方，她们在二三十岁还没有结婚的人数约比其他地方高 2 倍。在

---

① ［英］劳伦斯·史东：《英国十六至十八世纪的家庭、性与婚姻》（上），刁筱华译，麦田出版社 2000 年版，第 46、33、38 页。

② Judith M. Bennett, Amy M. Froide, "A Singular Past", p. 6.

③ Bridget Hill, "The Marriage Age of Women and the Demographers", *History Workshop*, Vol. 28, No. 1, 1989, p. 136.

这一职业中，年龄越大，结婚的可能性也就越低。① 在18世纪的伦敦，40岁以上的女仆中有超过一半的人都未曾结婚，其中有不少人年逾50都还孑然一身。② 女仆行业中大量妇女晚婚和独身在很大程度上是因为工作岗位使然。在同时代人眼中，为人妻母的角色与女仆的职业要求之间存在着无法调和的矛盾。妇女一旦结了婚，女仆行业的大门也就向她们关闭了。"所有主人都阻碍自己的男仆结婚，也不同意女仆结婚。"③ 因此，为了保住工作岗位，推迟甚至是放弃结婚便不可避免了。

长期以来，疾病和残疾也都被视为婚姻的障碍。在近代早期的英国人眼中，生育、照料孩子以及家庭责任的承担都相当艰辛，有病或残疾的妇女可能无法胜任。威廉·斯道特在其自传中提到姐妹艾琳时就表明了这一点。艾琳在十几岁时感染了溃疡和其他疾病。"虽然有好几个名声和物质条件都不错的男人向艾琳求婚，但是母亲却一直都建议她应当考虑到自己的残疾和疾病而保持单身，因为伴随婚姻而来的往往是无尽的操劳。"④ 爱德华·菲尔（Edward Phil）先生也希望有身体缺陷的女儿艾丽丝能够保持独身，并且希望妻子在自己死后能够帮助女儿。⑤ 此外，疾病也可能会损害未婚女的外貌和心理，从而降低她们结婚的可能性。玛丽·钱德勒（Mary Chandler）的兄弟塞缪尔（Samuel Chandler）直言不讳地写道，玛丽"在外貌上没有任何可取之处，因为童年时期的一场意外，她的身体长得不正常"。在塞缪尔看来玛丽的"外貌是如此的

---

① Michael Anderson, "Marriage Partner in Victorian Britain: An Analysis Based on Registration District Data for England and Wales, 1861", *Journal of Family History*, Vol. 1, No. 1, 1976, p. 72.

② D. A. Kent, "Ubiquitous but Invisible: Female Domestic Servants in Mid - Eighteenth Century London", *History Workshop*, Vol. 28, No. 1, 1989, p. 117.

③ A. Macfarlane, *Marriage and Love in England: Modes of Reproduction, 1300 - 1840*, p. 88.

④ William Stout, John Duncan Marshall, *The Autobiography of William Stout of Lancaster, 1665 - 1752*, pp. 87 - 88.

⑤ Barbara J. Harris, *English Aristocratic Women, 1450 - 1550*, p. 90.

糟糕，以至于她将无法在婚姻中获得快乐，因此她选择保持独身"[1]。贵族妇女格德鲁特·塞维尔（Gertrude Savile）因为脸上的缺陷而感到忧伤、羞愧和不适，也严重影响了她的自信心和社交活动，并在很大程度上致使她终身未婚。"来自脸上的缺陷给我带来了比一般人更多的沮丧，这使我精神崩溃……这不仅使我失去了快乐，而且也让我感到恐惧和沮丧。"[2] 在宗教言论中，残疾甚至还被视为一个人保持单身的正当理由。清教牧师威廉·乔治（William Gouge）在《家庭的职责》（Of Domesticall Duties）中明确提出，"唯一可原谅的独身理由是当事人是瘸子、性无能或是身患传染病如麻风病等，因为这些都妨碍了人们的生育"。"万能的上帝通过这些信号来号召他们过独身生活。""多产和生育后代"不适合那些身体有残缺的人。[3]

除身体条件之外，妇女所肩负的家庭责任可能也是她们晚婚甚至是终身不婚的一个常见原因。如前文所述，女儿通常比儿子更可能留在父母身边照顾年迈的父母或是帮助兄弟姐妹维持家户运转。当这些家庭责任完成之后，她们很可能已经过了最佳结婚年龄甚至是生育年龄，从而也影响了她们结婚的可能性。例如女诗人伊丽莎白·托马斯（Elizabeth Thomas）照顾生病的母亲长达14年之久。当母亲去世时，伊丽莎白已经45岁，早已经过了最佳的结婚年龄。最终，伊丽莎白未婚而亡。玛丽·卡佩（Mary Capper）独身的原因也大致相同。玛丽来自于一个中产阶级家庭，她的兄弟是一名贵格会牧师。她在27岁的时候被送去与已婚兄弟一起生活。因为根据贵格会教派的宗教观点，未婚女不仅要帮助父母，而且应该协助刚结婚的兄弟姐妹。在后来的时间里，她又在另一名未婚兄弟的家

---

[1] David Shuttleton, "All Passion Extinguish'd: The Case of Mary Chandler, 1687 – 1745", in Isobel Armstong, Virginia Blain, ed., *Women's Poetry in the Enlightenment: The Making of a Canon, 1730 – 1820*, New York: St Martin's Press, 1999, pp. 33 – 49.

[2] Alan Saville, ed., *Secret Comment: The Diaries of Gertrude Savile, 1721 – 1757*, Nottingham: Kingsbridge History Society, 1997, p. 87.

[3] William Gouge, *Of Domesticall Duties*, Amsterdam: Theatrum Orbis Tarrarum, 1976, pp. 123 – 124, 105 – 106.

第五章 单身妇女的婚姻前景

户中做管家。当父亲去世之后，30岁出头的玛丽便与寡居的母亲一起生活并照料母亲的生活起居。就在此时，一名贵格会教友向玛丽求婚，但玛丽考虑到结婚之后她可能无法照料母亲而拒绝了。到母亲去世时，玛丽已39岁，此时年龄似乎又成了她结婚的一个重要障碍。①

当然，未婚女自身的经济条件也是她们婚姻缔结中不可忽略的影响要素。近代早期的英国仍然流行嫁妆体制。新娘往往需要根据所处的社会阶层准备一份嫁妆。一些妇女可能想要结婚，但父母却无力提供相应的嫁妆将她们嫁出去。根据艾瑞克森的研究，近代早期绅士阶层、富裕商人以及约曼农女儿的嫁妆翻了三倍，从16世纪晚期的200英镑上升到17世纪后半期的500—600英镑。②我们虽然不清楚嫁妆为什么会在这一时期膨胀起来，但却发现此时大量妇女将自己迟迟未能结婚或是独身的处境归结为嫁妆的缺乏。皮尔斯·达顿（Piers Dutton）的四个女儿在大法官法庭起诉兄弟拉尔夫扣留了她们的嫁妆。她们宣称，如果支付了这笔嫁妆，她们可能已经结婚了并且还可以根据自己的情况来选择对象，但是嫁妆的拖延耽误了她们的婚姻。③女家庭教师艾格尼丝·波特（Agnes Porter）在她40岁时，喜欢上了一个叫作麦奎因（McQueen）的医生。第二年，麦奎因却"要和一个有钱的女士结婚"。嫁妆的缺乏也是女诗人伊丽莎白·托马斯独身的原因之一。在伊丽莎白两岁时，父亲就去世了，留下她与母亲过着伊丽莎白所认为的穷困生活。后来，伊丽莎白的母亲改嫁了，但是继父却不断挥霍家庭财物。当她的母亲身患乳癌时，伊丽莎白不得不变卖东西，包括她收藏的书籍。虽然伊丽莎白·托马斯与理查德·格威内特（Richard Gwinnet）早已订婚，但是理查德的父亲却认为儿子娶伊丽莎白得不到任何好处，因此坚决不同意二人结婚。由于缺乏嫁妆而导致单身也是近代早期文学作品中的一

---

① Amy M. Froide, *Never Married, Single Women in Early Modern England*, p. 187.
② Amy Louise Erickson, *Women and Property in Early Modern England*, pp. 120 – 122.
③ Barbara J. Harris, *English Aristocratic Women, 1450 – 1550*, p. 92.

个常见主题。17世纪一首名为"艾菲莉亚"（*Ephelia*）的诗歌明确表达了缺钱是妇女通往婚姻之路的巨大障碍。诗歌中的女主人公艾菲莉亚与一名男子相爱长达四年之久，但是现在这名男子却打算和别人结婚了。这在艾菲莉亚看来是"因为她丰厚的嫁妆没有了，他的热情也跟着消退了"①。

此外，近代早期相对较高的死亡率也是妇女成为独身妇女的原因之一。虽然一些妇女想要结婚，但是糟糕的身体状况和突然的死亡意味着她们不得不以未婚女的身份结束自己的一生。1701年，伊丽莎白·罗利（Elizabeth Raleigh）制定了自己的遗嘱。在遗嘱中有一块是她曾经打算结婚用的布料。这块布料表明她原本打算结婚，是死亡让其以未婚女的身份终了一生。朴次茅斯的乔安妮·若特（Joanne Rowte）在1651年将一半左右的财产留给了自己的未婚夫——约翰·康普顿（John Compton）。同样，埃莉诺·佩尔叙（Eleanor Percy）也将自己的一部分财产留给了未婚夫塞缪尔·丘吉尔（Samuel Churchill）。② 这种给未婚夫的遗赠清楚地表明了这些未婚女并不打算独身，是死神让其不得不成为独身妇女。

在某些妇女的独身问题上，我们不由地感慨命运弄人。安妮·斯蒂尔（Anne Steele）虽然终身未婚，但是她曾经与一名年轻男子订过婚。不幸的是，未婚夫在埃文河中游泳时被淹死了。③ 上文讲到的女诗人伊丽莎白·托马斯差点就与理查德·格威内特结婚了。他们之间有着长达16年的深厚感情。伊丽莎白在其回忆录《科琳娜的生活》（*The life of Corinna*）中描写了她与理查德之间的深厚感情。正是这份感情使得理查德在伊丽莎白没有嫁妆并且还要照顾母亲的情况下仍未退缩。经过商议，两人愿意等到条件成熟的时候才结婚。在等待结婚的16年里，他们彼此保持着通信和来往。终于，

---

① Amy M. Froide, *Never Married, Single Women in Early Modern England*, p. 188.
② Ibid., p. 191.
③ Marjorie Reeves, *Pursuing the Muse: Female Education and Nonconformist Culture, 1700 – 1900*, Leicester: Leicester University Press, 1997, p. 62.

在1717年，伊丽莎白45岁的时候，理查德的父亲交出了他的家产并且同意儿子可以与自己喜欢的人结婚。满心欢喜的理查德立即骑马来告诉伊丽莎白这个好消息，但伊丽莎白要求将婚礼推后6个月，因为在此期间她需要照料垂死的母亲。然而不幸的是，她的爱人却在她母亲去世之前就死掉了。

当然，除上述原因之外，还有许多纷繁复杂的因素影响了未婚女的婚姻选择。我们也无法穷尽所有妇女迟迟未婚或是终身不嫁的具体因素。值得我们注意的是，并非所有的妇女都是这些因素下的牺牲品，她们中有些人可能主动选择了单身生活。

三 有主见的选择

近代早期，英国虽然展开了宗教改革，以赞美婚姻的新教代替了崇尚独身的天主教，但是新教对于独身生活的攻击和弃绝并不是我们想象的那般深刻或决绝。新教大主教桑兹（Sandys）在其名为"婚姻完全可敬"（marriage is honourable in all）的布道中仍将童贞描述为上帝"珍贵的而非普通的赠予"，并且进一步指出"拥有童贞并过着单身生活的人更加适合在上帝的教堂中工作……因为更少有烦恼拖累他们"[①]。桑兹的言论在很大程度上与中世纪天主教会的传统相一致，即认为单身可以将个人从俗世中解放出来。一些宗教改革者甚至仍然认为世俗男女独身是因为他们得到了上帝的恩赐。在此背景之下，一些新教教徒同样也将宗教生活与保持独身联系在一起。慈善家伊丽莎白·黑斯廷斯（Elizabeth Hastings）很少离开她位于莱德舍姆的庄园。她在那里过着隐居的生活，献身于贞洁和慈善事业。玛丽·阿斯特尔甚至还呼吁应该在英国建立新教女修院，以便让虔诚的独身妇女能够有地方可去。[②]

对宗教少数派来说，她们更可能因为宗教的原因而拖延甚至是放弃婚姻。宗教改革之后，英国仍存在不少的天主教妇女。到

[①] Christine Peters, "Single Women in Early Modern England: Attitudes and Expectations", *Continuity and Change*, Vol. 12, No. 3, 1977, p. 328.

[②] Amy M. Froide, *Never Married*, *Single Women in Early Modern England*, p. 189.

近代早期英国社会中的单身妇女研究

1539年英国所有的女修道院都关闭了，但是这些妇女仍然能够找到其他办法投身于虔诚的宗教生活。她们中一些人到了欧洲大陆，在那里她们能够加入或者是建立修道院。另外一些人则在自己家中过着虔诚的生活。就在玛丽·阿斯特尔生活的年代，威尔士籍的两名未婚女士玛丽·凯梅斯（Mary Kemeyse）和安妮·凯梅斯（Anne Kemeyse）还成立了小规模的非国教徒妇女团体，在这里妇女可以过一种特别虔诚的生活。[①] 历史学家还发现贵格教徒妇女通常结婚很晚或者有时候根本不结婚。贵格会教徒玛丽·卡佩在她长达91年的生命里一直都未曾结婚。在玛丽的日记中，她仅一次提到了婚姻。这发生在她33岁之际，这时她刚好皈依贵格会教派不久。当时她与一名叫作弗瑞德的年轻男子产生了强烈的相互爱慕，但玛丽因弗瑞德并不太尊重贵格会会员及其教义而放弃了这段感情。"这几乎是要了她的命，并且她从此以后再也没有考虑过结婚。"[②] 虽然玛丽并不是一个独身主义者，但是她却将宗教原则放在了感情之上。在后来的岁月里，玛丽也批评那些没有与贵格会教友结婚的女性朋友。她希望其他妇女也能像她一样将宗教信仰放在首位。选择具有共同宗教信仰的人结婚对宗教少数派来说是重要的婚姻缔结原则。马乔里·瑞伍（Marjorie Reeve）对生活在英国西南部的非国教徒家庭的研究表明，有很高比例的人都只与本派教徒通婚。这种将结婚对象限定在本教派教友中的做法在很大程度上导致了婚姻选择范围的狭窄，从而致使这些家庭中经常出现妇女晚婚或独身。就如简·阿特沃特（Jane Attwater）和她的表姐妹玛丽·斯蒂尔（Mary Steele）一样，她们分别到37岁和44岁的时候都还没能找到合适的教友结婚。[③]

其次，一些妇女可能出于对自由的追求而放弃了婚姻。在近代

[①] Bridget Hill, "A Refuge from Men: The Idea of a Protestant Nunnery", *Past and Present*, No. 117, 1978, p. 111.

[②] Marjorie Reeves, *Pursuing the Muse: Female Education and Nonconformist Culture, 1700–1900*, p. 118.

[③] Amy M. Froide, *Never Married, Single Women in Early Modern England*, p. 190.

第五章 单身妇女的婚姻前景

早期的英国社会中，妇女一旦结婚便要委身于丈夫的统治，她的丈夫既是其君主又是其监护人。她不仅丧失了独立的法律身份，而且也丧失了各种合法权利。在没取得丈夫同意的情况下，她们无权决定住所、无权与他人缔结合约，也没有财产所有权、民事诉讼权以及订立遗嘱等权利。而单身妇女的法律地位则接近于男子，享有许多已婚妇女无法奢望的法律权利。17世纪一首民歌直白地对比了婚前和婚后妇女面临的不同境况，并劝告未婚女要尽可能地保持单身：

> 当你还是单身的时候，没有人会在你旁边，
> 安静地上床睡觉且随心所欲，
> 或早或晚都没有人打扰你，
> 你愿意去哪里就去哪里，你愿意什么时候去就什么时候去，
> 单身生活没有任何危险，
> 少女们，请拥抱它，尽可能延长单身生活。
> ……
> 因为一旦你结婚了，那么你就必须顺从（丈夫）。[1]

近代早期的一些流行小册子也历数了婚姻给妇女带来的不利影响。《未婚妇女的辩护：单身生活的15条好处》（*The Maids Vindication: or, The Fifteen Comforts of Living a Single Life*）就相当悲观地看待婚姻。书中将丈夫称为狱卒，而妻子只能通过死亡或者通奸才能从婚姻的牢狱中解脱出来。[2]《婚姻生活：建议女士们保持单身》（*Matrimony: or Good Advice to the Ladies to Keep Single*）也同样持消

---

[1] Joseph Woodfall Ebsworth, ed., *The Roxburghe Ballads*, Vol. 8, part 2, Hertford, 1897, pp. 676–677.

[2] A. Gentlewoman, *The Maids Vindication: or, The Fifteen Comforts of Living a Single Life*, London: Printed for J. Rogers in Fleet-Street, 1707.

极观点。书中警告妇女,男人是会私下打骂妻子的放荡醉鬼。① 面对法律权利的丧失和流行小册子中所宣扬的害处,我们有理由相信一些妇女可能确实产生了对婚姻的抵触情绪。就像玛格丽特·肯尼迪(Margaret Kennedy)的女仆在被问到她是否愿意看到小姐出嫁时,她所回答的那样,小姐"将会很遗憾地知道她是如此愚蠢,因为她放弃了相当舒适的生活,而将自己变成了一个男人的奴隶"②。在一些留下了自己声音的独身妇女中,我们也可以看到这种抵触婚姻的情绪。玛丽·阿斯特尔尖锐地指出,"对一名妇女来说,结婚是没有任何好处的",她甚至还将婚姻等同于奴隶制度。③ 霍汀(Haughty)女士在做出独身的决定时,也使用了相似的论调:

我永远不会戴上婚姻的镣铐,
而是安安稳稳地戴着我的王冠,
做自己唯一的主宰者。④

另外,对爱情和婚姻的高要求可能也导致了一些妇女晚婚或是独身。对这类妇女来说,她们不是因为个人的缺点,而是因为不能够找到一个完全满意的人而延误或是放弃了结婚。换句话说,宁缺毋滥的想法导致了她们晚婚或独身。宗教改革之后,人们开始肯定情感之于婚姻的重要性,逐渐将爱配偶视为是自己的一项责任。伴侣婚姻甚至是为爱情的婚姻越来越被人们所接受。建立在强烈而神秘的吸引力之上的爱情开始被视为唯一合法的结婚理由。年轻人希望和他们所爱的人结婚,而不是与他们应该学着去爱的人结婚。爱情的产生必然需要有一个合符心意的伴侣。

---

① *Matrimony: or Good Advice to the Ladies to Keep Single*, London: Printed for T. Read, 1739.

② Sara Mendelson, Patricia Crawford, *Women in Early Modern England, 1550 – 1720*, p. 168.

③ Mary Astell, *Some Reflections upon Marriage*, London: Printed for William Parker, 1706, p. 102.

④ Barbara J. Todd, "The Remarrying Widow: A Stereotype Reconsidered", p. 82.

第五章　单身妇女的婚姻前景

在没有找到这样一个完美伴侣的情况下，一些妇女可能会选择继续等待。即便社会上流行着关于老小姐的可怕言论，一些妇女仍然坚持自己的爱情婚姻观。凯瑟琳·赛奇威克（Catharine Sedgwick）在日记中这样解释自己的单身处境："我绝对认为一桩美满的婚姻是人类生活中最幸福的事……可能正是对婚姻生活的高要求阻止我草率结婚。"[①] 凯瑟琳的话道明了对理想或完美婚姻的憧憬与妇女晚婚或是独身之间所存在的某种联系。虽然凯瑟琳是19世纪的人物，但是也不能排除她的前辈们没有同样的想法。就像近代早期的艾恩芒格（Ironmonger）小姐在写信给赫伯（Heber）小姐时所表达的那样，"我的观点很明确"，"没有伴侣远比和一个不喜欢的人拴在一起要好得多"[②]。

除此之外，还有许多因素可能导致了妇女选择拖延结婚或是干脆不结婚。性取向就是一个缘由。就像哈特（Margaret R. Hunt）提出的那样，对那些更珍惜女性友谊和纯洁之爱的妇女来说，她们更倾向于保持单身。虽然婚姻不一定能够排除同性恋，但是单身通常能比较方便地保持这种关系。[③] 妇女所见所闻的婚姻生活也可能会影响她们的婚姻抉择。如果她们所知晓的婚姻生活相当糟糕的话，这可能会引起她们对婚姻的恐惧，从而拒绝结婚。此外，对事业和爱好的追求同样会导致妇女拖延甚至是放弃婚姻。近代早期的绝大多数女性作家都是未婚女。之所以会这样，主要是因为追求知识与作为妻子和母亲的角色之间往往存在很大的冲突。为了能够全身心地投入到自己的事业和爱好当中，一些妇女可能主动选择了单身生活。

总之，在我们所讨论的各类影响妇女晚婚或独身的因素中，既存在着偶然与巧合，也存在着必然因素；既有未婚女的个人原因，也有社会大环境的影响；既可能是无奈地接受，也可能是主

[①] Zsuzsa Berend, "The Best or None! Spinsterhood in Nineteenth - Centruy New England", *Journal of Social History*, Vol. 33, No. 4, 2000, p. 935.

[②] Bridget Hill, *Women Alone*, p. 6.

[③] Judith M. Bennett, Amy M. Froide, "A Singular Past", p. 11.

动选择的结果。在她们晚婚或是独身的背后，可能是各类因素的博弈。而这一切也同样甚至更加突出地反映在了孀居妇女身上。

第二节 寡妇的改嫁与守贞

作为丧夫女人，摆在孀妇面前的只有两条路：要么为先夫守贞，要么另嫁他人。究竟应该怎样选择？表面上看起来，这似乎完全是寡妇的私事，实则不然。在她们周围，有太多无形的力量影响着甚至左右着她们的决定。这些因素大到社会文化、经济形势、地域环境和所处阶层，小到孀妇年龄、财富、子女情况以及个人追求等等。

一 寡妇改嫁的社会经济特征

从整体情况来看，寡妇改嫁受到诸多因素的影响并呈现出明显的地域差异和阶层差异。城市寡妇比农村寡妇更倾向于再婚。[1] 在1540—1720年间的阿宾顿镇（伯克郡），寡妇再婚率平均为三分之一强。[2] 布罗茨基对伊丽莎白时代晚期伦敦寡妇的改嫁行为进行了深入研究。她任意地从"富人、中产阶级、穷人"街区中选取了100个家庭样本，发现其中有44%的主妇都是寡妇再嫁。[3] 然而，如此高的寡妇改嫁率可能并不符合农村地区的情况。对处于农村地区的科利顿来说，那些在1550—1679年结婚的村民中仅有16%的人属于再婚。在约克郡的哈特兰，1550—1699年间结婚的人中也仅有12%的人是寡妇或鳏夫。[4] 豪德尔内斯1665—1730年之间的约克郡、林肯郡以及诺福克郡

---

[1] Robert Tittler & Norman Jones, *A Companion to Tudor Britain*, p. 384.

[2] Barbara J. Todd, "The Remarrying Widow: A Stereotype Reconsidered", p. 60.

[3] Jeremy Boulton, "London Widowhood Revisited: The Decline of Female Remarriage in the Seventeenth and Early Eighteenth Centuries", *Continuity and Change*, Vol. 5, No. 3, 1990, p. 329.

[4] Charles Carlton, "The Widow's Tale: Male Myths and Female Reality in 16th and 17th Century England", p. 122.

抽样调查（主要是农村教区）中发现，寡妇的再婚比例仅仅为8.7%。①

寡妇再婚率的高低还与她们所处的社会阶层密切相关。"再婚往往常见于社会的更低阶层，而不是社会上层。"② 根据布罗茨基的研究，"不同社会阶层的妇女之间存在巨大差异，非常富有和非常穷困的寡妇很少再婚，而那些有着商人和匠人背景的寡妇显然更加倾向于再婚……伦敦市议员的遗孀中有56%的人终身守寡……那些贫穷的劳工寡妇在伦敦通货膨胀的年代也很少再婚"③。托德在对阿宾顿的研究中得出了相同结论。在16世纪后半期的阿宾顿，商人和匠人寡妇的再婚率分别为66.7%和51.5%，而对于那些先夫为绅士和专业人士的妇人来说，她们的再婚率分别仅为26.7%和17.4%④。

当然，寡妇的改嫁率还在很大程度上受其年龄的影响和制约。年轻寡妇明显比年老寡妇更倾向于改嫁。从表5-1来看，那些婚姻持续时间在10年以下的孀妇，改嫁率最高，将近有三分之二的人改嫁。婚姻持续时间在10—20年之间的孀妇，改嫁率更低一些，大约有一半的人改嫁。而对那些婚姻持续时间在20年以上的妇女来说，她们的改嫁率最低，仅为七分之一左右。这样的情形也出现在布罗茨基和博尔顿的研究中（见表5-2）。从表5-2的情况来看，在所有改嫁的寡妇中，年龄段在25—44岁之间的所占比例最高。当年龄增至45岁以后，她们改嫁的可能性就大大减少了。这种情况与托德对阿宾顿的研究一致。这意味着随着年龄的增长，寡妇结婚的概率在不断下降。

---

① Richard M. Smith, *Land, Kinship and Life-Cycle*, p. 430.
② J. Dupâquier, ed., *Marriage and Remarriage in Populations of the Past*, London: Academic Press, 1981, p. 7.
③ Vivien Brodsky, "Widow in Late Elizabethan London: Remarriage, Economic Opportunity and Family Orientations", p. 123.
④ Barbara J. Todd, "The Remarrying Widow: A Stereotype Reconsidered", p. 66.

表5-1 遗嘱检验文件所反映出来的寡妇改嫁
（以婚姻持续时间来分析）

		1540—99			1600—59			1660—1720		
		考察人数(a)	再婚人数	%	考察人数(a)	再婚人数	%	考察人数(a)	再婚人数	%
所有案例		100	50	50	144	54	37.5	132	31	23.5
上次婚姻持续时间	10年以下(b)	11	8	72.7	8	4	50.0	7	5	71.4
	10年到20年	9	7	77.8	15	7	46.7	10	3	30.0
	20年以上	11	3	27.3	24	4	16.7	14	0	0.0

a：这仅包括那些能够追溯其再婚或者能确定其至死未再婚的寡妇。
b：妻子初婚。

数据来源：Mary Prior, *Women in English Society, 1500 - 1800*, London: Methuen & Co. Ltd., 1985, p.64.

表5-2 1598—1659年间寡妇与单身汉或鳏夫结婚的年龄分布(a)

年龄段	伦敦		斯特普尼教区	
	人数	百分比%	人数	百分比%
15—19	3	0.4	5	0.6
20—24	28	3.8	90	10.6
25—29	93	12.7	148	17.5
30—34	192	26.3	188	22.2
35—39	99	13.5	121	14.3
40—44	141	19.3	140	16.5
45—49	51	7.0	63	7.4
50—54	86	11.8	66	7.8
55—59	14	1.9	14	1.7
60—64	23	3.2	12	1.4
64以上	1	0.1	0	0
总人数	731	100.0	847	100.0

a：以通过获得结婚许可证而缔结的婚姻进行考察。

数据来源：Jeremy Boulton, "London Widowhood Revisited: The Decline of Female Remarriage in the Seventeenth and Early Eighteenth Centuries", *Continuity and Change*, Vol.5, No.3, 1990, p.336.

第五章　单身妇女的婚姻前景

孀妇们的改嫁速度也明显受城乡环境的影响。里格利和斯科菲尔德收集了八个教区中可以追溯其再婚间隔的 295 名寡妇的数据资料进行研究。结果表明，近代早期寡妇再婚的平均间隔为 1098.86 天。那些来自市镇教区的寡妇的改嫁间隔要比平均间隔短 155.48 天（即 943.38 天），而对于来自农业教区的寡妇来说，她们再婚的间隔要比平均间隔高 302.16 天（即 1401.02 天）[1]。这说明，城乡差异直接影响了妇女守寡时间的长短。一般说来，城市妇女的守寡时间要比农村妇女的守寡时间更短，特别是对城市商人和匠人的遗孀来说更是这样。她们中有 67% 的人都在一年之内就再度步入了婚姻殿堂，其平均再婚间隔仅为九个月。[2]

寡妇的年龄也会影响她们的改嫁速度，年龄越大改嫁速度就越快。从 16 世纪晚期到 19 世纪早期，30 岁以下的小寡妇改嫁速度为 49.4 个月；30—39 岁的寡妇缩减到 44.1 个月；40—49 岁的又减至 39.5 个月；而年纪在 50 岁以上的老寡妇，平均在丧夫后 22.2 个月就重新嫁人了。这一特征的出现主要是因为寡妇的年纪越轻，其改嫁的可能性也就越大，因此她们在这件事情上通常也就没那么着急。而年纪更大的寡妇基于年龄的制约通常会更加着急，她们改嫁的速度也就相对较快。但是，我们要记住改嫁的老寡妇毕竟是少数。

从改嫁对象来看，在 1598—1619 年的伦敦，通过获得结婚许可证而改嫁的寡妇中，有 53% 的寡妇嫁给了单身汉，而有 47% 的人嫁给了鳏夫（见表 5-3）。从年龄分布情况来看，40 岁以下的寡妇显然更倾向于与单身汉而不是与鳏夫结婚。在 40—44 岁的寡妇中，与单身汉结婚的寡妇人数和与鳏夫结婚的人数大体相当。在年龄为 45—49 岁的寡妇中情况发生了逆转，与鳏夫结婚的人数明显多于与未婚男人结婚的人数（比例为 33∶18）。随着寡妇年龄的增大，这一趋势越发明显，在 60—64 岁之间的寡妇几乎全是和鳏夫

---

[1] J. Dupâquier, ed., *Marriage and Remarriage in Populations of the Past*, p. 217.
[2] Vivien Brodsky, "Widow in Late Elizabethan London: Remarriage, Economic Opportunity and Family Orientations", p. 133.

结婚。因此，寡妇选择单身汉作为伴侣主要是集中在更加年轻的孀妇之中。

表5-3　1598—1619通过获得结婚许可证而缔结的婚姻中夫妻双方的年龄和婚姻状态

年龄分段	未婚女与单身汉 人数	%	未婚女与鳏夫 人数	%	寡妇与单身汉 人数	%	寡妇与鳏夫 人数	%	合计 人数	%
15—19	245	90	24	8.8	2	0.8	1	0.4	272	100
20—24	484	82.3	76	12.9	23	3.9	5	0.9	588	100
25—29	220	61.6	44	12.3	67	18.8	26	7.3	357	100
30—34	110	31.4	48	13.7	120	34.3	72	20.6	350	100
35—39	15	12.1	10	8.1	57	45.9	42	33.9	124	100
40—44	13	8	9	5.5	71	43.6	70	42.9	163	100
45—49			1	1.9	18	34.6	33	63.5	52	100
50—54			3	3.4	25	28.1	61	68.5	89	100
55—59					3	21.4	11	78.6	14	100
60—64					2	8.7	21	91.3	23	100
65—69							1	100	1	100
总人数	1087	53.5	215	10.6	388	19.1	343	16.9	2033	100

数据来源：Vivien Brodsky, "Widow in Late Elizabethan London: Remarriage, Economic Opportunity and Family Orientations", in Lloyd Bonfield, ed., *The World We Have Gained: Histories of Population and Social Structure*, Oxford: Basil Blackwell Ltd., 1986, p. 131.

从我们对寡妇改嫁的社会经济特征所做的分析来看，可以总结出三点。第一，城镇孀妇的改嫁率和改嫁速度均高于农村孀妇；第二，处于社会上层和社会最底层的孀妇改嫁的可能性最小，处于社会中层，特别是有商人和匠人背景的孀妇最倾向于改嫁；第三，从年龄上来看，更年轻的寡妇改嫁率更高，改嫁速度

第五章 单身妇女的婚姻前景

更慢并且更加倾向于和单身汉结婚。这三大特征的出现，其实不难理解。

首先，城镇寡妇在改嫁率和改嫁速度上高于农村地区，可以从两个方面加以解释。一方面，城镇寡妇通常享有比农村姐妹更加宽松的舆论氛围。"婚姻通常是被规训的，但既不是被教会也不是被国家所执行。这些组织没有能力去干涉芸芸众生的日常生活。婚姻是被公众的意见，特别是被邻居的态度所规范的。"① 相比城镇，农村社会更加敌视寡妇改嫁。闹婚②就是乡村社会敌视改嫁寡妇而不是再婚鳏夫的一种行为。"就算是在闹婚习俗不存在的地方，乡村社会也会有一种替代的方法来阻止寡妇改嫁。"③ 甚至在一些地区还保留了对再婚寡妇处以罚金的权利。而在经济个人主义日渐明显的城镇，同事关系往往比邻里关系更为重要，邻里对人们行为的控制力量相对薄弱。"城市成为吸引再婚人士前往的地方。"④ 在这种情况下，"新寡妇往往会移居到伦敦，可能是为了享受伦敦的更加自由的环境"⑤。另一方面，城镇寡妇之所以能快速改嫁还与她们需要抚养的未成年子女人数较少有关。据里格利和斯科菲尔德研究发现，寡妇的孩子越多，再婚的时间间隔也就越长。拥有三个及三个以上孩子的寡妇的再婚间隔往往比平均再婚间隔长一年左右。⑥ 由于拥挤的居住条件和恶劣的卫生设施，近代早期"城市人口的死

---

① J. Dupáquier, ed., *Marriage and Remarriage in Populations of the Past*, p. 29.

② 闹婚（Charivari）或写作 shivaree，该词得起源于古希腊语，意思是"令人头大的事"，或头痛的事。闹婚是一个非常吵闹的活动，年轻人敲打着锅碗瓢盆，扯着嗓子高声喧哗。闹婚起着一种民间审判的作用，它针对的是那些不合社会常规者，如通奸者、打丈夫的悍妇、没有生育孩子的夫妻、年龄悬殊的新婚夫妻以及再婚寡妇。受害者可能会被追赶着穿过城市，被浸入水中，或者遭受其他方式的公开嘲弄。闹婚活动起着社会冲突的安全阀的作用，但如果这种行为升级为暴力，它也能演变为危险的活动。

③ J. Dupáquier, ed., *Marriage and Remarriage in Populations of the Past*, p. 30.

④ Olwen Hufton, *The Prospect before Her*, Vol. 1, p. 224.

⑤ Charles Carlton, "The Widow's Tale: Male Myths and Female Reality in 16th and 17th Century England", *Albion: A Quarterly Journal Concerned with British Studies*, Vol. 10, No. 2, 1978, p. 126.

⑥ J. Dupáquier, ed., *Marriage and Remarriage in Populations of the Past*, p. 218.

亡率非常高"①。"高死亡率降低了大多数城市家庭的人口规模。那些生育了8个或是9个孩子的妇女到再婚时可能也只有2个或是3个孩子存活了下来。"1580—1596年伦敦的494份已婚和守寡人士的遗嘱中，有42%的遗嘱制定人都已经没有了子女，并且有24%的遗嘱制定人仅有一个子女，有三个及以上孩子的遗嘱制定人仅占14%。②而这一时期农村人口的死亡率较低，这可以从英格兰人口的增长中推算出来。近代早期英格兰人口的迅速增长已是学术界公认的事实。据著名的人口统计学家奥佩特推算，"1541年英格兰人口为302万人，此后几乎没有间断地增长，直到1656年的547万"。而在"19世纪以前，城市人口的出生率很少超过死亡人数"③，那么总人口的增长很明显是得益于农村的高自然增长率。换句话说也就是农村地区出生率高而死亡率低。那么在农村地区，一名寡妇带着一大群未成年孩子的情况可能更为常见，这自然会影响她们的改嫁速度和改嫁率。

其次，社会上层和底层的寡妇最少改嫁，而处于中间阶层④的寡妇最倾向于改嫁。这在很大程度上可以从她们的经济处境上进行解释。按照史东的看法，中间阶层是一个经济状况相当不稳定的群体，经济灾难极易在这一群体中出现。丈夫的离世对于家庭的打击不言而喻。摆在孀妇面前的首要问题就是要努力维持家庭经济不下滑。然而，对这一阶层中人数众多的小商人、小手工业者、约曼农或农夫的孀妇来说，压力相当大。前文已证实孀妇在继续先夫的手

---

① 陈曦文、王乃耀：《英国社会转型时期经济发展研究：16世纪—18世纪中叶》，首都师范大学出版社2002年版，第267页。

② Vivien Brodsky, "Widow in Late Elizabethan London: Remarriage, Economic Opportunity and Family Orientations", p. 137.

③ 陈曦文、王乃耀：《英国社会转型时期经济发展研究：16世纪—18世纪中叶》，第234页，267页。

④ 对于近代早期英国社会的分层问题上，学者们有不同的看法，在此依据劳伦斯·史东六等级制的划分。社会上层包括史东所划分的前三个等级：即有爵位的贵族，各郡县的社会上流；教区一级的小乡绅和富商人、高级律师、教士和官吏。而社会中下层是指第四等级，包括约曼农、牧师、工匠、小店主、小商人、农夫。社会底层则是指第五、第六等级，包括各种劳工、各种依靠救济和施舍维持生计的人。

第五章　单身妇女的婚姻前景

工业和商业活动时所面临的各种困难。事实上，绝大部分寡妇都无法单独继续先夫的事业。"遗留下来的证据表明，经营生意比经营田地要困难得多"。改嫁并且如果能嫁给先夫的同行，则可能是一条将先夫事业继续下去并维持家庭经济不滑落的捷径。在伦敦，有50%的匠人遗孀与同行业或是相关行业的单身汉结了婚。对于商人寡妇来讲情况也基本一样。在嫁给鳏夫的商人遗孀中，有33%的人是和先夫的同行或相近行业的人结了婚。[1] 在阿宾顿，这一比例高达一半以上。从已知丈夫职业的48位寡妇的情况来看，其中19人嫁给了先夫的同行，8名寡妇与邻近行业的男子结了婚。[2] "在这类情形中，丈夫的学徒往往具有很强的吸引力。这一方面是因为学徒可以使寡妇得以继续先夫的事业，另一方面在寡妇年老的时候又能有一个依靠。这也有助于解释为什么这类寡妇倾向于选择比自己年轻的、精力充沛的男子作为伴侣。"[3] 在乡村，约曼农和农夫的遗孀同样也面临着各种的困难。男性劳动力的丧失意味着她们在从事某些繁重的体力劳动或是农忙的时候需要找人帮忙。那么谁可以帮助她们呢？也许，住在本村的亲戚可以提供一定的帮助，但这显然不是长久之计。并且一些研究已经指出，在西北欧的农村没有发生像中国那样的亲族聚居的现象，家族联系并不密切。那么，她通常只能选择雇人做一些工作，但是这需要支付报酬。除非她够富裕，否则这无疑会加重家庭的经济负担。为了减少开支，她们可能需要付出双倍的艰辛，既承担起习惯上应该自己从事的工作，又要担负原本应该由丈夫承担的劳动。特别是对于那些田地较少，需要丈夫在农闲时节外出打工以补贴家用的妇女来说，丈夫的去世无疑减少了她们的收入。难怪乎赫夫顿断言，"没有农民的遗孀能够在丈夫去世之后还能改善经济处境，除非她能够改嫁并且将先夫的财

---

[1] Vivien Brodsky, "Widow in Late Elizabethan London: Remarriage, Economic Opportunity and Family Orientations", p. 142.
[2] Barbara J. Todd, "The Remarrying Widow: A Stereotype Reconsidered", p. 71.
[3] Ralph A. Houlbrooke, *The English Family, 1450–1700*, p. 212.

产带入下一场婚姻"①。

  对于那些富裕的上层孀妇来讲，她们则没有强烈的经济需要促使其改嫁，反而常因手中的财产而受到限制。她们的改嫁往往牵扯到财产的再分配。如果有孩子的话，可能还会危害到孩子们的利益。故而，她们的改嫁可能会遭到先夫遗产继承人的敌视甚至是激烈反对。即便是同意她们改嫁，其伴侣的选择权通常也是取决于相关亲属的利益权衡。越在社会上层，寡妇改嫁所牵扯到的亲属网络和相关利益人的范围也就越大，她们所拥有的择偶权也就越有限。面对这种情况，我们有理由相信一些寡妇可能并不愿意拿相对自由的孀居生活去做赌注。当然，寡妇本人可能也会出于为孩子利益的考虑而放弃改嫁。阿宾顿一名非常富有的上层寡妇凯瑟琳·奥斯汀（Kathrine Austen）的日记就清楚地表达了这一点。丈夫去世的时候，奥斯汀年仅29岁并带着三个未成年的孩子。使其最终决定放弃改嫁的诸因素中，最为重要的就是她意识到改嫁可能会给儿女的财产带来损失。"如果我的孩子发现（因我改嫁给）他们财产上带来的损失（不改嫁的话），我还能够为他们补充一点……如果我离开他们的话，我将无法做到。"正是出自于对财产的关注使她最终决定放弃改嫁。"对我自己来讲，我不爱并不会伤害到任何人。但是如果我爱了，却会伤害到我已经拥有的，伤害到我已逝朋友的子孙。"

  与上层及中间阶层的寡妇相比，底层穷寡妇则往往鉴于经济考虑而不敢改嫁。对于穷寡妇来讲，最重要的事情莫过于养活自己和孩子。她们作为梳毛工、纺纱工、缝纫工、洗衣妇、看护以及临时女佣等工作赚取微薄的工资。然而"她们中至少有一半的人未充分就业或是阶段性的失业，以某种形式依赖于家庭和教区的救济"②。16世纪30年代开始的宗教改革运动以及16世纪后半期到17世纪初英格兰许多城市出现的纺织业衰落致使大量寡妇失去工作，这进一步加深了穷寡妇对教区的依赖。另一方面，这一时期的济贫组织

---

① Olwen Hufton, *The Prospect before Her*, Vol. 1, p. 237.
② Ibid., p. 251.

不断完善。一些有钱人也建立并资助了一些医院、养老院，并在不少农村设立了济贫补助基金。生活津贴不仅定期发放而且还在不断上涨，城镇中的公立济贫院也能给年老寡妇提供住宿。这一切福利性政策都给穷寡妇带来了一定的生活保障。但是如果她们改嫁的话，所获得的救济很有可能会减少甚至是被排除在济贫救济之外。在这种情况下，除非找到能保障自己及孩子生活的新丈夫，否则她们不敢轻易改嫁。

二 寡妇改嫁的变化趋势

寡妇的改嫁率在近代早期呈明显的下降趋势。里格利和斯科菲尔德认为，近代早期男女的再婚率都在下降。从16世纪中期的30%下降到19世纪中期的11.3%。[①] 托德对阿宾顿的考察证实，近代早期寡妇的改嫁率不断降低。16世纪有一半的寡妇改嫁，到17世纪上半期这一比例下降到37.5%，到17世纪后半期这一比例低至23.5%。[②] 博尔顿对伦敦斯特普尼教区的研究也发现了相同趋势。在17世纪上半期的教区登记簿中有大约42%的新娘是寡妇，17世纪后半期这一比例跌至30%左右，到18世纪早期这一比例进一步降到了25%左右。当然，近代早期寡妇改嫁率并非直线下降（见图5-1）。受1625年大瘟疫的影响，寡妇的再婚率在随后一个五年内快速回升，寡妇改嫁率从原来的44%上升到了近50%，在1626年甚至高达了58.7%。[③] 这种暂时的上升很容易理解。面对瘟疫，男子死亡率通常比女性更高。例如在伦敦1603年的瘟疫中男女丧生的比例为6∶1。[④] 并且在这些丧生的男子中，年轻男子又占

[①] E. A. Wrigley, R. S. Schofield, *Population History of England, 1541 - 1871*, Cambridge: Cambridge University Press, 1989, p. 25.

[②] Barbara J. Todd, "The Remarrying Widow: A Stereotype Reconsidered", p. 60.

[③] Jeremy Boulton, "London Widowhood Revisited: The Decline of Female Remarriage in the Seventeenth and Early Eighteenth Centuries", *Continuity and Change*, Vol. 6, No. 2, 1991, pp. 327, 328 - 329.

[④] Rosemary O'Day, *The Family and Family Relationships, 1500 - 1900*, Basingstoke: Macmillan, 1994, p. 95.

据了更大比例。"比起老人和妇女,瘟疫更偏爱婴幼儿和青壮年男子。"① 在瘟疫中大量男子——特别是年轻男子——的死亡自然会产生更多年纪轻轻的寡妇,而这些年轻寡妇又是最倾向于改嫁的。难怪布罗茨基将瘟疫的流行称为是"再婚市场的催化剂"②。在内战期间,寡妇的改嫁率也因为大量年轻男子丧生而同样出现了微弱的提高。

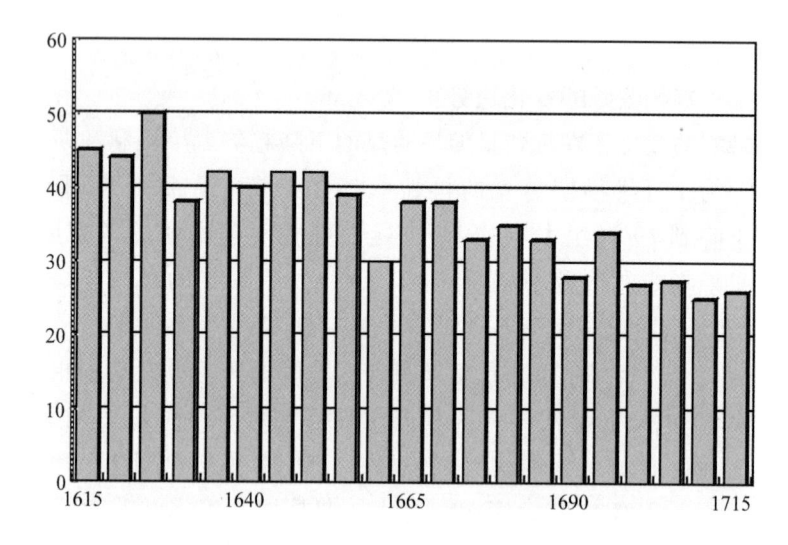

图 5-1 1617—1718 年伦敦斯特普尼教区的女性再婚率

数据来源:Jeremy Boulton, "London Widowhood Revisited: The Decline of Female Remarriage in the Seventeenth and Early Eighteenth Centuries", *Continuity and Change*, Vol. 5, No. 3, 1990, p. 328.

虽然学者们对近代早期寡妇再婚率总体上呈下降趋势这一结论没有异议,但是在原因的分析上却存在很大分歧。托德认为,改嫁率的下降主要是源于成年人口寿命的提高。成年人寿命的提高意味

---

① 李化成:《黑死病与英国人口研究》,硕士学位论文,曲阜师范大学,2003 年,第 345 页。

② Vivien Brodsky, "Widow in Late Elizabethan London: Remarriage, Economic Opportunity and Family Orientations", p. 129.

第五章 单身妇女的婚姻前景

着夫妻俩的结合将会持续更长时间,妻子可能在更老的年龄阶段才会守寡,这自然会减少她们另嫁他人的可能性。对此,博尔顿持怀疑态度。在博尔顿看来,18 世纪初再婚率的下降可以被归结为成年人口寿命的提高和婚姻持续时间的延长,但是 17 世纪所呈现出的改嫁率的下降却不能够归结于此。博尔顿认为伦敦在 17 世纪晚期不可能出现成年人口寿命的大幅度上升。在他看来,随着人口流动的增加,伦敦存在大量第一次暴露于各种城市疾病威胁之下的移民人口,并且 17 世纪末英国采取了一系列大规模的军事行动,这些都使得成年男子的寿命不可能提高。

博尔顿的看法其实值得商榷。我们有证据证明在 17 世纪后半期成年人的寿命确实提高了。从里格利和斯科菲尔德对英国人口史的研究来看,虽然婴儿和儿童的死亡率在 18 世纪早期持续恶化,但是成年人口的寿命却在 1650—1699 年和 1700—1749 年之间有了很大的改善。[1] 厄尔也提出,伦敦中间阶层的成年人口寿命在经历 17 世纪 70 年代和 80 年代的死亡率高峰之后持续改善。[2] 埃利奥特也发现,在 16 世纪晚期和 17 世纪早期的 801 名伦敦学徒中有 395 名——即 49% 的人——在达到立契年龄时父亲已经过世,而到了 17 世纪晚期,在 1439 人中有 572 人,即 40% 的男子是这样。[3] 另外,从邦菲尔德(Lloyd Bonfield)对 1550—1700 年间死者年龄的统计结果来看,30 岁以上的死者所占比例呈上升趋势。从 17 世纪早期的 41.6% 上升到了 17 世纪末 18 世纪初的 45.3%。[4] 从上面的数据来看,成年人口死亡率的降低确

---

[1] E. A. Wrigley, R. S. Schofield, *Population History of England, 1541–1871*, pp. 250–251.

[2] Peter Earle, *The Making of the English Middle Class: Business, Society and Family Life in London, 1660–1730*, Berkeley and Los Angeles: Methuen and University of California Press, 1989, pp. 307–310.

[3] Vivien Brodsky Elliott, "Mobility and Marriage in Pre-industrial England", Ph. D thesis, University of Cambridge, 1978, pp. 191–197, 238.

[4] Lloyd Bonfiel, "Normative Rules and Property Transmission: Reflections on the Link between Marriage and Inheritance in Early Modern England", in Lloyd Bonfield, ed., *The World We Have Gained: Histories of Population and Social Structure*, p. 165.

实在近代早期的英国发生了。与此同时，女性初婚年龄在这一时期呈上升趋势。从16世纪后半期的24岁上升到17世纪后半期的26.2岁。① 女性初婚年龄上升且男性成年人口寿命又有所增加的情况下，意味着妇女守寡年龄会相应推迟，而年龄的增加无疑又会降低她们改嫁的可能性。博尔顿虽然不赞成托德将成年人口寿命作为理由，但是他在研究中也承认在斯特普尼教区中寡妇改嫁率之所以最高的一个重要原因就是这一教区中较低的初婚年龄造成了更多相对年轻、倾向于改嫁的寡妇。

与此同时，托德认为寡妇改嫁率的下降也与工作机会的变化密不可分。在托德看来，女性工作机会的增加不仅会推迟女性的初婚年龄，同样也会减少寡妇改嫁的欲望。哥德伯格（Jeremy Goldberg）也提出，在黑死病之后的几十年中，由于劳动力匮乏所带来的女性工作的增加使得妇女能够推迟结婚，因此导致了单身妇女人数上升。当妇女面临的经济机会减少时，她们嫁人通常就会更早一些。如果她们寡居的话，就会寻求再嫁。② 托德和哥德伯格将寡妇改嫁率与工作机会结合在一起的说法本质上是将结婚视为女性对付失业的一种保护性措施，是为了避免贫穷的一种选择。

然而，这种看法同样值得商榷。诚然，工作机会的增加可以给寡妇提供保持独立的可能性，但是就像我们在第一章中所叙述的那样，虽然寡妇广泛地参与到社会经济活动当中，但是她们主要集中在一些低技术、低工资、低稳定性的传统女性行业当中。对于孀妇来说，特别是对于有孩子需要养活的孀妇来说，生活可能仍然相当艰辛。关于这一点，我们可以根据寡妇在近代早期接受救济者中所占的比例推导出来。寡妇是近代早期最常见的济贫救济对象。在诺

---

① Peter Laslett, *The World We Have Lost: Further Explored*, Lodnon: Methuen & Co. Ltd., 1983, p. 112.

② Maryanne Kowaleski, "Single Women in Medieval and Early Modern Europe: The Demographic Perspective", p. 48.

福克，那些获得救济的穷人中寡妇平均占了50%。① 在17世纪末的南安普敦，寡妇在得到救济的人群中占了三分之二。② 在阿宾顿，寡妇同样也是接受济贫救济者中的最大群体。③ 因此，对大部分寡妇来说，就业机会的增加似乎并不等于她们可以摆脱贫穷并实现自己的经济独立。

事实上，应该是恶化的经济状况引起了寡妇再婚率的下降。艾瑞克森提醒我们，"财富最重要的组成不是工资而是遗产"④。按前文所述，从17世纪末开始寡妇在遗产继承上越来越受限，她们获得土地、房屋和剩余财产的可能性减少了，被指定为遗嘱执行人的机会也降低了。在1670年《无遗嘱而亡者的财产优化处理法案》通过之后，寡妇所获得的动产份额也遭到大幅度削减。然而，近代早期的婚姻市场却是一个财产主导的市场。⑤ 财产之于那些想要进入婚姻市场的孀妇有着相当重要的意义。在这种物质至上的婚姻市场里，当孀妇所控制的财产日渐减少时，她们的吸引力往往也会随之减弱。再加上17世纪晚期实际工资的上升，她们的财产可能在男子眼中越发地缺少吸引力，从而影响了她们改嫁的可能性。

性别比的变化也影响了寡妇改嫁的可能性。当处于适婚年龄的男子人数低于女性人数时，可能会出现一个对男性有利的婚姻市场。博尔顿指出，有大量证据显示在16世纪末期和17世纪早期的伦敦男性明显过剩，而到了17世纪晚期，情况发生了逆转，出现了女性人口的相对过剩。⑥ 施瓦兹（Leonard Schwarz）还计算了伦敦成年人口中的性别比（年龄在15岁以上的人口）：在1600年的

---

① Richard M. Smith, ed., *Land, Kinship and Life-Cycle*, pp. 361, 377.
② B. H. Todd, "Widowhood in a Market Town: Abingdon, 1540–1720", Ph. D thesis, University of Oxford, 1983, p. 5.
③ Amy M. Froide, *Never Married, Single Women in Early Modern England*, p. 34.
④ Amy Louise Erickson, *Women and Property Early Modern England*, p. 3.
⑤ Vivien Brodsky, "Widow in Late Elizabethan London: Remarriage, Economic Opportunity and Family Orientations", p. 123.
⑥ Jeremy Boulton, "London Widowhood Revisited: The Decline of Female Remarriage in the Seventeenth and Early Eighteenth Centuries", *Continuity and Change*, Vol. 5, No. 3, 1990, p. 342.

伦敦成年人口中是139名男子比100名女性,而到17世纪末期这一比例逆转为77∶100。① 同时,男性学徒在伦敦人口中所占比例也已下降。② 这一时期流行的讽刺寡妇和未婚女急于嫁人的各种小册子也揭示了伦敦适婚男子的缺乏。从全国的情况来看,从17世纪初开始,女性人口开始超过男性人口,而到了17世纪晚期这一人口比例的失调达到了一个高峰。面对适婚男子的减少,寡妇改嫁的前景自然也会变得暗淡。

最后,这一时期济贫体制的变化可能也在一定程度上解释了寡妇改嫁率的下降。在16世纪90年代,英国建立起了全国性的济贫体制。寡妇作为传统上值得帮助的人,在济贫救济中拥有明显的优先权。这种优先权不仅仅体现在寡妇在济贫救济对象中的高比例上,而且也在于她们所获得的救济力度通常更大上。近代早期的英格兰,寡妇获得的救济往往是已婚夫妻的两倍,并且那些在丈夫去世之前境况一直较好的寡妇还会得到更丰厚的救助。③ 到17世纪后半期,英国提供的救济最为慷慨。④ 17世纪末和18世纪初的科利顿,寡妇生活在独立的小住所之中。她们不仅可以得到房屋租金的补助,而且每个季度还可以领到救济品。在一些情况下,她们所获得的救济甚至比实际所支付的租金还要高50%。在"寡妇补助"清单上,寡妇直到去世都会得到租金补助。这显然对那些要求救济的人来说创造了"福利性的处境"。托德也给我们描述了阿宾顿的救济体制给穷寡妇提供的有力帮助,并指出寡妇所获得的生活补贴随着时间的推移还在不断上涨。⑤ 这种相对慷慨的救济可能给穷寡

---

① L. Schwarz, "London Apprentices in the Seventeenth-century: Some Problems", *Local Population Studies*, Vol. 38, 1987, p. 21.

② Roger Finlay, *Population and Metropolis: The Demography of London, 1580 – 1650*, Cambridge: Cambridge University Press, 2009, pp. 140 – 142.

③ Paul Slack, *Poverty and Policy in Tudor and Stuart England*, London: Longman, 1988, p. 179.

④ 参见 T. Wale, "Poverty, Poor Relief and the Life Cycle: Some Evidence from Seventeenth – century Norfolk", in R. M. Smith, ed., *Land, Kinship and Life – cycle*, pp. 351 – 404.

⑤ Barbara J. Todd, "The Remarrying Widow: A Stereotype Reconsidered", p. 79.

妇提供了一个除改嫁之外的有利选择，故而在一定程度上抑制了她们改嫁的欲望。

三 促使寡妇守贞的诸因素

从上面的分析中我们发现，近代早期改嫁的寡妇虽然不少，但总体上仍低于守贞寡妇的数量。大量寡妇选择守贞，从宏观上来说符合当时的文化传统。"再婚的困难之一就是'表示反对的环境'。"① 基督教的传统赞成寡妇守贞。耶稣对寡妇素有好感。传说中，他曾经用奇迹让一位寡妇的独生子复活；他谴责犹太人肆意侵吞寡妇的家产；他还当众称赞一名穷困寡妇的施舍行为，称她所捐出的两个小钱实际上比众人的还多。至于寡妇能否再嫁，耶稣并没有明确表态，但是他在宣道时所做的一个比喻却值得注意。他认为撒播出去的种子落在不同的地方有不同的结果：有100倍的，有60倍的，还有30倍的。根据罗杰姆和奥古斯丁等人的解释，耶稣所说的撒种实指守贞，即守童贞者可获得100倍的报偿，守鳏寡之贞者可获60倍的报偿，守一夫一妻之贞者可获30倍的报偿。如果按照他们的解释，耶稣应该是主张寡妇守贞的。到了使徒时代，保罗的言论有些模糊，但是守贞比改嫁更好的思想是明确的。"我对着没有嫁娶的和寡妇说：若他们常像我就好（意为守贞不婚——引者注）。倘若自己禁止不住，就可以嫁娶。与其欲火攻心，倒不如嫁娶为妙。"在保罗给泰门的信中也写道："她如果是一个真正的寡妇，就让她一个人，让她信仰上帝并且白天黑夜地祈祷，但是如果是一个自我放纵的寡妇，她们甚至在活着的时候就已经死了。"②从保罗的言论来看，他是希望寡妇守贞的，改嫁只不过是因控制不了自己的欲望而做出的次等选择。后来的基督教父安布罗斯、杰罗姆和奥古斯丁也都反复重申了这一思想，力劝寡妇守贞。德尔图良甚至将寡妇改嫁等同于通奸。到了教皇亚历山大三世时期，虽然废

---

① Barbara J. Todd, "The Remarrying Widow: A Stereotype Reconsidered", p. 80.
② Juan Luis Vives, *The Education of a Christian Woman*, p. 324.

除了对寡妇居丧期的限制和对服丧期内改嫁的寡妇惩以"丧廉耻"的公示，但是教会始终坚持不给再婚者举行祝福仪式。

时至宗教改革，婚姻受到了推崇和赞美，但是这似乎并没有将寡妇的改嫁包括在内。虽然新教牧师常通过赞美婚姻而将自己与独身的天主教人物区别开来，但是他们反对女性再婚的态度却仍然没有什么改变。"绝大多数新教思想家和雄辩家……在提及（寡妇）改嫁的时候，都无法避免古老的、将之视为是背叛已逝者的思想。"[1] 当时英国社会最具影响力的女性行为指导手册——维韦斯（Juan Luis Vives）的《一名基督教妇女的教育》（*The Education of a Christian Woman*）和佩奇（William Page）的《真正的寡妇》（*Widdowe Indeed*）——仍然坚持寡妇守贞是更可取、更高尚的行为。[2] 在这二人的著述中，均将守贞视为完美寡妇的根本特质所在。维韦斯指出，"真正的寡妇是一个人度过余生，将她所有的希望和信任，所有的开心和快乐建立在基督身上的女人"。"一名寡妇……不应该再想寻觅伴侣，就算是有合适的人选，她们也不应该接受。一名妇女选择再婚应是非常不乐意和勉强的，应是被逼无奈的选择。"[3] 佩奇比维韦斯更加强烈地督促寡妇保持贞洁。他将丈夫的丧亡看成是获得救赎的基础，并且还认为守贞可以让寡妇分享男人才能拥有的特权——自由。[4] 皮佩斯（Samuel Pepys）也在日记中记录了1660年古林斯先生（Mr Gunings）所做的一次布道，这人"大声地

---

[1] Jennifer Panek, *Widows and Suitors in Early Modern English Comedy*, p. 6.

[2] 维韦斯是一个犹太裔的西班牙人。《一名基督教妇女的教育》论及了普通寡妇的行为举止。1529年理查德·哈瑞德（Richard Hyrde）将此书从拉丁语译成了英语，并且其论点在同时期的许多著述中都得到了反复重申，甚至在一个世纪之后理查德·布瑞斯韦特（Richard Brathwaite）在《英国贵族妇女》（*The English Gentlewomen*, 1631）中也回应了维韦斯的观点。这些事实表明，维韦斯的思想被英国人长期接受，代表了英国的传统价值观。而佩奇是一个英国本土的中产阶级男子，显然更具正统的英国起源。虽然佩奇运用了许多欧洲大陆的资料，但是他的叙述坚定地建立在清教教规之上，这有利于我们考察17世纪英国社会对清教徒寡妇的期望。

[3] Juan Luis Vives, *The Education of a Christian Woman*, p. 324.

[4] Barbara J. Todd, "The Virtuous Widow in Protestant England", in Sandra Cavallo, Lyndan Warner, *Widowhood in Medieval and Early Modern Europe*, p. 72.

第五章 单身妇女的婚姻前景

赞美守寡"①。

这一时期的大众文学也在极力劝说寡妇保持贞洁。查普曼（George Chapman）通过戏剧《寡妇的眼泪》中新寡的尤多拉（Eudora）之口道出了当时的社会观念——寡妇再婚是"一种合法的通奸。就像高利贷一样，虽然被法律允许，却不被赞同"②。约翰·韦伯斯特（John Webster）的《马尔菲公爵夫人》（*The Duchess of Malfi*）中将再嫁寡妇描述为"最淫荡"的，是想要寻求"淫荡愉悦"的妇女。托马斯·米德尔顿（T. Middleton）的《女人提防女人》（*More Dissemblers besides Women*）中，米兰公爵也指出"再婚显示了肉体的欲望"③。弗朗西斯·夏伦（Francis Shannon）在其1689年的小册子中还讲述了一个笑话：两个妇女死后去见圣彼得，以期能进入天堂。第一个妇女告诉圣彼得她的丈夫是一个如恶魔般坏心肠的人，以至于使她生活在人间地狱里。根据她的陈述，圣彼得认为她已经受了地狱之苦，那么接下来她就不应该再下地狱，因此允许了她上天堂的请求。另一名妇女在发现了这一点后认为她更具有升入天堂的理由，因为她不仅被一人所折磨，而且是两名固执的丈夫使其生活更加可悲。然而，圣彼得却拒绝了她的请求。因为在圣彼得看来这人太愚蠢了，不考虑一个丈夫就已经够坏了，还要再嫁，那么天堂没有这般愚蠢之人的落脚处。④ 这一笑话后来广为流传，成了人们茶余饭后的谈资。从嘲讽寡妇改嫁的笑话中，社会对女性再婚所持的反对态度不言而喻。人们往往将再婚等同于好色。就像维韦斯在谴责改嫁寡妇中清楚表达的那样："承认你自己

---

① Samuel Pepys, Robert Latham, *The Diary of Samuel Pepys*, Vol. 1, London: Harpercollins, 2000, p. 60.

② Renu Juneja, "Widowhood and Sexuality in Chapman's the Widow's Tears", *Philological Quarterly*, Vol. 67, No. 2, 1988, p. 161.

③ Richard Levin, "Frailty, Thy Name is Wanton Widow", *Shakespeare Newsletter*, Vol. 55, No. 1, 2005, p. 5.

④ Charles Carlton, "The Widow's Tale: Male Myths and Female Reality in 16th and 17th Century England", *Albion: A Quarterly Journal Concerned with British Studies*, Vol. 10, No. 2, 1978, p. 119.

堕落吧。你们中没有人是真想获得丈夫，只是想要和他睡在一起而已。"① 伊丽莎白时代的社会道德家们也认为，再婚"在最好的情况下也仅是一种外表合法的通奸而已，在最坏的情况下则是公开的好色。'寡妇的荣誉'就在于守寡"②。

总之，近代早期的社会舆论仍然希望寡妇守贞。"再婚虽然是实际发生的，但却是遭到普遍反对的行为；再婚虽是可能的，却不是总能被接受的。"③ 理查德·伯纳德（Richard Bernard）在谈及一名贫穷老寡妇的再婚问题时也承认，"我们不赞成寡妇再婚并且通过舆论来反对它"④。在这种文化氛围之中，一些寡妇可能确实内化了这样的社会期望而放弃了改嫁的念头。就如一名马车制造师的遗孀因为害怕被嘲笑而拒绝了追求者那样。⑤ 前文提到的阿宾顿的寡妇凯瑟琳·奥斯汀也担心改嫁会给自己和家庭带来羞辱。⑥

社会文化传统虽然从宏观上解释了大量寡妇选择守贞，但还有诸多的特殊因素掺杂在一起而最终影响了孀妇的抉择。对先夫的深厚感情，可能也会让寡妇坚持守贞。在上层妇女留下的日记和回忆录中，我们就能发现这样的证据。拉塞尔女士在1683年丈夫去世之后，充满痛苦地描写了她对丈夫的深厚感情。"我希望能和他讲话，能一起散步，一起吃饭，一起睡觉。"⑦ 纽斯卡尔公爵夫人玛格丽特的母亲曾经历过一段守寡岁月。在那段时间里，她的母亲始终保持着对父亲的忠贞。在回忆母亲对父亲的深厚感情时玛格丽特讲道：自从父亲去世后，母亲的生活就走向了封闭。她将自己的屋子变成了修道院。每次提到父亲时，也都泪流满面，唉声叹气。⑧

---

① Juan Luis Vives, *The Education of a Christian Woman*, p. 323.
② Jennifer Panek, *Widows and Suitors in Early Modern English Comedy*, p. 8.
③ J. Dupáquier, ed., *Marriage and Remarriage in Populations of the Past*, p. 27.
④ Barbara J. Todd, "The Remarrying Widow: A Stereotype Reconsidered", p. 80.
⑤ Lawrance Stone, *Uncertain Union: Marriage in England, 1660 – 1753*, Oxford: Oxford University Press, 1992, pp. 96 – 104.
⑥ Barbara J. Todd, "The Remarrying Widow: A Stereotype Reconsidered", p. 77.
⑦ Sara Mendelson, Patricia Crawford, *Women in Early Modern England, 1550 – 1720*, p. 176.
⑧ Ralph A. Houlbrooke, *The English Family, 1450 – 1700*, p. 211.

第五章 单身妇女的婚姻前景

就像对先夫的深厚情感可以浇灭孀妇改嫁的欲望那样,将自己的余生献给上帝,追求自己灵魂的救赎并在宗教中获得安慰也可能促使孀妇选择守贞。安·范莎(Ann Fanshawe)就是这样一位孀妇。她在回忆录中记录了1666年丈夫去世时的感受:"噢,全能的上帝啊,请从天堂往下看看我吧,最悲伤的不幸人儿站立于世间。请看看,我的灵魂被分开了,我的荣誉和我的领路人离开了我,在他身上有我这一生所有的安慰。请看看吧,我摇摇晃晃地前行在我的道路上……哦,上帝啊!请同情我吧!安慰我这不安的灵魂吧!我这颗灵魂现在正在巨大的压力下沉没,没有您的支持它不能够维持下去……我谦卑地接受您的审判。您可以对我做任何让您高兴的事情,因为我完全地依赖于您的怜悯。恳求您记住您对孤儿和寡妇的承诺,并且让我在这个世界上愉快地实现您的意志。"凯瑟琳·奥斯汀留存下来的日记也反映了信仰上帝能够抚慰失去丈夫所带来的痛楚。"许多妇女已经承受了巨大的痛苦,而我的痛苦已经超过了她们所有人。这时我转向了天堂的守护者。"[①] 虽然我们不能确定有多少妇女在这一重要时刻投身宗教,从中寻求安慰和勇气,但是我们却有理由相信寡妇可能会因为全心信仰上帝而放弃改嫁的念头。

先夫留下的遗嘱或遗产的继承习俗也会影响孀妇的决定。前文已证实,不少男性在遗嘱中明确表示只有在妻子守贞的情况下才会给她们留下更多的遗产。1585年,东英格兰的格雷斯·米德(Grace Meade)的丈夫去世。她获得了住宅中一间房屋的使用权,得到了四英亩的土地并且由儿子为她犁田,每年还可以获得一担干草以及一些奶牛、羊以及犁田所需要的牲畜。然而,所有的这些都只限定在她守寡期间。一旦改嫁,所有的权利都将丧失。[②] 面对改嫁可能导致遗产继承权的丧失,不少妇女可能不得不放弃改嫁的念头。托德对阿宾顿的研究也支持了这一论断。在41位面临着已知

[①] Barbara J. Todd, "The Virtuous Widow in Protestant England", p. 80.
[②] Margaret Spufford, *Contrasting Communities: English Villagers in the Sixteenth and Seventeenth – centuries*, Cambridge: Cambridge University Press, 1974, p. 113.

障碍的寡妇中仅有6位选择了再婚。对其中3位来讲，再婚的惩罚不算严厉（例如寡妇将会失去从先夫那里继承来的房子而不是土地），而且她们的再婚对象也比先夫更加富裕。经济的威慑力也在临近阿宾顿的长威腾纳姆（Long Wittenham）庄园中凸显出来。在16世纪80年代之前，这里的寡妇只要还活着就对丈夫的不动产享有控制权。之后，庄园的习惯法转变为妇女只有在保持寡居的情况下才能拥有这一权利。伴随习惯法的转变，寡妇的改嫁率迅速下降。在这之前有许多寡妇再婚，而在转变发生之后的整个17世纪，在调查的近40名寡妇中仅有1人再婚。[1] 总体说来，"在那些寡妇被赋权控制财产和孩子的地方，她在再婚问题上的一些权利也就遭到了废除"[2]。

不仅如此，再婚家庭的复杂性可能也让一些寡妇望而却步。再婚可能会带来复杂的亲属关系，而且这些关系往往需要长时间的磨合。磨合期的不融洽反过来可能又会对婚姻构成压力。当时的评论家都相信再婚的经历一般比较艰难，其主要原因就在于与继子女的相处上。"绝大多数孩子对继父或继母的不尊敬、赌博以及不孝顺的行为给他们的亲生父亲或是母亲带来了巨大的痛苦，并且给再婚夫妻带来不和与争吵。孩子对继父母的怨恨，有时爆发成辱骂甚至是身体暴力，这在遗嘱和诉讼记录中都有充分的记载。"[3] 维韦斯提醒那些想要改嫁的寡妇，"如果你有孩子，为什么还要再婚呢？……如果你和第二任丈夫有孩子的话，必将产生家庭纷争。你将无法疼爱自己的孩子或是以同样的情感来对待他们。你将只能偷偷地拿食物给他们吃。新丈夫将会对你的先夫心怀嫉妒。如果你不讨厌你先夫的子女，他将认为你还爱着你的先夫。如果他娶你进门之时已经有孩子的话，你将被描述为恶毒的后妈。在一大堆戏剧和笑话里这是常见之事。如果你的继子女有个头疼脑热，将指责你毒

---

[1] Barbara J. Todd, "The Remarrying Widow: A Stereotype Reconsidered", p. 74.
[2] S. M. Wyntjes, "Survivors and Status: Widowhood and Family in the Early Modern Netherlands", *Journal of Family History*, Vol. 7, No. 4, 1982, p. 403.
[3] Ralph A. Houlbrooke, *The English Family, 1450–1700*, p. 215.

第五章 单身妇女的婚姻前景

害了他们。如果你不给他们吃的,将说你恶毒。如果你给他们吃的,你又会被指责为巫婆。我恳求你再好好想想,在第二次婚姻中的幸福能抵消这些所有的不幸吗?"① 面对这些可能存在的复杂关系和潜在痛苦,一些寡妇可能并不愿意冒险涉足。就如 1532 年寡妇凯瑟琳·安德鲁斯(Katherine Andrews)对其追求者所说的那样:"我绝不想当后妈,因为我知道你有孩子,这将使我们永远不可能达成一致。"②

当然,还有一些寡妇是为了确保自己的独立性而拒绝再婚。近代早期,处于寡居期间的妇女是相对自由和自主的,而再婚则代表放弃自己所掌握的自由和权利,重新成为丈夫的附属。就如佩奇教导妇女们的:"如果哲学家(亚里士多德)所说的一名妇女天生想要成为男人的言论是事实的话,那么为什么不满足于做一名寡妇呢?如此一来,她将最接近男人的优越地位和权利。"③ 这样的观点对于普通孀妇来说可能转换为更直接的念头——寡居给一名妇女提供了处理和安排自己事务的自由,获得了自己当家做主的权利和机会。

> 我认为我过着简单快乐的生活,
> 这是我做妻子的时候不敢想的。
> 我所做的一切都是合情合理的,
> 我命令他人而不是他人命令我,
> 我享受着自己的自由。④

丹尼尔·笛福笔下的寡妇罗克珊娜(Roxana)在先夫没给她留下一分钱的遗产后,也明白了过来:"简而言之,结婚的实质只是将自由、财产和权利等每样东西交给丈夫。"因此在她中年的时候,

---

① Juan Luis Vives, *The Education of a Christian Woman*, p. 323.
② Ralph A. Houlbrooke, *The English Family*, *1450 – 1700*, p. 211
③ Barbara J. Todd, "The Remarrying Widow: A Stereotype Reconsidered", p. 81.
④ Ibid.

断然拒绝了一名求婚者（虽然他们已经发生了性关系）。她解释道："不是因为你……而是结婚的规则将权力放在了你手中……束缚我去顺从。"[1] 从这些孀妇对婚姻的态度来看，她们可能出于对自由和独立性的追求而主动放弃了改嫁。

从我们对寡妇情感生活的描述来看，有太多主客观的因素影响着她们的婚姻选择。一般说来，经济和情感的需要往往促使寡妇改嫁，但是她们是否能这样做还受到很多因素的制约。这些因素大到地域环境、时代背景以及社会阶层，小到寡妇的年龄、财富和孩子的数量等。与此同时，也有很多因素促使着寡妇选择守贞。其中既有社会文化对改嫁的不赞同，也有寡妇主观的不乐意；既有先夫遗嘱的束缚，也有再婚家庭的困难。改嫁还是守贞可以说是这些因素博弈的结果。整体而言，更多的妇女选择了寡居，并且随着时间的推移，越来越多的妇女这样做了。这种变化趋势的出现与当时的社会大环境密不可分。到17世纪后半期，伴随着寿命的普遍提高、较低性别比的到来、济贫体制的完善以及寡妇经济处境的恶化，促使越来越多的妇女走上了守贞道路。

一直以来，单身往往被视为个人的不幸或者女权主义鼻祖追求自主的一项表现。当然，后一种观点对于单身的解释可能是根据现代经验建构出来的。在当今社会中，大量活跃于政治运动或是职场中的女性通常都是单身妇女的这一事实使得后一种解释貌似可信。然而，我们决不能如此简单地来解释单身妇女的婚姻之路。就像一段完美婚姻的缔结需要"天时""地利""人和"一样，走上单身道路的妇女也可能源于机遇、限制和选择。这些机遇和限制包括了她们所处的社会文化、地域背景、时代背景、社会阶层和人口比例等宏观因素，也包括如家庭结构、宗教信仰、个人条件甚至是命运安排等具体和偶然的东西在内。她们的婚姻状况既可能是出于无奈

---

[1] Amy Louise Erickson, "Property and Widowhood in England, 1660 - 1840", pp. 145 - 146.

第五章 单身妇女的婚姻前景

的接受，也可能是主动追求的结果。

我们在此讨论影响单身妇女婚姻前景的诸多因素，绝不是为了穷尽每一种原因，也不是为了弄清楚究竟是哪一方面的原因占据了更重要的地位。事实上，我们在更多的时候甚至无法断言究竟是哪一种或是哪几种因素才是造成她们单身状态的真实缘由。我们需要记住的是，不是所有单身的妇女都是各类主客观条件下的"牺牲品"，无奈地接受着命运的安排。她们中还有不少人为着自由和权利，主动摒弃了婚姻生活。当然，无论是她们选择结婚，还是保持单身，她们都将付出代价。选择结婚，意味着她们将失去自己的法律人格和法律权利，从此生活在丈夫的羽翼之下；选择单身，却又在这个赞美婚姻和强调性别秩序的社会里显得格格不入，容易成为社会打击和束缚的对象。

第六章　单身妇女遭遇的司法惩戒

综前文所述，我们能看到如下画面：近代早期的单身妇女比其已婚姐妹更加积极地参与政治经济活动并彰显着自己的社会影响力；她们建构起了比已婚人士更加宽泛的，以单身妇女为中心的社会关系网络；她们中的一些人甚至还萌生了女权意识，为了独立和自主而主动选择了单身生活。然而，这些行为显然违背了父权社会的基本要求，并对传统两性关系造成了严重的威胁和挑战。为此，父权机制加强了运作，从各个层面强化了对单身妇女的束缚。本章将重点考察单身妇女在司法层面遭受的束缚和压制。

第一节　单身妇女与打击卖淫

卖淫虽是世界上最古老的职业，但在考察过去的卖淫情况时我们却面临着重重障碍。作为众多越轨行为中的一种，卖淫很少能够找到确凿的证据。它既不像偷窃那样存在财物的易手，也不像暴力犯罪那般有着身体的伤害作为凭证。因此，我们更多地是靠性交易双方的名声或是动机来判断卖淫行为是否发生，也会以与性相连的物质交换或是特殊的性行为方式作为判断标准。正是在界定卖淫行为上的模糊性使得我们很难对近代早期的女性卖淫人数做出可靠的计算。此外，我们不得不面对的另一困难是官方资料和历史性描述的缺乏，以及在解读相关资料时存在的障碍。妓女和卖淫虽然是文学材料中的一个常见主题，但是历史叙述和官方材料对此却显得相当沉默。这可能是因为"涉及这一主题的叙述通常都不被大众所接受……因此，这些叙述可能没有被记录或是被保存下来"[1]。而且来自妓女本人的证据更少，绝大部分妓女都不识字。"99%的证据反映的都是男性立法者、地方官员、神职人员和慈善家的态度。"[2]虽然法庭记录是我们研究女性卖淫时经常依据的材料，但是这一记录并不能给我们提供完整或准确的信息。首先，不是所有的妓女都被带上了法庭，通常这只是实际卖淫人数中很小的一部分。其次，这些法庭材料并没有严格地区分各类性越轨行为，而是将卖淫、通奸、私通和重婚等行为统一在比较模糊的词汇，如"邪淫"（whoredom）或是"淫荡"（lewdness）之下。[3] 再次，这些材料均由受过相关训练的抄写员所记录，显然是已经过其价值观过滤并以法律上的公式化表述记录下来的。最后，在法庭上出现的被告、原告和证人所提供的证词也不一定反映了事情的原貌。就像戴维斯所指出的那样，"在法庭上被告或是证人得到了一个非同寻常的机会来让自己的声音和故事被记录下来，因此他们通常按照有利于自己的原则来进行叙述"[4]。例如，在1733—1739年间出现于圣詹姆斯教区指控书上的好几百名妓女中有不少妓女都使用假名，最常采用的就是无名氏（Miss Nobody）。[5]

虽然列举了研究中所面临的种种障碍，但这并不意味着我们无法对这一主题做出些许说明。只要小心谨慎地使用和解读这些资料，我们还是有可能接近事实原貌的。此外，在过去30年间，社会史家拓展了研究范围，分析了那些在历史中被抹去的边缘人物，当然也包括妓女在内。诸如卡拉斯（Ruth Mazo Karras）关于中世

---

[1] Cristine M. Varholy, "Representing Prostitution in Tudor and Stuart England", Ph. D thesis, University of Wisconsin – Madison, 2002, p. 1.

[2] Owlen Hufton, *The Prospect before Her*, Vol. 1, p. 312.

[3] Cristine M. Varholy, "Representing Prostitution in Tudor and Stuart England", Ph. D thesis, University of Wisconsin – Madison, 2002, p. 45.

[4] Natalie Zemon Davis, *Fiction in the Archives*, Stanford: Stanford University Press, 1987, p. 47.

[5] A. R. Henderson, "Female Prostitution in London, 1730 – 1830", Ph. D thesis, University of London, 1992, p. 232.

纪英国卖淫问题的重要著作、格里菲斯（Paul Griffifths）和舒格（Wallace Shugg）对伊丽莎白时代伦敦卖淫现象的研究以及瓦霍利（Cristine M. Varholy）的博士论文《都铎和斯图亚特时期英格兰的卖淫现象》[①]都给我们的考察提供了宝贵的研究资料和研究方法。在本节中，我们将主要以伦敦为例来考察这一时期英国卖淫现象的相关信息、探究社会所预设的妓女与单身妇女之间的等同关系，同时也分析近代早期英国社会严厉对待妓女的缘由。

一 伦敦"繁荣"的卖淫景象

鉴于对卖淫界定的模糊性和官方资料固有的缺陷，我们无法准确统计出这一时期英国卖淫妇女的人数。即便如此，我们仍能断定伦敦是英国妓女人数最多，组织化程度最高的地方。按照科克洪（Patrick Colquhoun）的估计，伦敦9名妇女中就有1人是妓女。他强调这一数据是真实的，是基于对法庭记录的谨慎统计。[②]然而利用了相同史料的现代历史学家却发现，没有证据表明曾对人数如此庞大的妇女进行过控诉，并且提出科克洪的估计可能更多地来自于流行的偏见而不是对统计数据的分析。亨德森（Tony Henderson）在对法庭记录和法庭文件进行分析后就指出，这一人数的估计完全没有根据。科克洪所定义的妓女里应该包括了没有结婚的，但按照地方习俗与人同居的妇女。[③]

学者们虽然在妓女的人数上存在分歧，但他们均承认卖淫业在近代早期的伦敦相当繁荣。到18世纪末，伦敦与巴黎和阿姆斯特丹并列欧洲三大"妓女之都"。当时的慈善家韦尔奇（Saunders Welch）

[①] 参见 Ruth Mazo Karras, *Common Women: Prostitution and Sexuality in Medieval England*, New York: Oxford University Press, 1996. Paul Griffiths, "The Structure of Prostitution in Elizabeth London", *Continuity and Change*, Vol. 8, No. 1, 1993; Wallace Shugg, "Prostitution in Shakespeare's London", *Shakespeare Studies*, Vol. 10, 1977. Cristine M. Varholy, "Representing Prostitution in Tudor and Stuart England".

[②] 王章辉：《笃学集》，兰州大学出版社2003年版，第262页。

[③] Sophie Carter, *Purchasing Power: Representing Prostitution in Eighteenth-century English Popular Print Culture*, Aldershot: Ashgate Publishing Limited, 2004, p. 19.

第六章 单身妇女遭遇的司法惩戒

就曾悲叹道,"妓女在伦敦街道上的云集已经到了如此程度,妓院以如此公开的姿态开办以至于陌生人都可能会认为这……已经得到了立法机关的许可。整个城市就是一个大妓院"。一些到访伦敦的外国游客甚至还将卖淫的繁荣景象和高能见度评论为近代早期伦敦的城市特征之一。1772年的《游历伦敦》一书指出,"伦敦的妇女(妓女)……似乎没有给伦敦的地方官员惹什么麻烦。然而,她们的人数却比巴黎更多并且比罗马妇女更加自由和厚颜无耻"。德国人阿兴霍尔茨(Von Archenholz)在《英格兰景观》中以大量的篇幅详细地描绘了伦敦卖淫业的繁荣、妓院的分布以及妓院组织和卖淫业的危害。在总结性评论中,阿兴霍尔茨将卖淫视为18世纪伦敦社会经济结构的中心。"如果要在伦敦建立一个贞洁法庭的话……这一大都市的人口将会很快减少……有一半的居民将丧失一项赖以维生的手段,并且繁华的首都将会变成一个悲伤可怕的荒芜之地。"①

根据1768年法国人勒·努瓦(Le Noir)的划分,卖淫妇女可以归为三类:第一类是富人的情妇,即高级妓女;第二类是由老鸨控制的妓院妓女;第三类是街头流莺,即站街女。第一类妓女通常不会受到警察的关注。第二类妇女可能以老鸨为媒介而受到警察远距离的监控。她们不能够违反法律,也不能够因吵闹等粗暴的行为使其邻居蒙羞,患病的妓女也不能够继续留在妓院里。第三类妇女应该是警察密切注意的对象,因为她们的出现往往会影响公共秩序并且容易传播疾病。

高级妓女是妓女中的上层,她们通常是富裕男人的情妇。除克伦威尔时代的整个近代早期,男人按照自己的社会身份来豢养漂亮的情妇已然成为一股社会风尚。如果他们不这样做的话,则会被认为是十足的土老帽。吉伯·诺斯勋爵就曾被怂恿包养情妇,否则他将因为"未养情妇而被人看不起"并"失去他在宫中的所有利益"。国王同样也包养情妇。女贵族芭芭拉·维利尔斯(Barbara Villiers)、女演员戴维斯小姐(Miss Davis)、内尔·格温(Nell Gwyn)以及后

---

① Sophie Carter, *Purchasing Power*, p. 19.

来的法国贵族露易丝·德·克鲁阿尔（Louise De Kérouaille）都先后成为查理二世的情妇。乔治二世也在1735年为自己找了一名新情妇并将此事告诉了王后，然而王后对此却一点都不惊讶和在意。这种坦然的态度也折射出包养情妇在上流社会是多么习以为常的现象。这一时期的大众文学也反映了包养情妇的普遍性。18世纪末，伦敦的大报《前锋报》刊登了男人公开"征求女性友谊"的广告。《城乡杂志》每期都以某著名男人的混乱性生活来娱乐读者。①

虽然情妇可以依靠自己的美貌与才华来接近财富和权力圈子，但其处境并不稳定。她们中的成功者可能会得到庇护、金钱、权利或是影响力作为回报，但更可能的遭遇是在失去对包养人的吸引力后沦落为普通妓女，承受着穷苦、辱骂和病痛的折磨。露西·摩根（Lucy Morgan）是16世纪伦敦的一名高级妓女。她曾是詹姆士一世的情妇，最后却沦落为普通妓女。在其境况日下的某个时候她可能遇见了莎士比亚并且成为了他的十四行诗中的"黑夫人"（Dark Lady）。② 贺加斯（Willam Hogarth）的版画《妓女生涯》也直观地展现了女主人公莫尔·哈克伯特（Moll Hackabout）从情妇沦落到普通妓女的不幸命运。莫尔最初被一名富裕的犹太人所包养，但不久之后便遭到抛弃。为了养活自己，她沦为一名普通妓女。当然，从情妇到普通妓女并不是一条径直、必然的路径。如果能够从庇护者那里获得一些钱财，她可能不会被阻挡在婚姻大门之外或是穷困潦倒地死去。

处于高级妓女之下的是妓院妓女。在1546年亨利八世下令关闭所有的妓院之前，公鸡巷和南华克一直都是伦敦妓院得以合法存在的地区。在这两区域之外，政府严格限制妓女的出没。从南华克的妓院管理规则来看，妓女不能生活在妓院当中，妓院仅仅是妓女租用来开展"工作"的房屋。妓院妓女也不被允许有情夫，特别是包养情夫。如果这样做了，她们可能会被监禁三个月、支付一笔罚

---

① ［英］劳伦斯·史东：《英国十六至十八世纪的家庭、性与婚姻》（下），第413—415页。
② Wallace Shugg, "Prostitution in Shakespeare's London", *Shatesspeare Studies*, Vol. 10, 1977, p. 297.

第六章　单身妇女遭遇的司法惩戒

金、坐马桶椅甚至还会被驱逐出辖区。当然，妓院妓女也能得到一定的保护。例如，妓院老板不能与妓女赌钱，不准殴打妓女，更不允许违背妓女意愿将她们强留在妓院或是卖淫生涯当中。然而，现实通常与规定相矛盾。1439 年，玛格丽特·汉索维克（Margaret Hathewyk）和"某位绅士"就商量着将一名叫作伊莎贝尔·莱恩（Isabella Lane）的年轻女孩拘禁在南华克的妓院中长达四天，"让其从事淫荡的行为"①。

在禁止建立妓院的地方以及 1546 年亨利八世关闭伦敦所有的妓院之后，非法妓院猖獗起来。对于非法妓院中妓女的处境我们不甚了解。但据玛丽·东尼勒（Marie Dornelley）——一名在 1577—1578 年间好几次被关押的妓女——之叙述来看，她们遭到的剥削可能更加严重。她在吉尔伯特·伊斯塔（Gilbert Easte）的房子里（这是一个经常出现在记录当中的非法妓院），"有时候她一天和十个男人做，有时候更多，有时候更少……她每天获得大约 20 先令，但吉尔伯特和他的妻子就要从中拿走 15 先令"②。

在所有妓女中处于最底层的便是街头流莺，她们也是人数最多的一类。她们以自己的性服务来获取劳工、士兵和小商小贩等下层男人所支付的微薄报酬。这类妓女经常出没于市场、客栈、剧场、公园以及她们所知道的任何能找到嫖客的地方。在那里讨价还价，有时候性交易就在那些地方进行。"一些人甚至在她们的住所外就干起了勾当。在街灯之下，在一些黑暗的小巷里……在这些地方一名嫖客可能花上几便士就可得到满足，而在住所中这可能需要花上 1 先令 6 便士。"如果流莺拥有固定住所的话，她们也可能会在那里款待嫖客，但这通常"需要支付给房东每次交易所得的一半"③。酒馆和客栈也是她们进行性交易的重要场

---

① Ruth Mazo Karras, "The Regulation of Brothels in Later Medieval England", *Signs*, Vol. 14, No. 2, 1989, p. 420.

② Cristine M. Varholy, "Representing Prostitution in Tudor and Stuart England", Ph. D thesis, University of Wisconsin – Madison, 2002, pp. 106 – 107.

③ Owlen Hufton, *The Prospect before Her*, Vol. 1, pp. 329, 328.

所。在这里他们享有相对的私密性并且可以避免伦敦反复无常的天气所造成的不便。近代早期的各类资料甚至会给我们造成这样一种印象，即卖淫是女性踏入酒馆的主要原因和方式。臭名昭著的公共澡堂通常也是性交易开展的便利场所。公共澡堂引入伦敦是在中世纪，但到18世纪时就或多或少地演变为妓院的同义词。就像《午夜漫步者》(The Midnight Rambler)中记录的那样，虽然公共澡堂"开业仅仅是为了洗澡、拔火罐和发汗等目的"，但是现在几乎每分钟都有进进出出的妓女和嫖客，这成为他们经常到访的"享乐和放荡之所"①。

街头流莺的处境也是最为糟糕的。"她们必须要将收入的一半交给房东或是被迫在公共地方进行。其收入也少得可怜。"② 就如当时的社会评论家托马斯·布朗(Thomas Brown)在其日记中所记录的那些沿着泰晤士河岸徘徊，为了一品脱的酒和一先令就委身他人的少女以及在比灵门、塔山市场和码头地区所聚集的两便士女郎那样。在公众眼中，这些徘徊街头的流莺可能会扰乱公共秩序并且有传播疾病的危险，因此容易遭受邻居、警察和法庭的严密监控，随时面临被捕、被惩罚甚至是被驱逐出教区的可能性。

从出身来看，除高等妓女基本是出身中产阶级家庭之外③，绝大部分妓女都来自最低并且也是最贫穷的社会阶层。"绝大多数的作者——虚构的、半虚构的或是写实的——似乎都认同普通妓女来自中产阶级以下的社会阶层。"④ 1660年，有关妓女的官方界定直接将其描述为来自劳工者及其以下阶层的妇女。⑤

从警察所记录的被捕妓女曾经或是当下从事的职业来看，她们通常集中在"三低一高"的传统女性行业当中。其中，家庭女仆是

---

① Sophie Carter, *Purchasing Power*, p. 11.
② Owlen Hufton, *The Prospect before Her*, Vol. 1, p. 334.
③ ［英］劳伦斯·史东：《英国十六至十八世纪的家庭、性与婚姻》（下），第414—415页。
④ Sophie Carter, *Purchasing Power*, p. 14.
⑤ Melissa M. Mowry, *The Bawdy Politic in Stuart England, 1660 – 1714: Political Pornography and Prostitution*, Aldershot: Ashgate Publishing Limited, 2004, p. 106.

第六章 单身妇女遭遇的司法惩戒

"妓女最常见的来源"[①]。当时的一名社会评论家就气急败坏地说道,"全国各地的女仆不断涌入伦敦,致使妓女充斥着整个城市"。丹尼尔·笛福也指出:"如果失去了女仆的职位,妇女则必须要在出卖自己的肉体或是饿死之间做出选择……她们通常会走上卖淫和偷盗的道路,这也是为什么我们的街道上妓女云集的原因。"另外,在服装行业工作的妇女也被认为容易走上卖淫道路。"在这些店铺里工作的年轻妇女中,有十分之九的人都会走向堕落和毁灭。"在小册子《对引诱和卖淫痛苦的严肃思考》(*Serious Thoughts on the Miseries of Seduction and Prostitution*)中,作者认为女帽类生意和卖淫之间存在某种紧密联系。女帽制作及贩卖商、女用外套制作者以及缝纫用品经销商被认为是"虚有其表的经销商",而"实际上是卖淫的源头"。在那里"妇女被引诱而走向卖淫并且还被批量性地生产出来"[②]。1783 年,查尔斯·霍恩(Charles Horne)警告父母们不要让自己的女儿进入这些行业,因为这是"妓女的发祥地"[③]。

从被捕卖淫妇女的年龄来看,绝大多数妓女的年龄在 15—25 岁之间。这段时期也是年轻女性一生中经济最不稳定的时段之一。"妓女中十几二十岁的单身妇女居多的这一事实与离家之后和结婚之前这段时期中更大的流动性和经济的薄弱性密切相关。"[④] 30 岁以后仍然从事这一行业的并不常见。[⑤] 这一方面是因为她们可能已失去了身体的吸引力或者是因为疾病而无法从业,另一方面也可能源于她们已经通过卖淫积攒到了一定的钱财而离开了这一行当。

妇女走上卖淫道路可能是主动的,也可能是出于无奈,再或者是二者皆有。由于资料的限制我们无法对可能存在的因素做出一一

[①] Frances Finnegan, *Poverty and Prostitution*: *A Study of Victorian Prostitute in York*, Cambridge: Cambridge University Press, 1979, pp. 7, 21.

[②] Sophie Carter, *Purchasing Power*, p. 15.

[③] A. R. Henderson, "Female Prostitution in London, 1730 – 1830", Ph. D thesis, University of London, 1992, p. 36.

[④] Peter King, "Female Offender, Work and Life – cycle Change in Late-eighteenth – century London", *Continuity and Change*, Vol. 11, No. 1, 1996, p. 83.

[⑤] Owlen Hufton, *The Prospect before Her*, Vol. 1, p. 334.

探讨。尽管如此，经济因素是我们必须要考虑的。《妓女收容所里一些悔过者的经历》(*The Histories of Some of the Penitents in the Magdalen House*) 中一名妓女坦白地说道："我知道，通过进入妓女这个行当，我可能会过上一种相对稳定的生活。但是，我并没有考虑加入到这种我所憎恨的生活方式当中。我仍然希望能获得某些手段，至少可以缓解我的生活压力。我不应该堕落到卖淫中去，这是我自己不能够同意的，除非我承受着饥饿的煎熬。"① 这名妓女的叙述清楚表明，她走上卖淫道路并非出于自身的堕落，而是因为生活的逼迫。罗伯特·丁利 (Robert Dingley) 在 1758 年解释卖淫的原因时也注意到了这一点。丁利提出，一些妇女成为妓女是"没有办法，是不幸的需要"②。的确，"卖淫对很多面临物质需要的妇女来说是一种谋生的手段"③。

就妓女的生活境遇而言，她们中绝大多数人的生活是"肮脏的、贫穷的、粗野的和短暂的"。她们有时候不得不容忍顾客的粗暴行为。她们感染疾病，特别是性病的可能性也比一般人要高。"很少有妓女能够幸运地逃脱疾病、怀孕、虐待或是避免其他的犯罪行为。妓女没有法律权利，也没有政治发言权。"④ 从这一时期的文学艺术作品来看，虽然也存在乐观描述妓女生活的作品⑤，但绝大部分文艺作品都反映了妓女不幸的命运。贺加斯的系列版画《妓女生涯》（图 6-1）震撼地展示了一名妓女的悲惨命运。女主角莫尔最初是一个装束简单且姿态端庄的农村女孩，在她刚来到伦敦的时候就落入了老鸨手中。在第二幅画中，她已经被一名富裕的

---

① Sophie Carter, *Purchasing Power*, p. 19.
② Bridget Hill, *Women Alone*, p. 110.
③ Jyotsana Singh, "The Interventions of History: Narratives of Sexuality", in Dympna Callaghan, ed., *The Weyward Sisters: Shakespeare and Feminist Politics*, Oxford: Basil Blackwell Ltd., 1994, p. 32.
④ Melissa M. Mowry, *The Bawdy Politic in Stuart England*, p. 107.
⑤ 例如在小说《新荡妇芬妮希尔》《摩尔·弗兰德斯》《曼侬·莱斯科》《塞莱斯蒂娜》和《库拉茜》中的女主角都是妓女，她们健康而且富有。摩尔·弗兰德斯在中年的时候过上了值得尊敬的生活。库拉茜感染了性病，但是在小说情节的发展中，性病却神奇的消失了。

◆ 第六章　单身妇女遭遇的司法惩戒 ◆

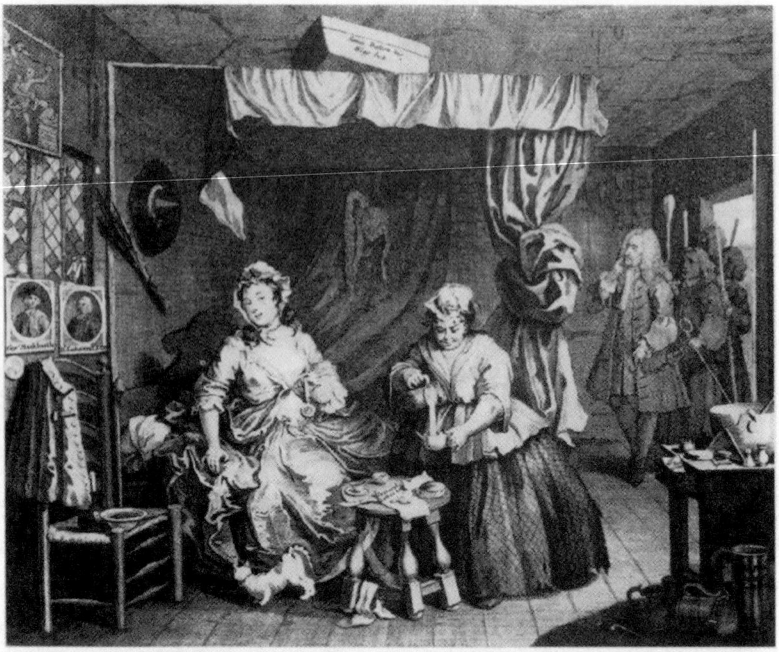

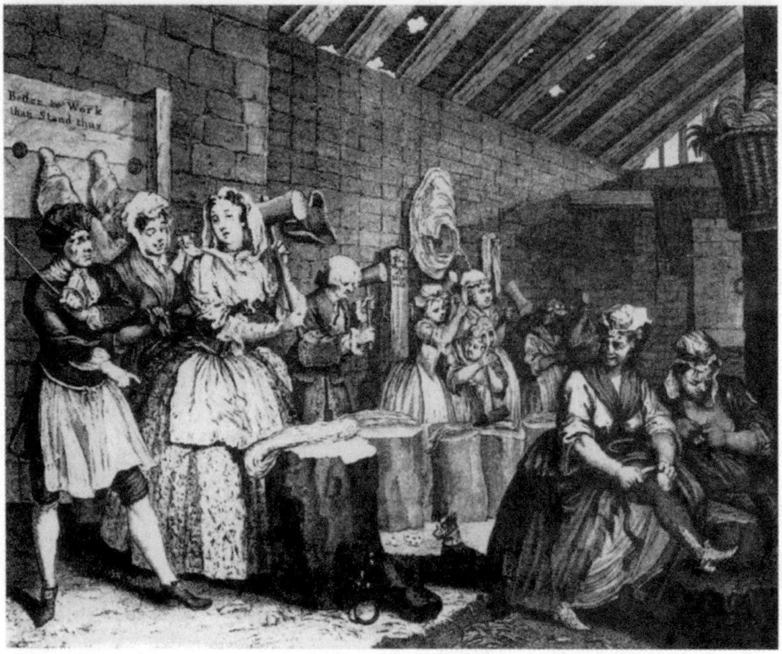
Better to Work
than Stand thus

第六章 单身妇女遭遇的司法惩戒

图 6-1 图片来自于 Sophie Carter, "This Female Proteus: Representing Prostitution and Masquerade in Eighteenth–Century English Popular Print Culture", *Oxford Art Journal*, Vol. 22, No. 1, 1999, pp. 57–62.

犹太人包养,成了一个放荡的高级妓女。然而,好景不长。她很快被这个犹太人所抛弃,并且被迫做一名普通妓女来养活自己。因此,第三幅画描绘了她相当糟糕的生存环境。她租住在肮脏的、没有什么家具的房间里。画面还暗示她偷窃了顾客的财物。在第四幅画中莫尔被送到了感化院,在那里她和其他伙伴一起打麻线。第五幅画描绘了她寄居在破旧房间中,正遭受着梅毒的折磨。她缠着一个类似裹尸布的发汗毯子,而她死亡的剧痛却被两名医生所忽略。她年幼的儿子同样不在乎母亲遭受的痛苦并且在火炉前烘烤一片肉。最后一幅画描绘了莫尔的葬礼。妓女和老鸨参加了她的葬礼。她们中的一些人似乎被莫尔的悲剧结局所震撼,一名妇女凝视着棺材,就像是看到了自己将来的命运。文学艺术作品中的悲剧性安排其实反映了社会舆论对妓女的否定态度。

二 社会对待妓女的严厉态度

自中世纪以来,卖淫一直作为社会的排污管道而得到了各基督教国家的容忍。神学家们认为如果没有妓女作为性欲的发泄口,热血沸腾的男人可能会玷污那些值得尊敬的妇女,甚至还会转向鸡奸。阿奎那和奥古斯丁都认为,卖淫就像是"一种宫殿中的下水管道一样。没有下水管道,那么屋子将遍地污垢"①。故而,"如果将妓女从人类事务中铲除,将会因性欲而毁灭一切"②。当然,即便妓女是社会的安全阀门,这也不能带来对妓女本身的尊敬。在基督教神学家眼中,性欲被认为是妇女最大的罪恶,而妓女则是女性性欲的缩影,因此妓女是最坏的罪人之一。

宗教改革兴起后,新教针对天主教会的腐败展开了猛烈的攻击,同时也对婚外性行为进行了批判。新教徒认为任何通奸者(包括私通者)都不能够进入天堂,任何不道德的行为都必须被根除。

---

① Derrick Sherwin Bailey, *Sexual Relation in Christian Thought*, New York: Harper, 1959, pp. 162 – 163.

② Ruth Mazo Karras, "The Regulation of Brothels in Later Medieval England", *Signs*, Vol. 14, No. 2, 1989, p. 399.

◈ 第六章 单身妇女遭遇的司法惩戒 ◈

为此，新教徒们以建立一个圣洁社会作为自己的奋斗目标，以树立贞洁的性关系作为一种公众义务。1506 年，亨利八世开始尝试关闭妓院。他下令对泰晤士河岸的 18 家妓院进行了为期一个季度的整治。虽然这些妓院在不久后便重新开业，但数量已下降到了 12 家。之后，压制卖淫的运动在力度上和复杂性上不断上升。1546 年，亨利八世在其政务会的建议下颁布了一条公告，要求关闭伦敦所有的妓院。

教会法庭对待卖淫的态度也在这一时期变得更加严厉。在近代早期的英国，世俗法庭很少过问性越轨案件，这类案件一般都交由教会法庭处理。故而，对妓女的起诉和惩罚也几乎都由教会法庭来执行。伴随宗教改革的开展，教会法庭在处理性犯罪事务上也日渐积极。差役被派往各个教区去查找罪犯并将之带到教会法庭。仅在 1639—1640 年，就有多达 2500 名性犯罪者被带到了教会法庭之上。[①] 教会法庭在处理性越轨案件上的积极性使其获得了"妓女法庭"（the bawdy court）的绰号。对性越轨者，教会法庭所做出的惩罚一般是开除教籍或勒令当事人忏悔。其中，忏悔是最常见的方式。这通常要求罪犯穿着白袍手持白杖站在会众面前，公开坦诚自己的罪行并致歉。然而，由于缺乏侦查机构（英国警察机构直到 1770 年才在伦敦建立），教会法庭在起诉罪犯上完全依赖于个人的检举和差役的调查。这种机制使得教会法庭很容易出现收受贿赂和敲诈勒索等腐败现象，对卖淫行为的打击自然也就很不得力。

为了进一步清除卖淫，爱德华六世又在伦敦成立了一个拥有司法审判权的布莱德威尔皇家医院（Bridewell Royal Hospital）。这一机构独立于世俗法庭和教会法庭的机制之外。布莱德威尔皇家医院成立的初衷有二：一是通过给伦敦的穷人提供一个工作场所来救济他们；二是作为惩治流浪者和其他轻罪的机构。然而，布莱德威尔的官员一直都将注意力放在第二个目标上，因此"流浪者和妓女是

---

① Wallace Shugg, "Prostitution in Shakespeare's London", *Shatesspeare Studies*, Vol. 10, 1977, p. 305.

调查和惩戒的重点所在"。在布莱德威尔的官员眼中，卖淫比流浪更具危害性。它不仅威胁到家庭的稳定和男性的权威，还因生育私生子而加重了教区的负担。此外，妓女还很可能会携带疾病而毁坏男人的身体。故而，布莱德威尔皇家医院对待妓女和卖淫的态度相当强硬，以至于它获得了这样一个名声："妓女受审讯、鞭笞和强迫工作的地点。"[1] 在布莱德威尔皇家医院，妓女将遭受比在教会法庭更加严厉的处罚。在教会法庭，妓女更多地是遭受仪式上的羞辱，而在布莱德威尔皇家医院，妓女却可能会遭受罚款、公开鞭笞、被遣送回原籍或接受强迫劳动等处罚。一名来自欧洲大陆的游客托马斯·普拉特（Thomas Platter）在1599年描述布莱德威尔皇家医院对卖淫问题的处理情况时写道："当他们遇到卖淫案件时，会以入狱和罚金来处罚男当事人。女当事人将会被送到布莱德威尔皇家医院……在那里刽子手将在公众面前鞭笞她赤裸的身体。"[2] 由此看来，布莱德威尔皇家医院可能更多地是强调对妓女的惩罚而非改造。它虽然比教会法庭更加严厉，但它同样没能够根除或者显著减少卖淫行为。随着16世纪晚期和17世纪早期穷人数量的不断增加和机构本身不稳定的经济来源，使得布莱德威尔皇家医院能够审讯和惩罚的妓女人数十分有限。而且，那些被关入布莱德威尔的妓女平均只会待上几天且很少有超过一个月的。[3] 这样短时间的监禁和惩罚自然无法期盼能够改造罪犯或是教给她们适当的工作技能以便让她们能在释放之后正当谋生。

到16世纪80年代，英国社会又掀起了道德整顿运动。卖淫自然成了被攻击的首要目标。大量的道德整顿会在英国成立。这些整顿会通过支付诉讼费以及支付给起诉者相关费用而鼓励个人主动将

---

[1] Cristine M. Varholy, "Representing Prostitution in Tudor and Stuart England", Ph. D thesis, University of Wisconsin – Madison, 2002, p. 87, 81.

[2] Clare Williams, *Thomas Platter's Travels in England in 1599*, London: Jonathan Cape, 1937, pp. 174 – 175.

[3] A. L. Beier, "Foucault Redux? Creating Bridewell, 1500 – 1560", in Louis A. Knafla, cd., *Class, Gender and Sexuality in Criminal Prosecutions*, New York: Greenwood Press, 1999, p. 15.

第六章　单身妇女遭遇的司法惩戒

妓女带到法庭上来。伦敦及其近郊的道德整顿会不仅将妓女带到法庭上来，而且还将被指控的妓女列入每年出版的黑名单当中。1705年出版的黑名单中的 7995 人里就包括 830 名已经被记录在案的、被起诉的并且被公布为"开办妓院的人、妓女或是夜行者"①。这些人自然也遭到了地方官员的惩罚（惩罚形式随着时间的不同而有所差异，要么是被强行抓走，要么遭受鞭打等）。1614 年，伦敦市长写信给贵族张伯伦汇报他在伦敦开展道德整顿运动的情况。在信中，他写道："我已经通过隐藏在很多色情场所的密探，而且我自己还亲自潜伏在这些色情场所当中，找出不道德之人……并且根据他们应受的惩罚来处置他们，有些人被抓走，有些人遭受鞭笞，还有一些人被放逐。"②

英国社会对待妓女所持的严厉态度可以从很多方面进行解释。除了基督教传统中对性所表现出来的憎恶之外，这一时期强硬地对待妓女其实与英国当时的社会大背景密不可分。近代早期是英国从中世纪向现代社会转型的历史时期。在这一时期，英国开展了宗教改革运动、完成了民族国家的建立、资本主义经济稳步向前、新济贫体制在全国建立，而这一切都与惩治妓女存在着千丝万缕的联系。

首先，在宗教改革期间，打击卖淫和惩罚妓女实际上被亨利八世作为一种政治手段加以利用。自中世纪以来，基督教一直将卖淫作为一种必要的邪恶加以容忍。卖淫业呈现欣欣向荣的景象。罗马更是获得了"妓女之都"的称号。到中世纪后期，天主教会极度腐败，神职人员和修道士也频频光顾妓院，全然违背了独身和守贞的誓言。而这种腐败的不道德行为正好给想要脱离罗马教皇控制的英国提供了一个口实。为了展示与天主教的不同及自身道德的优越性，亨利八世及其新教徒们遂将卖淫和妓女作为天主教产物予以打击。

---

① Owlen Hufton, *The Prospect before Her*, Vol. 1, p. 318.
② Wallace Shugg, "Prostitution in Shakespeare's London", *Shatesspeare Studies*, Vol. 10, 1977, p. 305.

其次，近代早期是英国政治和经济发生巨大变革的时期，是国家力量逐渐彰显的时期。一系列军事行动需要大量健康的战士，资本主义经济的兴起和发展也急需健康的劳动力。因此，国民的健康成为这一时期的当务之急。然而，卖淫却极易传播各种疾病，特别是梅毒。当哥伦布将梅毒带到欧洲之后，梅毒于16世纪晚期和17世纪早期在英国蔓延开来。至18世纪，期刊的广告栏中三项最常见的主题就是治愈性病、化妆品与书。梅毒的疯狂蔓延引起了人们对妓女的愤恨。在当时民众的眼中卖淫是梅毒传播的主要原因，而妓女则是产生这种致命疾病的源头。18世纪早期的一本关于性病的小册子就告诫读者，"为了不感染大瘟疫，唯一确定且最值得信赖的方法就是远离卖淫业……因为在妓女多的地方，出痘疹也就很普遍"。这本小册子所引用的大量案例均是遵循着妓女传染男子的套路。1779年，福克（N. D. Falk）的《论性病》则通过收集许多案例来证明妓女的阴道会滋生致命的性病。[①] 妓女与梅毒感染之间的联系也在当时的文学艺术作品中展现了出来。莎士比亚的戏剧《雅典的泰门》和《亨利八世》都将梅毒与妓女联系在一起。贺加斯的版画《妓女生涯》、吉尔雷（James Gillray）的版画《妓女的最后一件内衣》（The Whore's Last Shift）以及罗兰森（Thomas Rowlandson）的版画《垂死的老鸨》（A Bawd on Her Last Legs）中也直观地展现了妓女与梅毒之间的联系。基于对梅毒等性病的深深恐惧，卖淫活动和妓女自然成了国家和国民抨击的靶心。

最后，英国新济贫救济体制的建立也能在一定程度上解释官方对待妓女的敌视态度。在都铎王朝时期，英国以全国性的国家济贫救济体制代替了原来由邻里和教会所主导的慈善活动。这种新的济贫救济体制依赖于各地区所征收的济贫税。而妓女不加控制的性行为被认为会带来很多的私生子，这显然会加大国家和人民的济贫负担。因此，打击卖淫和惩罚妓女也就不足为奇了。

[①] Sophie Carter, *Purchasing Power*, p. 22.

三 妓女被蓄意地等同于单身妇女

从上面的分析来看,繁荣的卖淫业严重威胁着近代早期的英国社会,故而妓女遭到了严厉的对待和惩罚。但是,近代早期的社会观念却偏执地将卖淫与单身妇女等同起来。妓女,特别是妓院中的妓女在近代早期往往被理解为单身妇女,甚至有时还直接将二者画上等号。

诚然,从社会现实来看,这一时期卷入卖淫业的妇女大多都是单身妇女,特别是未婚女。贝纳特与弗若伊德提出,卖淫在很大程度上与单身妇女联系在一起,是因为有如此多的单身妇女都涉足了这一行业。[1] 对此,在这方面颇有研究的赫夫顿和皮特·金（Peter King）也持相同观点。赫夫顿在分析西班牙的卖淫情况时曾指出,"贫穷的未婚妇女或寡妇是这一邪恶交易的主要参与者。英国的情况,可能也类似"[2]。在伦敦,绝大部分妓女都是未婚女,约克郡的街头流莺也几乎都是未婚女。[3] 在分析原因时,金认为单身导致的贫穷是促使她们走上卖淫道路的一个重要背景。[4] 亨德森也提出,单身女孩父母中的一方或是双方皆过世,并且她们"只能获得完全不需要技能或最多是有些许技能但不稳定的工作",这种情况将导致她们的贫穷并且很可能促使着她们走上卖淫道路。毕替（J. M. Beattie）提出,"生活和工作环境对单身妇女来说尤其困难,特别是那些远道而来寻求工作的……以及那些没有家人或是朋友可以依靠的人"[5]。在分析都铎和斯图亚特王朝时期卖淫的滋生时,瓦霍利也将贫穷列为重要原因之一。同时她进一步强调,虽然妇女作为一个整体在近代早期面临着不利的工作环境和经济处境,但是

---

[1] Judith M. Bennett & Amy M. Froide, "A Singular Past", p. 16.
[2] Owlen Hufton, *The Prospect before Her*, Vol. 1, p. 306.
[3] Bridget Hill, *Women Alone*, p. 111.
[4] Peter King, "Female Offender, Work and Life – cycle Change in Late Eighteenth – century London", *Continuity and Change*, Vol. 11, No. 1, 1996, p. 82.
[5] J. M. Beattie, "The Criminality of Women in Eighteenth – Century England", *Journal of Social History*, Vol. 8, No. 4, 1975, p. 101.

"在这一时期，单身妇女却是最容易遭受贫穷的女性群体，且有五分之一到五分之二的流浪人口都是单身妇女"①。正是单身妇女所面临的经济能力薄弱和高度的流动性，使得她们中的一些人不得不通过卖淫来养活自己。

虽然大部分妓女都是单身妇女，但是瓦霍利和莫里（Melissa M. Mowry）也告诉我们，有不少已婚妇女同样从事卖淫活动。② 对此，社会却粗暴地将妓女与单身妇女等同。16世纪的法律记录通常会谴责男人在南华克的某个妓院中和某位"单身妇女"犯下了通奸罪。一本伦敦市政法庭的指令书在记录16世纪针对妓女的法令时，还使用"单身妇女"作为"妓女"一词的旁注。南华克的妓院规章则直接将妓女称之为"单身妇女"③。妓女也不能够葬在南华克教区为基督徒举行葬礼的墓地中，而是埋葬在预留给"单身妇女"的墓地里。④ 可以说，"在16世纪的英国，单身妇女可作为妓女的同义语使用"⑤。

当已婚妇女也卷入到卖淫活动中时，社会为何却固执地将妓女与单身妇女相等同呢？这在一定程度上源于基督教的性道德标准。基督教反对任何形式的婚外性行为并将之列为基督教的十大戒律之一，但又矛盾地将卖淫行为作为社会的排污管道加以容忍。那么，哪些妇女做排污管道的危害性更小呢？已婚妇女显然应该被排除在外。因为她们的婚外性行为属于"通奸行为"，并且可能会直接威胁后代的合法性和家庭财产的顺利传承，因此这比未婚人士的"私

---

① Cristine M. Varholy, "Representing Prostitution in Tudor and Stuart England", Ph. D thesis, University of Wisconsin – Madison, 2002, p. 30.

② 参见 Cristine M. Varholy, "Representing Prostitution in Tudor and Stuart England", Ph. D thesis, University of Wisconsin – Madison, 2002, pp. 132 – 133. Melissa M. Mowry, *The Bawdy Politic in Stuart England, 1660 – 1714*, p. 107.

③ Ruth Mazo Karras, "The Regulation of Brothels in Later Medieval England", *Signs*, Vol. 14, No. 2, 1989, pp. 131, 425.

④ Wallace Shugg, "Prostitution in Shakespeare's London", *Shakespeare Studies*, Vol. 10, 1977, p. 292.

⑤ Ruth Mazo Karras, "Sex and the Singlewoman", in Judith M. Bennett & Amy M. Froide, ed., *Single Women in the European Past, 1250 – 1800*, p. 131.

◆ 第六章 单身妇女遭遇的司法惩戒 ◆

通行为"要严重得多。而未婚女则不一样,她们不是某个男人的财产,她们的性行为不会影响到家庭后代的合法性。故而,当基督教会和国家将卖淫作为必要的邪恶加以容忍的时候,他们都将从事这一行当的妇女预设为单身的,试图以这部分单身妇女的堕落来保护其他妇女的纯洁和家庭的稳定。

其次,近代早期的社会观念蓄意地在妓女和单身妇女之间画上等号并且开始严厉地惩处妓女,实则有着更深层次的考虑。单身妇女可能更多地是因为她们的独立性而招致父权社会的不满。按照传统的两性秩序,妇女应该从属于男人。这种从属地位不仅表现在经济上依附于男人,在性别空间上止步于公共领域,而且也体现在她们的性权利上。从上述几章的叙述中我们已经看到,随着近代早期的到来,单身妇女在经济生产、政治权利和社会影响力方面都有了更加积极的表现。她们从依附于家庭的经济角色转变为了独立的工资赚取者;她们也积极地参加政治活动,并通过放贷、纳税等各种手段发挥着自己的社会影响力;在意识形态方面,一些单身妇女还萌生了自我意识,开始追求自由和独立,甚至还为此摒弃了婚姻。显然这所有的一切都挑战了传统的两性秩序,侵蚀着男性的权威。为了重整两性秩序,维护男性权威,对这类妇女进行打击和束缚成为了必须。除了经济上的限制之外,司法上的惩罚也不失为一种必要的手段。单身妇女无主的性遂成了靶心和口实。根据近代早期的女性观,妇女一旦结婚,就将交出自己所有的权利,其中也自然包括她们的性权利。她们只有一个性对象,那便是自己的丈夫。而单身妇女则不同,她们是无主的。她们可能用其无主的性来勾引任何男人,进而扰乱社会秩序。因此,对这部分拥有性自主权的,特别是积极投身政治经济活动的、频繁出入公共空间的单身妇女进行管制成为了必要。关于这一点,我们可以从考文垂1492年的法令中得到证实。这一法令禁止年龄在50岁以下、健康状况良好的单身妇女独自或是与他人一起拥有一处住宅或一间房屋,并且下令她们在结婚之前都要做女仆。由于这一法令招致了诚实妇女及其家庭的反对,因而做了相应调整。在1495年米迦勒节时,法令将年龄的限度降低为 40 岁。后来，市政府又做出了让步，规定每个在这一年龄界线之下的单身妇女都可以拥有一间单独的房间，但这一房间必须是从一个诚实的人那里获得，并且这人还要为单身妇女的行为负责。否则，这名单身妇女将被送去当帮工甚至遭受监禁或流放。从表面上看，这一法令及其调整是针对单身妇女的居住权所作出的安排和规定，其实这是出于对单身妇女自主的性的担忧。法律条款并非随意对独居单身妇女做出年龄限制，而是有其特殊的考虑。妇女一般在四五十岁的时候就开始绝经了，日渐丧失性吸引力，其性自主权不会对男性造成威胁。因此，她们的单独居住可能不会给男人带来困扰和忧虑，自然也就得到了容忍。后来，市政府虽同意每名单身妇女都可以单独居住，但是也要求要有诚实可靠的人对其行为负责。事实上，这是将单身妇女的性自由移交给了这人负责。由此看来，考文垂对单身妇女居住权的严格限制实际上是出于对她们无主的性的担忧，害怕她们自主地运用性权利去从事邪恶的交易。在解读这一法令时，彼得斯（Christine Peters）也提醒我们，"对卖淫和'不道德'问题的周期性关注是不可以忽略的"[1]。

在这种将妓女等同于单身妇女的社会观念当中，单身妇女无论是否真的从事了皮肉生意，都极易遭到怀疑。失业的女仆通常被认为是妓女；夜间徘徊在大街上的单身妇女也被怀疑为妓女；那些在白天睡觉而晚上去那些疑似妓院之处的单身女性也经常被认为是妓女；服饰通常也被视为是妓女的一个指示器。如果一名单身妇女穿着单薄裙子外出的话，法官也可能仅因为其"着装放纵"就判其入狱。在伦敦的一些地区如特鲁里街，任何在晚上单独散步的妇女都可能被认为是在招揽生意。鉴于这种将单身妇女与妓女相联系的偏执态度，我们可以做出这样的推断：近代早期英国社会开始严厉地惩处妓女，在一定程度上其实是为了束缚和控制那些威胁传统性别秩序的单身妇女。

---

[1] Christine Peters, "Single Women in Early Modern England: Attitudes and Expectations", *Continuity and Change*, Vol. 12, No. 3, 1997, p. 329.

第二节 单身妇女与巫术迫害

一 猎巫运动与女性迫害

近代早期是英国从中世纪迈向现代社会的转型时期。在此期间，发生了文艺复兴、宗教改革、民族国家的形成以及资本主义兴起等一系列令人振奋的事件。也是在这一时期，整个欧洲却掀起了一场规模宏大的人为灾难——猎巫运动。英国自然也不例外。在英国，上至国王下自百姓都以极大的热情加入猎捕巫师的行列。史东甚至将追捕和迫害巫师视为是伊丽莎白时代农村社会中"唯一使人们统一起来的黏合剂，是大众异常兴奋的一段临时情节"[1]。

从1542年英国颁布首个反巫术法令（该法令在5年之后被废除）到1736年英国的反巫术法案被全面废除为止，使用巫术伤害人或物一直都是司法审判中主要的犯罪类型之一。在伊丽莎白统治下的埃塞克斯，这类犯罪是继偷窃、入室行窃之后的第三大类的犯罪；在詹姆士一世统治时期，这是继偷窃、入室行窃、自杀或杀婴以及拦路抢劫之后的第五大类的犯罪。麦克法兰（Alan Macfarlane）在其对都铎和斯图亚特时期的巫术研究中指出，在埃塞克斯巡回法庭上只有盗窃案件的数量多于巫术案件，以至于在他看来巫术"并非是不重要的、反常的犯罪，相反是非常重要的（犯罪）"，"几乎每年都会有巫术指控发生"[2]。并且，"在这段时期，被控实施巫术成为女性的主要犯罪类型"[3]。由于资料的限制，从1542年到1736年究竟有多少人遭到了审判，又有多少人被处死，无法予以准确判断。尤恩（L'Estrange Ewen）估计，在1542—1736年期间，英国被处死的女巫大约有1000人。英国著名巫术史专家拉娜（C. Larner）则认

---

[1] Bridget Hill, *Women Alone*, pp. 116–117.

[2] Alan Macfarlane, *Witchcraft in Tudor and Stuart England*, London: Routledge & Kegan Paul plc, 1999, p. 30.

[3] Marianne Hester, *Lewd Women and Wicked Witches: A Study of the Dynamics of Male Domination*, London: Routledge & Kegan Paul plc, 2003, p. 128.

为尤恩的数据可能严重地夸大了事实。她推测仅有不到500人被处死。[1] 麦克法兰在考虑了资料的缺陷之后推测,在1560—1706年间的巡回法庭中有2000人遭到审判,大约有300名妇女被处死。[2]

虽然学者们在有多少女巫被审判或处死上存在不同意见,但是他们都一致认为绝大部分遭受巫术迫害的都是妇女。据尤恩估计,在萨福克郡被处死的巫师当中至少有80%都是女性。[3] 从约克郡巡回法庭所保存的17世纪后半期的20份记录相对完整的巫术审判案来看,比例更高。在这20份记录中有30人被判为巫师,其中有27人都是妇女。[4] 在1560—1675年的埃塞克斯郡,遭受巫术指控的男性有23人,而女性则高达290人,占遭受指控人数的93%。[5] 故而,威利斯(Deborah Willis)认为英国在1563—1736年间,因巫术罪而被处死的几乎都是妇女。[6]

令人奇怪的是,在20世纪70年代以前,女性在遭受巫术迫害中所占的高比例并没有引起历史学家的重视。这在一定程度上可能是因为大部分历史学家都是男性,普遍对性别问题不予关注。随着第二次妇女运动的到来和社会性别理论的提出,很多学者尤其是女性主义学者才将注意力放在了这一现象上。一些学者提出,猎巫是男性向女性发动的一次有预谋的性别战争。著名女性主义者戴利(Mary Daly)提醒我们,猎巫是男性对女性的一次大屠杀。[7] 金

---

[1] 数据参见:Keith Thomas, *Religion and the Decline of Magic*, Oxford: Oxford University Press, 1997, pp. 305 – 307.

[2] Alan Macfarlane, *Witchcraft in Tudor and Stuart England*, p. 62

[3] Louise Jackson, "Witches, Wives and Mothers: Witchcraft Persecution and Women's Confessions in Seventeenth – century England", in Darren Oldridge, ed., *The Witchcraft Reader*, London: Routledge & Kegan Paul plc., 2002, p. 354.

[4] James Sharpe, *Instruments of Darkness: Witchcraft in England, 1550 – 1750*, London: Hamish Hamilton, 1996, p. 173.

[5] Brian P. Levack, *The Witch – Hunting in Early Modern Europe*, London: Longman, 1995, p. 134.

[6] Deborah Willis, *Malevolent Nurture: Witch – Hunting and Maternal Power in Early Modern England*, Ithaca: Cornell University Press, 1995, p. 3.

[7] Mary Daly, *Gyn/Ecology: The Metaethics of Radical Feminism*, Boston: Beacon Press, 1990, p. 188.

(Margaret L. King) 指出，"欧洲大规模的猎巫是由男性发动的一场针对女性的战争"①。米切尔（Linda E. Mitche）认为，猎巫是西方历史上第一次"专门集中在女性身上的，有计划的迫害"②。赫斯特（Marianne Hester）提出："巫术指控是男性对女性统治的一部分。"③ 拉娜则简洁而有力地断言"猎巫就是猎捕女性"④。

　　为了解释妇女在受害人中所占的高比例，许多学者都将之追溯到了西方厌女主义文化传统上。亚里士多德认为妇女是不完美的男性，她们更加被动和虚弱，而且这种不完美不仅是身体上的，也是道德和智力上的。基督教的权威如杰罗姆、奥古斯丁和图特良也都将妇女视为是缺乏理性的好色之徒。这种古典和基督教传统中有关女性缺点和劣根性的言论，也被鬼神学家用来解释为什么妇女容易屈服于魔鬼的诱惑。《女巫之锤》（1486）的作者［德国多米尼克派的修道士克拉默（Heinrich Kraemer）和斯布伦吉（Johann Sprerger）]在解释妇女更容易成为巫师时提出："对于第一个问题，为什么有大量的巫师是在脆弱的女性中而不是在男人中发现……第一个原因是她们更加轻信。由于魔鬼的主要目的就是去腐蚀人的信仰，因此更容易攻击她们……第二个原因是妇女天生更加容易动感情……第三个原因是她们的言谈不可信，而且不能向其女伴隐瞒那些她们通过魔法而知道的事情……而自然原因是她比男人更加淫荡，这显然是来自她高昂的性欲。并且应该注意到，第一个妇女被创造出来的时候就是有缺陷的，因为她来自于一根弯曲的肋骨……由于这种缺陷，她是不完美的动物，她总是在欺骗……在有关第一位女性的例子中她就是毫无信仰的……她完全不相信上帝的话……这在语源学上可以显示出来，因为女性（femina）是来自信仰

---

① Margaret L. King, *Women of the Renaissance*, Chicago: The University of Chicago Press, 1991, p. 144.
② Linda E. Mitchell, ed., *Women in Medieval Western European Culture*, New York: Garland Pub., 1999, p. 302.
③ James Sharpe, *Instruments of Darkness*, p. 169.
④ C. Larner, *Enemies of God: The Witch - Hunt in Scotland*, Oxford: Basil Blackwell Ltd., 1983, p. 100.

(fe) 和缺少 (minus)。她一直就是比较软弱的,不能够保持其信仰……因此,女性天生就会对其信仰发生动摇,结果很快会公开放弃信仰……总之,所有的巫术都来自于强烈的肉欲,而女性的肉欲又无法得到满足。"① 在解释女性的强烈性欲上,克拉默和斯布伦吉也带着严重的偏见。他们讲道:"有三种永远也得不到满足的东西,但肯定还有第四种,那就是子宫的入口。为了满足其强烈的性欲,她们甚至与魔鬼交欢。"② 从英国本土有关巫术的论述来看,妇女更加容易沉溺于巫术同样是源于女性的次等性和天生的缺陷。威廉·帕金森(William Perkins)在解释绝大部分巫师都是妇女时,也将此追溯到了夏娃的罪过和女性的缺陷上。③ 他对此的解释非常简洁,因为在他看来这是不言自明的。更加全面的讨论出现在 1616 年亚历山大·罗伯茨(Alexander Roberts)的《论巫术》(*A Treatise of Witchcraft*)一书中。书中,罗伯茨提供了一个标准的,容易让妇女沉迷于实施巫术的品质清单:她们轻信他人,因此容易被欺骗;她们的好奇心过强,因此希望"知道不太适宜和不太方便的事情";她们的身体更加虚弱,因此"更加容易相信魔鬼";从夏娃开始,她们就"更容易堕落";她们更容易愤怒,更具报复性;她们还"爱饶舌和喋喋不休"④。

当代研究者对此则提出了一些新的看法。例如埃伦里奇(Barbara Ehrenreich)认为,女人之所以比男人更多地被起诉是因为巫术处理的主要是妇女所关心的事务。并且,妇女的世界比现在更加封闭,对男人来说也更加神秘。妇女身体的变化和功能都是神秘

---

① Heinrich Kramer & Jocab Spenger, *The Malleus Maleficarum*, 1486, in Alan C. Kors & Edward Peters, ed., *Witchcraft in Europe 1100 – 1700: A Documentary History*, Philadephia: University of Pennsylvania press, 1972, pp. 114 – 127.

② 裔昭印:《西方妇女史》,第 261 页。

③ William Perkins, *A Discourse of the Damned Art of Witchcraft, So Farre Forth as it is Revealed in the Scriptures, and Manifest by True Experience*, London: Printed by Cantrell Legge, 1608, pp. 168 – 169.

④ Alexander Roberts, *A Treatise of Witchcraft: Wherein Sundry Propostions are Laid Downe, Plainely Discovering the Wickedness of that Damnable Art*, London: Printed by N. O. for Samvel Man, 1616, pp. 40 – 47.

第六章　单身妇女遭遇的司法惩戒

的，特别是在生育孩子上，这是只有妇女才能协助的事情，男医生对此却相当无知。在科学知识匮乏的时代，这很容易被怀疑为妇女使用了魔力和符咒。在埃伦里奇看来，对妇女发起巫术指控，是男性试图控制医学行业而采取的举动。她认为，迫害女巫期间也是男性在教会和国家的支持下获得医疗从业资格，而将女智者（Wise Women）所进行的医疗活动贴上非法和异端标签的时期。龙特（William Monter）和穆尚布莱（Robert Muchembled）在分析女性被指控为女巫这一问题上，将"社会性别视为巫术迫害的根源"，认为巫术与性别相关。他们将巫术迫害视为当时女性受压制的典型例子。戴利也认为，就像印度的寡妇殉夫和中国妇女的裹脚一样，猎巫运动是为了控制女性，特别是控制那些独立的和有医学知识的女性。卡尔森（Karlesn）和夏普（James Sharpe）的解释则相当新颖。在卡尔森看来，由于巫术是认识无法解释现象的一种手段，因此妇女可能试图将巫术作为一种权利加以运用。也就是说，妇女认为通过巫术可以享有更大权利，因此她们乐于采用巫术。[①] 夏普的意见也与众不同。她提出虽然绝大部分被告是妇女，但同时大部分起诉者也是妇女。因此，不应该将此视为男女之间的战争，而是女性为了控制女性社会领域的争斗。[②]

学者们的解释无疑都是智者之见。按照上述解释我们可以做出这一合理推断——所有妇女都可能被控实施巫术。事实上，在这场猎巫运动中并不是所有的妇女，通常只是具有某种特征的妇女才会遭受打击。那么，哪类妇女最容易招致迫害呢？

二　男权重构与猎捕单身妇女

1584年，雷金纳德·斯科特（Reginald Scott）描述了他所认识的肯特郡的女巫嫌疑人：她们"通常都很老、跛足、视线模糊、面

[①] Marianne Hester, *Lewd Women and Wicked Witches: A Study of the Dynamics of Male Domination*, p. 114.

[②] James Sharpe, *Instruments of Darkness*, pp. 173 – 185.

223

色苍白、肮脏并且满脸皱纹"①。1646年，赫特福特郡的牧师约翰·高卢（John Gaule）则更加详尽地描述了典型的女巫形象：如果一个老女人满脸皱纹，眉毛处看起来像毛皮，嘴唇周围长满软毛，尖牙，斜眼，嗓音尖利或者如同责骂人一般，穿着皱皱巴巴的大衣，头上戴着便帽，手中拿着棍棒，身旁有一只狗或是猫，那么她就不仅仅是被怀疑，而是要被宣布为一名女巫了。②

从斯科特和高卢的描述来看，女巫有着一个共同特征——年老体衰。这一特征也被后来的学术研究所证实。布里吉斯指出，"对于迫害者和当时的普通民众等人而言，老妇人是女巫这种思维定式对他们而言是习以为常的"③。维斯娜也告诉我们，"在任何一个村庄中，被指控从事巫术活动的人往往是一位年老的女性"，"年老体衰成了女巫刻板印象的一个基本特征"④。巴施威茨则将猎巫运动视为是一场"反对虚弱、孤独和不受欢迎的老年女性的战争"⑤。从档案数据来看，情况也的确如此。在1645年埃塞克斯的巡回法庭上，年龄记载清晰的15名女被告中有2人是在40—49岁之间，有3人是在50—59岁之间，有7人是在60—69岁之间，还有3人是在80—89岁之间。⑥ 考虑到近代早期英国妇女的寿命普遍偏低，对妇女来说老年开始的时间大概是40岁，50岁已经完全进入了老年期。⑦ 那么从法庭记录来看，被指控为女巫的被告全都是老年妇女。

---

① ［英］罗宾·布里吉斯:《与巫为邻：欧洲巫术的社会和文化语境》，雷鹏、高永宏译，北京大学出版社2005，第17页。

② J. Gaule, *Select Cases of Conscience Touching Witches and Witchcraft*, London: Printed by W. Wilson, 1646, pp. 4-5.

③ ［英］罗宾·布里吉斯:《与巫为邻：欧洲巫术的社会和文化语境》，第19页。

④ Merry E. Wiesner, *Women and Gender in Early Modern Europe*, p. 277.

⑤ Evelyn Heinemann, *Witches: A Psychoanalytic Exploration of the Killing of Women*, London: Free Association Books, 2000, p. 18.

⑥ Alan Macfarlane, *Witchcraft in Tudor and Stuart England*, p. 162.

⑦ Amy M. Froide, "Old Maids: the Lifecycle of Single Women in Early Modern England", in Lynn Botelho, Pat Thane, ed., *Women and Ageing in British Society Since 1500*, Harlow: Pearson Education Limited, 2001, p. 90.

第六章　单身妇女遭遇的司法惩戒

在解释为什么女巫基本都是老年妇女上，斯科特认为这是生理原因引起的，因为绝经会导致妇女产生幻觉，以为自己可以控制魔鬼。而当代的学者却认为这是因为女巫名声的建立需要一个长期的过程。麦克法兰在研究中指出，妇女是在自己和她们邻居的眼中逐渐成长为女巫的。在怀疑某人是女巫之后，邻居们出于对巫术的恐惧往往会容忍很长一段时间才会将之告上法庭。根据证人爱德华·费尔法克斯（Edward Fairfax）所言，一名据说折磨过自己孩子的约克郡女巫"对那些最富有的邻居有着颇具威力的手段，以至于这些邻居没人敢拒绝她的任何请求……并尽自己所能来讨好她"[1]。"害怕或是希望得到女巫的帮助可能导致邻居长时间地容忍这一行为。"[2] 只有当她的行径让邻居的恐惧和厌恶达到无法忍受的地步时，才会被告上法庭。"绝大多数女巫在早年就被怀疑，但是要在15年或是20年之后才会被告上法庭。"[3] 在1645年埃塞克斯巡回法庭上招供的女巫中有9人承认自己大约在15年前就是女巫了，而只有5人说自己是在被发现的半年前才开始施展巫术的。[4]

女巫不仅仅是年老的，通常还是相当贫困的。哈尼曼（Evelyn Heinemann）发现女巫中的"大部分人是生活于社会边缘的年老女性"[5]。威利斯对英国的研究也表明，女巫通常是一些依赖其邻居帮助的贫穷老妇人。[6] 在近代早期有关巫术的文学作品中"女巫通常是穷人，乞讨就是她们的行为特征之一"。虽然麦克法兰提醒我们，女巫不一定是社区中最穷的人，但是毫无疑问，她们的经济地位通常都比指控她们的人更低。在他的研究中，被告通常是普通劳

---

[1] [英] 罗宾·布里吉斯：《与巫为邻：欧洲巫术的社会和文化语境》，第263、162页。
[2] Merry E. Wiesner, *Women and Gender in Early Modern Europe*, p. 231.
[3] [英] 罗宾·布里吉斯：《与巫为邻：欧洲巫术的社会和文化语境》，第263页。
[4] Alan Macfarlane, *Witchcraft in Tudor and Stuart England*, p. 162.
[5] Evelyn Heinemann, *Witches: A Psychoanalytic Exploration of the Killing of Women*, London: Free Association Books, 2000, p. 38.
[6] Deborah Willis, *Malevolent Nurture, Witch-Hunting and Maternal Power in Early Modern England*, pp. 43–44.

动者，而原告往往是经济状况更好的约曼农。① 在解释为什么贫穷妇女容易遭受指控上，学者们将之与英国的社会转型相联系并且采取心理学的分析方法进行剖析。诸如麦克法兰、布里吉斯和托马斯都认为，宗教改革之后，社区中分散的邻里施舍被集中的济贫救济所取代，村民们开始逃避传统的互助义务，特别是在经济困难的时候，可能会拒绝向贫穷的邻里施舍，这使得邻里之间关系紧张化。并且，拒绝施舍者可能也会因此产生一种"拒绝—内疚"综合征，而这是"最可能导致巫术指控的原因"②。

除了年老和贫穷之外，女巫还有一个典型特点——单身。就如斯科特在其《巫术的发现》（1584）中质疑的那样，为什么巫师总是穷困、年老和孤独的妇女呢？③ 卡尔森（Carol Karlsen）指出，不是所有的妇女都同样容易遭受巫术指控，而是那些年龄在40岁以上的妇女，特别是单身的妇女……最容易遭受巫术指控。④ 贝纳特和弗若伊德也认为，"巫术迫害中最常见的目标就是那些没有丈夫的女人。在那些被怀疑与魔鬼订立契约的人中，妇女超过了男人，穷人超过了富人，年老的人超过了年轻人并且单身妇女超过了妻子"⑤。维斯娜在描述被告特征时也指出，绝大多数遭受指控的都是妇女。她们"五十岁以上，通常都是寡居或是独身，贫穷并且在某些方面有点特别——外表或是行为古怪，再或者是众所周知的爱诅咒、爱责骂以及异常的性行为"⑥。赫斯特同样发现，在16—17

---

① Alan Macfarlane, *Witchcraft in Tudor and Stuart England*, p. 151.

② 拒绝给予帮助是一种暗含的攻击举动。它将某人自己的需求放在了首位，因此让拒绝别人者感到内疚。然后这种攻击就被投射到那些被认为在遭到拒绝后变得愤怒和怨恨的人身上。这样表现出的效果就是，受害者本身的愤怒和进行攻击的欲望会让他们不可忍受，同时这种心理投射表现为一种不自觉的防御机制。如果后来继发了不幸之事，那么怀疑自然就会落到那些被认为怀恨在心的人头上。参见罗宾·布里吉斯《与巫为邻：欧洲巫术的社会和文化语境》，第146页。

③ Jacqueline Eales, *Women in Early Modern England, 1500–1700*, p. 105.

④ Marianne Hester, *Lewd Women and Wicked Witches: A Study of the Dynamics of Male Domination*, p. 120.

⑤ Judith M. Bennett, Amy M. Froide, "A Singular Past", p. 14.

⑥ Merry E. Wiesner, *Women and Gender in Early Modern Europe*, p. 277.

第六章 单身妇女遭遇的司法惩戒

世纪受猎巫影响的大部分国家中存在着这样一种倾向，它"迫害女性，尤其是那些贫穷、年老并且通常是寡居的女性"①。托马斯和罗森对英国的研究表明，女巫通常是贫穷年老的妇女，其中大部分人是寡妇。② 从莱沃克（Brian P. Levack）对女被告之婚姻状况所做的抽样调查来看，单身妇女占据了绝大多数。在 1560—1700 年期间肯特郡的 54 名婚姻状况清晰的女被告中，有 11 名已婚妇女、24 名寡妇和 19 名独身妇女，即单身妇女在女被告中高达 80%。③

在解释为什么老年和贫穷容易让妇女遭受指控上，学者们已经做了比较深入的探讨。但是，至于为什么单身妇女比已婚妇女更容易遭受指控上，学者们还未给予足够重视。在笔者看来，单身妇女之所以更容易遭受巫术指控，主要是基于以下几点原因：

首先，这可能源于古典和基督教传统中的厌女主义情结。前文论及古典文化和基督教传统将妇女视为不完美的、低于男人的一类人。这种消极的女性观到了近代早期仍占据着主导地位。而在所有的女性缺点中，有两种特征非常容易导致女性沉溺于巫术：一是她们意志薄弱、缺乏理性，因此更容易受到魔鬼的诱惑和欺骗。在《女巫之锤》中克拉默和斯布伦吉指出，由于妇女更加轻信，因此魔鬼更容易攻击她们。英国国王詹姆士一世在其《魔鬼研究》中也写道："因为女性的意志比男性薄弱，所以她们容易受骗而陷入魔鬼的罪恶陷阱之中。"④ 二是，女性青睐巫术还因为其旺盛的性欲。从古典时代开始，女人就被认为具有比男人更强的性能力。亚里士多德认为，因为不完美的事物总是争取完美，因此女性更渴望得到男性。由此，女性也就具有比男性更强烈的性冲动。到了近代早期，这种认为妇女好色淫荡的思想仍然延续了下来。17 世纪初期

---

① Jonathan Barry, ed., *Witchcraft in Early Modern Europe: Studies in Cultural and Belief*, Cambridge: Cambridge University, 1996, p. 293.

② Keith Thomas, *Religion and the Decline of Magic*, p. 562. Barbara Rosen, *Witchcraft in England, 1558 – 1618*, Amherst: The University of Massachusetts Press, 1991, p. 29.

③ Brian P. Levack, *The Witch – Hunting in Early Modern Europe*, p. 146.

④ C. Larner, *Enemies of God*, p. 93.

的一名叫作罗伯特·伯顿的英国人就抱怨，不仅年轻的女孩一到青春期就寻求性交，而且年老女性也同样好色。"虽然她是一个十分干瘪的丑老太婆，但是她也叫春。她必定有一位情夫，一位支持者。她必将再婚，并把自己许配给一位年轻的男子。"[1] 该时期的另一位学者则认为，绝经后的年老寡妇的特性是"干"。她们是一些性饥渴者，会吸出年轻男子的精液，并以其难以满足的对精液的渴望而使男人变得虚弱，以其罪恶去毒害和摧毁男性。[2] 王萍在其著作中也明确指出，在16—17世纪的英国社会中，"女性的一个最主要负面形象就是不贞洁的荡妇。女人被看成是具有一种强大的性能力"[3]。女性强烈的性能力不仅威胁到男人的健康，而且还被认为是她们施展巫术的根本原因。法国杰出的法理学家让·博丹（Jean Bodin）在解释这一问题上也认为："正是兽欲的力量使得女性极度沉湎于这种欲望中"[4]。自古典时代以来，这种以男性为主的，对女性性欲的解释，都是在漫长的岁月中掌握了话语权的男性做出的，已日渐老迈的男性通过诅咒女性，来掩盖他们性能力的下降。

在这种厌女主义的文化氛围中，未婚女和寡妇又比已婚妇女更容易遭受攻击。因为"未婚妇女或是寡妇没有男人来控制她们的性行为，结果天生好色的妇女……特别容易失去控制"[5]。同样，她们也没有丈夫来满足其旺盛的性欲，这导致她们更容易受到魔鬼的诱惑，与魔鬼结交。基于此，宗教改革家们极力敦促女性结婚，因为在他们看来，"没有一位女性具有特殊的神赐天赋来摆脱强烈的

---

[1] Brian P. Levack, *The Witch - Hunting in Early Modern Europe*, p. 143.
[2] Lorna Huston, *Feminism and Renaissance Studies*, Oxford: Oxford University Press, 1999, pp. 211 - 212.
[3] 王萍：《现代英国社会中的妇女形象》，第18页。
[4] H. Sidky, *Witchcraft, Lycanthropy, Drugs, and Disease: An Anthropological Study of European Witch - hunts*, New York: Peter Lang, 1997, pp. 32 - 33.
[5] Marianne Hester, *Lewd Women and Wicked Witches: A Study of the Dynamics of Male Domination*, p. 120.

第六章 单身妇女遭遇的司法惩戒

性欲"①。

其次,这类妇女在经济上的边缘地位引起了邻里的不悦,从而致使她们更容易被指控为女巫。比起与之处于同一社会阶层的已婚妇女来讲,单身妇女的生活可能更没有保障,更容易遭受贫穷的袭击。"未婚妇女和寡妇通常比妻子更加贫穷。"② 如前文所示,单身妇女一方面很少能出现在纳税人名单上,另一方面又在领受救济者中占了相当大的比例,这些都暗示了单身妇女拮据的经济生活。并且,随着年龄的增长,体力的衰竭,她们的处境可能会更加糟糕。布里吉斯指出,"绝大多数没有儿女和近亲的老年妇女至少部分地依靠慈善来维持基本生存"。从那些接受济贫救济的人群来看,年老的寡妇和未婚女出现的频率最高。近代早期诺福克的乡村和城镇,在那些获得救济的穷人中寡妇平均占了50%。③ 16 世纪末的南安普敦,寡妇在接受济贫救济的人中占了三分之二。④ 在阿宾顿,寡妇也同样是济贫对象中最主要的一类人。⑤ 相似的,"年龄也允许未婚妇女像寡妇一样有权享受济贫救济"⑥。虽然在近代早期英国逐渐建立起了全国性的济贫机制,但是传统的"施舍作为主要的宗教和社会职责的观念深深根植在欧洲社会"⑦,因此面对这些需要救济的寡妇和未婚女,邻里们感到了压力和不悦。特别是对更低社会等级的人来说,经济萧条期使得村庄中由脆弱的平衡和理解所构成的网络被打破,需要帮助的寡妇和未婚女成为村子稳定的一个威胁。在拒绝—内疚机制的推动下,人们认为无能力的老妇通常会采用巫术来报复那些拒绝给予她们施舍的人。因此,一旦拒绝者遭受厄运的话,就会认为与乞讨者所实施的巫术相关,这可能致使他

---

① Merry E. Wiesner, *Women and Gender in Early Modern Europe*, p. 23.
② Judith M. Bennett, Amy M. Froide, "A Singular Past", p. 14.
③ Richard M. Smith, ed., *Land, Kinship and Life-Cycle*, pp. 361, 377.
④ Amy M. Froide, *Never Married, Single Women in Early Modern England*, p. 34.
⑤ B. H. Todd, "Widowhood in a Market Town: Abingdon, 1540 – 1720", Ph. D thesis, University of Oxford, 1983, p. 5.
⑥ Amy M. Froide, *Never Married, Single Women in Early Modern England*, p. 39.
⑦ [英] 罗宾·布里吉斯:《与巫为邻:欧洲巫术的社会和文化语境》,第 144 页。

们将这些穷苦的单身妇女指控为女巫。

再次,单身妇女容易受到巫术指控,还可能是因为没有丈夫,并且在很多情况下也没有儿女可以保护她们。单身妇女的社会交往几乎都是以同性交往为中心的。因此,可以保护她们的人,特别是男人也相应较少。潜在的迫害者就能更肆无忌惮地表露自己的怀疑。因为在巫术指控中,"丈夫为妻子的辩护几乎总是很有力,……丈夫可以去找潜在的指控者,让后者说出自己的理由。这有可能羞辱或是吓得后者保持沉默"[1]。正如维斯娜所指出的,"未婚妇女和寡妇更容易被指控为女巫,这是因为她们没有丈夫来保护她们"[2]。同样,如果没有其他特殊原因,成年儿女通常也会尽可能地捍卫自己的双亲。对于年老的单身妇女来讲,她们通常既没有丈夫,也没有成年儿女的庇护(在被指控的寡妇中有很大一部分人没有在世的儿女[3]),因此容易受到攻击。反过来,由于没有儿女和丈夫,被指控的单身妇女容易感到孤立无援,甚至会产生没人需要和在乎自己的失落感,从而主动招供以求解脱。

此外,单身妇女的性格可能更加古怪一些,尤其是在年老的时候。"年老、寡居和独身的女性,她们常常显示出喜欢争吵、容易发脾气、爱搬弄是非等古怪的或反社会的行为。"[4] 而正是这些古怪的性格和行为容易导致她们遭受巫术指控。这在17世纪伯克郡的伊丽莎白·格雷戈里(Elizabeth Gregory)的案件中体现得非常明显。在对她的指证中,证人将她描述为一个爱责骂人的、爱诅咒的和不安静的女人,是邻里中不受欢迎之人。[5] 斯科特甚至宣称"女巫的主要过错就是她们的咒骂"[6]。这种观点似乎还延续至今,人

---

[1] [英] 罗宾·布里吉斯:《与巫为邻:欧洲巫术的社会和文化语境》,第231页。
[2] Merry E. Wiesner, *Women and Gender in Early Modern Europe*, p. 259.
[3] [英] 罗宾·布里吉斯:《与巫为邻:欧洲巫术的社会和文化语境》,第263页。
[4] 徐善伟:《男权重构与欧洲猎巫运动期间女性所遭受的迫害》,《史学理论研究》2007年第4期。
[5] James Sharpe, *Instruments of Darkness*, *Witchcraft in England*, *1550–1750*, p. 183.
[6] Christine Peters, *Women in Early Modern Britain*, *1450–1640*, New York: Palgrave Macmillan, 2004, pp. 118–119.

第六章　单身妇女遭遇的司法惩戒

们仍把行为古怪、孤僻的老妇称为"巫婆"。

事实上，老年单身妇女容易遭受猎捕，在很大程度上还因为她们的"独立性"。近代早期是英国民族国家形成的时期，尤其强调良好的社会秩序。1563年反巫术法令的颁布也体现了对国家秩序的关注——这不仅是因为很多"恶魔般的人"正在通过巫术"对邻居及其物品进行了伤害"，而且还因为他们给"这个国家"带来了"巨大的污名和混乱"[①]。在对社会秩序的维护上，作为国家基石的父权制家庭的稳固显得尤为重要。可以说国家本身就是建立在无数个由男性家长控制的家庭之上的。自然，国家良好秩序的建立也有赖于各个父权制家庭的顺利运转，以及家长对家户成员的良好束缚。然而，对于孀妇和年老的未婚女来讲，她们可能不受男性家长的控制。在17世纪末的南安普敦有86%的寡妇都是自己作为户主。对年纪较大的未婚女来说，她们也可能是独自生活的。在18世纪的斯塔福德郡和多西特郡的3个社区里，45岁以上的未婚女中有36.4%—40%的人都是户主。[②]寡妇和未婚女还倾向于和自己婚姻状态相似的人居住在一起，形成单身妇女的类聚。单身妇女在居住上的独立性很容易引起男性的不安和愤怒，因为她们在一定程度上摆脱了男性的直接控制。除居住外，这一时期的单身妇女在政治经济、社会影响力以及思想意识形态等方面也都表现出了一定的独立姿态，而且她们还建构起了自己的社会关系网络。所有的这些举动都冲击着传统的两性关系，威胁着男性霸权。单身妇女所享有的财产继承权也引起了男权社会的极度不满。这是"对男性经济控制的一个潜在挑战，因为她们已经继承了或是很可能要继承财产"。在财产显得相当重要的社会里，继承权总是会引起很多的矛盾。有证据表明男性"对那些显然有着财产继承权的妇女怀有某种敌意"[③]。这些彰显着独立性

---

① Deborah Willis, *Malevolent Nurture, Witch-hunting and Maternal Power in Early Modern England*, p. 86.
② Amy M. Froide, *Never Married, Single Women in Early Modern England*, p. 22.
③ [英]罗宾·布里吉斯：《与巫为邻：欧洲巫术的社会和文化语境》，第272—273页。

的妇女,"在扰乱'良好秩序'的同时,也扰乱了社会等级"①。在此情形之下,利用传统上将妇女和巫术相连的刻板印象来压制这些女性则成了重整男性权威的重要手段。正如拉娜所指出的"猎巫是对那些不符合社会女性观的妇女进行猎捕"②。也如戴利告诉我们的一样,"巫术恐慌是试图控制那些积极反对男性霸权的妇女,特别是那些未结婚的妇女和那些曾经结过婚的妇女。猎巫运动是清除社会中不能'消化'的女性成员的一种举动,即消除没有同化在父权家庭之中的妇女"③。

近代早期,英国开始以严厉的态度对待妓女并展开了一场旷日持久的猎巫运动。虽然这些事件的发生,有着特殊的经济、政治和宗教背景,但从女性主义的视角来看,这也与维护和重整男性权威密不可分。在这个经济、政治及意识形态方面都发生了重大改变的近代早期,两性关系也遭遇了重重挑战:越来越多的单身妇女作为个体参与政治经济活动,通过放贷和纳税行为彰显着社会影响力;她们也建构起了比已婚人士更加宽泛的,以单身妇女为中心的社会关系网络;有些单身妇女甚至还萌发了女权意识,开始质疑传统的社会性别秩序,开始抵触婚姻。面对单身妇女在各个方面彰显出来的独立性和独立意识,父权机制加强了运作。不仅限制单身妇女的政治经济活动,而且还通过司法手段对她们进行恶意打击。虽然妓女中既存在单身妇女,也存在已婚妇女,但是社会观念却蓄意地将妓女等同于单身妇女;虽然巫师既有男人也有女人,但是绝大部分招致猎捕的却都是妇女且主要都是单身妇女。因此,我们在理解这一时期的妓女和女巫时,不能认为她们就真真切切地犯下了这些罪行。事实上,她们可能是因其独立性和跨越社会性别藩篱的行为而

---

① Deborah Willis, *Malevolent Nurture, Witch-Hunting and Maternal Power in Early Modern England*, p. 85.

② Marianne Hester, *Lewd Women and Wicked Witches: A Study of the Dynamics of Male Domination*, p. 112.

③ Mary Daly, *Gyn/Ecology: The Metaethics of Radical Feminism*, p. 55.

遭到男权社会的压制和打击。反过来，我们也可以将这一时期英国严惩卖淫和猎捕巫师理解为男性强化对女性的控制、巩固男性权威的一种手段和策略。事实上，这一时期负面单身妇女形象的建构也出于同样的考虑。

第七章 单身妇女的社会形象

单身妇女在父权社会中激起的挑战和焦虑,不仅使她们在政治、经济和司法层面上遭受了压制和打击,而且在意识形态方面她们也面临着非人化的描述。在本章中,我们将对迟迟未婚的老小姐和孀居妇女的社会形象进行分析,从而揭示父权社会是如何将社会形象作为一种恐吓和规训的手段加以运用的。

第一节 扭曲的老小姐形象

一 作为社会牺牲品的老小姐

"老小姐"(spinster)最初是指从事纺织的女子,到17世纪则用于指"未婚妇女,特别是已经过了平均结婚年龄却仍然未婚的妇女"[1]。在界定应该被称作老小姐的年龄上,学者们的分歧较大。18世纪的学者威廉·黑利(William Hayley)将老小姐界定为:"超过40岁都还未曾结婚的妇女。"[2] 沃特金森(Susan Cotts Watkins)在1984年的《家庭史杂志》(*Journal of Family History*)上将她们定义为"到35岁都还没有结婚且不太可能结婚的妇女"[3]。而剑桥人口史小组又认为老小姐是那些"年龄在50岁以上,至死未婚的

---

[1] Bridget Hill, *Women Alone*, p. 4.
[2] William Hayley, *A Philosophical, Historical and Moral Essay on Old Maid*, Vol. 1, London: Printed for T. Cadell, 1786, p. 5.
[3] Susan Cotts Watkins, "Spinsters", *Journal of Family History*, Vol. 9, No. 4, 1984, p. 310.

妇女"①。然而笔者认为，将这一年龄确定为 25 岁可能更为恰当。这不仅是因为近代早期英国妇女的平均初婚年龄在 25 岁左右，而且还因为在社会舆论上 25 岁对于妇女来说也是一个重要的转折。诗人简·巴克（Jane Barker）在《一名未婚妇女的生活》（*A Virgin Life*）中写道："我……不再担心 25 岁的到来及其相伴的所有后果，不再担心被轻视、被责备或是被叫作老小姐。"② 18 世纪的贵族妇女格特鲁德·萨维尔（Gertrude Savile）在其日记中也表达了社会舆论对 25 岁的未婚女所持的歧视和责备态度。在临近 25 岁生日的时候，萨维尔在日记中写道："我从没有如此深信一名妇女结婚是为了逃避单身可能会带来的侮辱、谴责和许多伤害。"③ 即使到了 1838 年，理查德·卡莱尔（Richard Carlile），一位在很多方面都有所建树的改革家，也在其著作中写道，"这是一个事实……未曾性交过的妇女在她们大约 25 岁的时候就开始发蔫了……她们的体形逐渐走样，女性特征正慢慢消失而老小姐的特征开始变得明显"④。鉴于此，我们将老小姐界定为年满 25 岁却还未曾结婚的世俗妇女。

由于史料的限制，我们无法计算出近代早期英国老小姐的确切人数，但从学者的研究来看，这显然是一个庞大的社会群体。里格利和斯科菲尔德统计出 17 世纪初年逾 40 却仍然未曾结婚的妇女占女性总人口的 10%。⑤ 肯特（D. A. Kent）估计，近代早期年龄在 30 岁以上的妇女中有近 27% 的人未婚。⑥ 就我们谈论的老小姐而言，其人数自然更加庞大。拉斯特（Peter Laslett）的研究表明，

---

① Olwen Hufton, "Women Without Men: Widows and Spinsters in Britain and France in the Eighteen Century", *Journal of Family History*, Vol. 9, No. 4, 1984, p. 357.

② Jane Barker, *Poetical Recreations*, London: Printed for Benjamin Crayle, 1688, p. 12.

③ Amy M. Froide, *Never Married, Single Women in Early Modern England*, p. 198.

④ Bridget Hill, *Women Alone*, pp. 8 – 9.

⑤ Judith M. Spicksley, "Be or Not to Be Married: Question of Choice in Late Tudor and Stuart England", in Laurel Amtower, Dorothea Kehler, ed., *The Single Women in Medieval and Early Modern England: Her Life and Representation*, p. 65.

⑥ D. A. Kent, "Ubiquitous but Invisible: Female Domestic Servants in Mid – Eighteenth Century London", *History Workshop*, Vol. 28, No. 1, 1989, pp. 111 – 128.

1661年25岁到59岁的妇女中有42.6%的人未婚，1691年这一百分比上升至43.2%。① 希尔估计，在17世纪晚期和18世纪初，25岁以上的未婚女性人数超过了100万。②

  尽管老小姐人数众多，但在17世纪中期以前人们基本没有注意到这类妇女的存在。各种文学作品中所描绘的未婚女主要是年轻少女。她们的年轻、贞洁、浪漫，对爱情和婚姻的追求都是文学创作的主题。在法庭记录上，往往也使用处女、少女或是年轻女人等词汇来指代未婚女。这些无疑都是在强调未婚女的年轻与贞洁。

  时至内战时期，情况发生了改变。公众开始意识到女性的未婚阶段并不能等同于少女时代，大龄未婚女同样存在。1648年罗伯特·赫里克（Robert Herrick）发表了他的著名诗歌《致少女们：珍惜时光》（*To Virgins, to Make Much of Time*）。在诗中，赫里克劝说少女要抓紧时间将自己嫁出去，否则一旦朝华逝去，就会陷入终身不婚的痛苦境地。这首诗的出现标志着老小姐已进入大众视线。在各种文学作品中，对老小姐关注最多的当数这一时期兴起的以政治为主题的文学流派。这一流派主要采用佚名小册子的形式虚构了老小姐的抱怨与请求，甚至还虚构了妇女议会的存在。老小姐的抱怨首次出现在一本名为《未婚妇女抱怨她们失去了爱人》（*The Virgin's Complaint for the Lose of Their Sweet-hearts*）的小册子中。在这本小册子里，未婚女抱怨战争带走了所有的年轻男子，除了年老的高利贷者以外，她们没有其他的结婚对象。她们请求尽快结束战争，以便让恋人回到自己身旁。同样的困境也在《为了得到一名丈夫》中表现出来。虽然未婚女想要结婚，但却苦于无适合的结婚对象。为此，虚构的妇女议会通过了一条决议："十分之一的男子必须要娶与之同一教区的女子为妻。"③ 显然，这里的未婚女已不同于以前文学作品中追求爱情的少女。因为她们不再代表寻找恋人的个体，而是一群因结婚对象缺乏而被迫保持单身的老小姐。

---

  ① Peter Laslett, *The World We Have Lost: Further Explored*, p. 111.
  ② Bridget Hill, *Women Alone*, p. 2.
  ③ Christopher Durston, *The Family in the English Revolution*, p. 61.

第七章 单身妇女的社会形象

内战结束后，这类小册子中的老小姐又将矛头转向了单身汉、荡妇以及富裕的老寡妇。《勿失良机》(Now or Never) 描写了一名少女和一位老小姐的演讲，展示她们的不同经历。少女宣称像她一样的妇女是年轻漂亮、精力充沛的，而老小姐的演讲却充满了更多的辛酸与不幸。她谴责妓女和放荡的已婚妇女导致她失去了嫁人和生育的机会，要求妇女议会"严惩所有的妓女并限制男人保持单身的时间"①。在《未婚妇女对单身汉的抱怨》(The Maid's Complaint against the Batchelor) 中，老小姐们还强烈谴责男人在选择结婚对象时往往为了钱财而"和一些长相难看的、丑陋的、令人厌恶的八十岁的老寡妇结婚"。同样，在《新妇女议会的议程说明》(An Account of the Proceedings of the New Parliament of Women) 中，老小姐也抱怨寡妇毫无理由地占有好几个丈夫，而贫穷的未婚女却缺少结婚对象。虚构的妇女议会对此做出的回应却是，"不可能制定一条法律规定我们所有的人都必须有丈夫"②。这一回答意味着人们已经清醒地认识到不是所有的妇女都能够结婚。尽管她们渴望嫁人，但是却因男人的不婚或是晚婚、自己的贫穷以及荡妇和寡妇对男子的引诱而未能如愿。

到17世纪末，这类小册子中老小姐的身份也发生了变化。从原来的女仆和随从等下层妇女扩展到那些自称是女士的中上层妇女。在1693年的《伦敦和威斯敏斯特的女士向可敬的男性议会提出的请愿》(The Petition of the Ladies of London and Westminster to the Honourable House of Husbands) 这本小册子里，老小姐们以圣经所赐予妇女的任务（生育和繁殖）、古典历史的先例（只有已婚男人才能统治雅典和斯巴达）以及现实需要（增加国家的人口）作为依据，提出"为了增加伟大君主的臣民，为了国家的权威和力量……无论是何种品质和地位的男子，一旦达到21岁就应该被强制结婚。

---

① Now or Never, or, A New Parliament of Women, London: Printed for George Horton, 1956, p. 5.
② Amy M. Froide, Never Married, Single Women in Early Modern England, p. 161.

如果届时还未结婚的话，就需要每年支付罚金"①。这种对单身男人进行惩罚的思想也体现在《平等主义者》(The Levellers)上。文中，作者虚构了两位女士——波莉提卡（Politica）和索菲娅（Sophia）之间的一段对话。索菲娅担心不能够完成上帝所赐予女人的生育任务，但波莉提卡却认为这不是她们的错，她们愿意结婚，但是因为没有足够的嫁妆而被迫保持单身。两人还指出，战争导致了男人的伤亡，如果人们不结婚生子的话，"我们的船只和军队在很短的时间内就会缺乏士兵"。波莉提卡认为解决这种国家艰难处境的唯一方法就是通过一条婚姻义务法案。规定所有的年龄在24岁以上的单身汉和年龄在50岁以下的鳏夫每年支付20先令的罚金。②从这些小册子的描述来看，这些自称女士的老小姐不仅关注自己的未婚状况，而且还将之提升到国家利益的高度，痛诉了单身男人给国家带来的伤害。因此，惩罚单身男人不仅能够解决老小姐的困境，而且也符合国家利益——增加人口数量，提高国家实力。值得注意的是，这些小册子中所提出的对单身汉进行惩罚的建议并没有被当成是纯粹的虚构和幻想。在一定程度上，这一策略成了政府所实际执行的方针。在威廉和玛丽统治时期，议会通过了婚姻责任税。这是针对那些年龄在25岁以上的单身汉和无子嗣的鳏夫征税，这一政策持续了11年。这表明，现实政策也将单身男人视为影响人口增长的罪魁祸首，试图通过惩罚他们来提高结婚率，进而增加人口数量并提升国家实力。相反，同样会影响人口增长的老小姐却被视为社会的牺牲品而得以豁免。

总之，在这段历史时期，老小姐作为一个社会群体开始被人们注意，她们的遭遇令人怜悯。虽然她们都渴望结婚，但是却由于战争对男人的损耗、男人不愿结婚或晚婚、寡妇和荡妇对男人的引诱、再或者是自己的贫穷而导致了迟迟未能结婚甚至是终身不婚的

---

① *The Petition of the Ladies of London and Westminister to the Honourable House of Husbands*, London: Printed for the Use of Wide-O's, 1693, p. 3.

② "The levelers" (1703), in William Oldys & John Malham, *The Harleian Miscellany*, Vol. 5, London: Printed for John White etc., 1811, pp. 416 – 433.

局面。作为这些客观因素的受害者，老小姐理应得到怜悯和帮助。然而，随着18世纪的到来，情况发生了变化。老小姐不再是值得同情和帮助的对象，反而成了应受诅咒的邪恶之人。

二 为社会所诟病的老小姐

事实上，在17世纪晚期，社会对老小姐的态度已经有所变化。理查德·阿莱斯特里（Richard Allestree）在1673年指出，"老小姐现在被认为是一个诅咒……是自然界中最祸患的生物"①。而后，简·巴克在《一名未婚妇女的生活》以及玛丽·阿斯特尔在《一项严肃的提议》（*Serious Proposal*）中也都明确指出老小姐这一可怕的名声所带来的鄙视和侮辱。但是总体说来，"17世纪晚期对老小姐的斥责和诅咒并不常见，老小姐负面形象的完全形成发生在18世纪"②。

在18世纪，以老小姐为主题的文学作品变得越来越常见，其形象也越来越负面。她们不仅出现在传统的小册子里，而且也在诗歌、杂志、绘画和小说等文学作品中出现。1713年，一首带有极端厌女主义情结的匿名长诗——《讽刺老小姐》（*Satyr upon Old Maids*）在伦敦公开发表。诗中，老小姐被刻画为丑陋的、污秽的、讨厌的、爱争吵和肮脏的荡妇。她们是无用的害虫、人间的瘟疫，因此应该烧死她们或是将之打入十八层地狱。③这首诗的出现开创了严厉攻击和诅咒老小姐之先河，也掀起了一股以批评和讽刺老小姐为主题的讨论狂潮。

在这场讨论中，各种报纸杂志积极参与。如《绅士杂志》（*Gentleman's Maqa Zine*）、《闲谈者》（*Tatler*）、《旁观者》（*Spectator*）以及《苹果蜂杂志》（*Applebee's Journal*）等著名杂志都经常刊

---

① Richard Allestree, *The Ladies Calling in Two Parts*, Part 2, Section 1, Oxford: Printed at the Theater, 1673, p. 3.
② Amy M. Froide, *Never Married, Single Women in Early Modern England*, p. 175.
③ Marshall Smith, *A Satyr Upon Old Maids*, London: Printed by W. Denham, 1713, pp. 5 – 12.

登讽刺老小姐的文章。1737年出现在《绅士杂志》上的"老小姐的集会"(Convocation of Old Maids)一文,将老小姐的大量存在视为"国家的不幸"①。《闲谈者》的主编约瑟夫·阿狄森(Joseph Addison)指责老小姐"挑剔、爱搬弄是非和制造麻烦",并且认为可以用这些特征来识别老小姐。② 在这些刊物的论述中,以丹尼尔·笛福(Daniel Defoe)对老小姐的讽刺最为辛辣。1723—1725年间,笛福在《苹果蜂杂志》上发表了多篇以讽刺和诅咒老小姐为主题的文章,其中以"对爱挑剔的老小姐之讽刺"(Satire on Censorious Old Maids)一文最具代表性。文中,笛福将老小姐描述为最可怕和最讨厌的一类人。"她们比其他妇女更加残酷、更没同情心,是妇女中狂暴和贪婪的一类人。不仅如此,她们甚至还是亚马孙河食人者中的一员……将毁灭任何不幸落到她们手里的生物。"在解释老小姐的残暴和兽性上,笛福认为,"老小姐之所以这样做是因为她们没有怜悯可以给予自己的后代……也因为没有人曾给予她们以同情。年龄对她们来说一直都很残酷,她们只是实践着罗马法中的以牙还牙而已"。笛福还进一步指出了老小姐如此残忍的生理原因——她们的血管中所流淌的不是血液而是发酸和辛辣的液体,并且分泌着一种致命的动物毒液。因此,"如果老小姐咬人一口的话,那么这人肯定会死,因为就像被疯狗咬了一样"③。在笛福笔下,老小姐已不再是正常人,而是带有兽性的异类。她们不仅本性邪恶,而且还会给别人带来疾病和危险。在此非人化的描述中,老小姐的未婚状况完全是咎由自取,不仅不值得同情,反而应该遭受诅咒。

另外,在18世纪的绘画、戏剧、小说、诗歌等文学作品中也存在大量有关老小姐的负面描述。贺加斯在《浪子生涯》(The Rake's Progress)的系列画中,将老小姐展现为一个可笑人物。亚

---

① Amy M. Froide, *Never Married, Single Women in Early Modern England*, p. 175.
② Ibid., p. 176.
③ Daniel Defoe, "Satire on Censorious Old Maids", in William Lee, *Daniel Defoe: His Life and Recently Discovered Writing*, Vol. 3, New York: Burt Franklin, 1969, pp. 126, 127.

瑟·墨菲（Arthur Murphy）的戏剧《老小姐》（*The Old Maid*）中的哈洛（Miss Harlow）是一个"醋意的""愚蠢的""暴躁的"老小姐，也是为已婚妇女所深深憎恶的对象。塞缪尔·查理森（Samuel Richardson）在小说《帕梅拉》（*Pamela*）中刻画了一个丑陋的、本性邪恶的老小姐朱克斯。《汤姆·琼斯》（*Tom's Jones*）中的布莉奇·奥维资（Bridgit Allworthy）和《汉弗莱·克林克》（*Humphry Clinker*）中的塔比瑟·布兰布尔（Tabitha Bramble）也都是臭名昭著的老小姐。她们寄居在兄弟家，是懒惰的寄生虫。1785年诗人威廉·黑利出版了他著名的三卷本诗歌——《对老小姐的哲学、历史和道德评论》（*A Philosophical, Historical and Moral Essay on Old Maid*）。这是18世纪有关老小姐评述的"压轴之作"。在著作中，他首先列举了老小姐的主要过错——爱管闲事，患有疾病（如黄萎病等）、好嫉妒、性饥渴和本性邪恶。在批判老小姐上，黑利没有什么创新的地方，而是综合了18世纪对老小姐的批评和诅咒。他将老小姐刻画为偏听偏信、善妒好色之人。在黑利看来，老小姐还是"残废的"。因为她们没有丈夫，进而丧失作为妻子和母亲的可能。这种毫无依据的挖苦嘲讽竟然在当时获得了热烈追捧，此书先后再版了5次并被译为法语和德语。从这一点也可以看出在18世纪有关老小姐的负面形象是多么流行。而且，不仅男性作家以如此负面的眼光来看待老小姐，就连一些女性作家也是这样。如范妮·伯尼（Fanny Burney），她基本上没有赋予老小姐以任何正面的表述。在其小说《卡米拉》（*Camilla*）中，伯尼也将老小姐米特恩（Mittin）刻画成一个诡计多端的贪婪之人。

在保存下来的一些老小姐的日记和信件中，我们也能真切地感受到社会对她们的歧视。萨维尔在日记中写道，"我因为没有结婚而遭到嘲讽和责备"，"一个老小姐是遭奚落和侮辱的对象"[1]。家庭女教师艾格尼丝·波特（Agnes Baud）在她四十多岁的时候写信给她的一个学生，要求她在给自己写信的时候，收信人应写成是波

---

[1] Amy M. Froide, *Never Married, Single Women in Early Modern England*, p.198.

特夫人而不是小姐。她对此做出的解释是，"我知道，亲爱的，我还不是一个老女人，虽然作为一名小姐，我的年龄是大了一些。不要以为夫人的称谓将会误了我的婚姻。相反，我可能更愿意被误认为是一个快乐的小寡妇"①。波特的言外之意非常明显，即老小姐在这个社会上是不受欢迎之人。

在此态度之下，文学作品中所提出的解决老小姐问题的方案也带有浓厚的嘲讽意味。方案之一是18世纪早期所提出的婚姻抽奖法。这种思想首先出现在《爱情彩票》（*The Love-lottery: or, A Woman the Prize*）上。文中作者鼓吹，未婚女和寡妇花上10先令参与购买彩票就有可能获得一个丈夫或是500英镑的嫁妆作为奖励。但是年龄在25岁以上的老小姐想要参加到这个计划中来，还需要有"足够的金钱来弥补年龄的缺陷"②。《有关婚姻彩票的提议》（*Proposal for a Matri Monial Lottery*）则明确表示，老小姐特别适合玩这个游戏，因为这可能让她们获得"一名好丈夫作为奖赏"③。另一种抽奖方法是将老小姐按照她们的社会地位和财富分为不同等级，由单身汉通过抽奖予以分配。除了婚姻抽奖法之外，通过建立婚姻事务所来嫁掉老小姐是第二种方案。笛福就是这一计划的积极支持者。他认为，虽然这一计划对于那些年轻少女来说可能没有什么必要，但是"对于那些可鄙的生物——老小姐来说却特别有用"④。在"处理"老小姐上，婚姻事务所采用的策略是明确列举出老小姐的地位和财富，妄图以此来吸引那些别有用心的男子。

其实，无论是通过婚姻抽奖法还是通过婚姻事务所来将老小姐嫁出去，这都是将老小姐讥讽为婚姻市场中的滞销品。她们之所以"滞销"源于她们自身的生理和道德缺陷，而不是17世纪所认为的

---

① Jeanna Martin, ed., *A Governess in the Age of the Jane Austen*, London: Hambledon Press, 1998, p. 36.

② *The Love - Lottery*, London: Printed for the Undertakers of This Lottery, 1709, p. 6.

③ Amy M. Froide, *Never Married, Single Women in Early Modern England*, p. 168.

④ Daniel Defoe, "An Office for Marriages", in William Lee, *Daniel Defoe: His Life and Recently Discovered Writing*, Vol. 2, Hildesheim: G. Olms, 1968, p. 115.

那样，是各种客观因素下的牺牲品。她们身上所表现出来的丑陋、病态、挑剔、懒惰、好色、好嫉妒、好管闲事、心肠恶毒甚至是兽性等邪恶品质造成了她们的单身状态。因此，她们不仅不值得同情和怜悯，反而应该遭到指责和诅咒。那么，我们应该怎样来理解英国社会中老小姐形象的这一转变呢？

三 老小姐形象转变的缘由

这一转变在苏珊·拉森（Susan S. Lanser）看来与英国国家主义的兴起密不可分。18世纪的英国急需大量的人口来增强自己的经济和军事实力。人口的增加意味着消费品市场的扩大和充足的劳动力可以用来降低工资和生产成本。另外，英国卷入的一系列战争也加大了对人口的需求。因此，近代早期的英国社会极度关心人口增长，将人口规模视为"决定政治力量的一个关键"[1]。在此背景之下，老小姐因无法完成生育的职责而违背了国家利益。由此，社会将对人口规模的担忧转化为了对老小姐的敌视和愤恨。然而，如果我们不将目光局限在18世纪，我们就可以发现拉森的观点并不能完全说明问题。第一，如前文所述，在17世纪晚期英国社会就已经认识到了人口规模之于国家的重要性，但是无论是当时的社会舆论还是国家政策都将矛头指向未婚男人，以惩罚他们来提高结婚率，进而增加人口数量。而同样甚至比未婚男人更能影响人口增长的老小姐却被视为社会的牺牲品而得到怜悯。第二，从老小姐负面形象的延续来看，到19世纪中期英国人口已经出现相对过剩，但是对老小姐的敌视并没有因此而减弱。这些事实提醒我们，老小姐负面形象的形成绝不是因为单纯的人口问题，真正的动机还有待我们进一步地分析和探讨。在笔者看来，推动老小姐形象发生转变的深层次因素有三。

首先，老小姐给家庭荣誉构成了持久的威胁。对近代早期的男

---

[1] N. L. Tranter, *Population since the Industrial Revolution: The Case of England and Wales*, New York: Barnes and Noble Books, 1973, p. 180.

人来说，荣誉"是决定其社会地位及其受尊重程度的一项至关重要的因素"。人们常常将"一盎司的荣誉比一磅金子看得还重"①。虽然在不同时期和不同社会阶层中荣誉的内涵有所不同，但对近代早期的各阶层来说，荣誉首先体现在对家庭责任的承担上。宗教改革之后，将女儿嫁出去成为家长在道德上不可规避的责任。老小姐的存在则"意味着家庭没有能力提供嫁妆将之嫁掉"②，是家长未尽职责的一个外显信号，这显然对家庭荣誉造成了不良影响。除此之外，保证家庭成员的行为端庄也是承担家庭责任的一个重要方面。这不仅要求确保妻儿行为端庄，也要求仆役和寄宿者行为得体。老小姐长期"无主"的性质，显然增大了行为不端的风险，从而也增加了保持家庭荣誉的难度及相应的忧虑感。在一定程度上，正是这种忧虑感转化为了对老小姐的愤恨和不满。按弗洛伊德的理论，人们往往会嘲笑那些让他们感到害怕的人或是事。因此，斥责老小姐似乎成了发泄内心恐惧的一种方式。

其次，从18世纪初开始人们逐渐意识到一些妇女可能是主动选择而不是被迫保持单身。在18世纪初，英国文学界掀起了单身生活和婚姻生活究竟谁更可取这一问题的讨论热潮。如《妇女的主张》(The Women's Advocate)、《女士的选择》(The Ladies Choice)、《未婚妇女的辩护》(The Maid's Vindication)、《婚姻》(Matrimony)等小册子都是围绕这一问题所进行的争论。《妇女的主张》和《女士的选择》都将婚姻视为妇女的幸福之源。在《女士的选择》中，作者虽然承认"婚姻是束缚"，但是如果结婚对象明事理、有节制和教养的话，"这一结合将是舒适和安逸的，他的束缚也是愉快的"③。而《未婚妇女的辩护》和《婚姻》则对此持明显的消极态度。在《未婚妇女的辩护》中，作者将丈夫称之为狱卒，妇女只有通过死亡或通奸才能从这种监狱中逃脱出来。《婚姻》则警告妇

---

① 王萍：《现代英国社会中的妇女形象》，第23页。
② Bridget Hill, Women Alone, p. 3.
③ The Ladies Choice: in Answer to the Pleasures of a Single Life, Dublin: Printed by C. Hicks, 1730, p. 12.

女，男人是会私下打骂妻子的醉鬼。这些小册子的流行揭示出，到18世纪初人们逐渐意识到妇女可能会在结婚之前反复思量，甚至主动选择不结婚。一些女性主义史家也注意到"18世纪的一些妇女根本就没有结婚的欲望"。对妇女来说，婚姻不仅意味着失去自由，而且往往还带有风险："遭受一个肉体或情感粗暴的男人长达一生的残酷奴役，经历怀孕和生育的危险，或者与一个经济拮据的男人过着不稳定的生活。"清教所鼓吹的婚姻的好处——"经济的稳定、性的满足、在社会中拥有更高的声望以及养儿防老——通常都没能实现"①。面对这种情况，我们不能否认有一些妇女确实会因此而选择单身。在那些留下了自己声音的老小姐中，我们可以发现很多这样的例子。例如路易莎·斯图亚特（Louisa Stuart）、乔伊斯·杰弗里（Joyce Jeffrey）、西莉亚·菲耶纳（Celia Fiennes）、玛丽·阿斯特尔（Mary Astell）、安妮·斯蒂尔（Anne Steele）、安娜·西华德（Anna Seward）、简·巴尔克（Jane Barker）、玛丽·钱德勒（Mary Chandler）、安娜·比吉斯（Anna Bijins）等人，她们虽然都有追求者，却拒绝结婚，过着终身不婚的生活。在第五章中，我们也已经列举了不少妇女主动选择单身生活的例子，在此不再赘述。

在重视婚姻和家庭的英国社会中，主动选择不结婚显然是对社会主流文化的一种反叛。这公然挑衅了清教所鼓吹的婚姻和家庭的神圣性。宗教改革之后，新教和天主教在对待单身问题上产生了巨大的分歧。在清教徒看来，除了那些因生理缺陷而不适合结婚的人外，所有的人都应当结婚，特别是妇女，因为她们更容易受到诱惑而犯下通奸罪。在他们眼里，妇女"要么是已婚的，要么是将要结婚的"②。英国清教徒大臣威廉·古奇（William Gouge）也宣扬，

---

① Margaret R. Hunt, "The Sapphic Strain: English Lesibian in the Long Eighteenth Century", in Judith M. Bennett, Amy M. Froide ed., *Single Women in the European Past, 1250 - 1800*, pp. 278 - 279.

② Christine Peters, "Single Women in Early Modern England: Attitudes and Expectations", *Continuity and Change*, Vol. 12, No. 3, 1997, p. 325.

"和诚实的婚姻比起来,单身生活显得太微不足道了"①。而天主教却仍然坚持单身生活的神圣性。由此,对老小姐的态度便与宗教冲突联系在了一起,成为新旧教徒彼此攻击的口实。"好战的清教徒及其对天主教传统的深深仇恨可能已经激起了对老小姐的愤怒。"②更为重要的是,主动选择单身生活还从根本上动摇了父权制社会赖以存在的基石——父权制家庭的建立。在父权制家庭中,男人借助作为父亲或丈夫的角色对妇女实施控制和压迫。然而,父亲对于女儿的控制并不长久,这不仅因为当时英国广泛存在的放养制度③,而且还因为这一时期人口的寿命普遍偏低。当时的平均寿命"从东北部各郡的36.4岁到北部和中部地区的49岁不等"④。由此我们可以推测,绝大部分妇女在她们成为老小姐的时候可能已经失去了父亲。约束她们的主要是其寄居家户的家长,然而这同样不稳定。所从事工作的变化、寄居家户的变故或是其他种种原因都可能让一个老小姐频繁地更换寄居场所,从而导致对她们控制的无力。而且老小姐似乎更愿意寄宿在妇女作为户主的家户当中,有的老小姐甚至还自立门户,成为一家之主,完全游离于男性家长的控制之外。作为脱离男人控制的女人,她们的存在自然会引起了父权制社会的恐慌和敌视。有什么办法可以不让妇女选择单身?意识形态上的恐吓似乎成为必须。

最后,老小姐在公共领域的活跃性也激起了父权社会的忧虑和不满。如前文所示,随着近代早期生产组织模式的变化,众多老小

---

① Amy M. Froide, *Never Married*, p. 157.
② Martha Vicinus, "Bridget Hill, Women Alone: Spinsters in England, 1660 – 1850", *American Historical Review*, Vol. 107, No. 4, 2002, p. 1292.
③ 近代早期的英国社会,贵族子女往往在十岁左右就离家外出读书、进入学校,或进入教会修道院。中等和普通劳动者家庭的子女则在进入青春期以后,直至结婚以前长期居住在他人家中,或为仆役,或为学徒、帮工,或者作为农业佣工。这段离家生活(forstering out)的时间往往长达十年以上。参见许洁明《十七世纪的英国社会》,中国社会科学出版社2004年版。
④ Vivien Brodsky Elliott, "Single Women in the London Marriage Market: Age, Status and Mobility, 1598 – 1619", in R. B. Outhwaite, *Studies in the Social History of Marriage*, London: Europa Publications Limited, 1981, p. 90.

第七章 单身妇女的社会形象

姐都走出了家庭，独立赚取工资。在活跃于经济领域的同时，老小姐在政治上也积极地争取自己的权利。"近代早期的英国妇女，特别是未婚女，试图通过获取公职、参加选举和政治宣誓来发出她们的政治呼喊。"① 不仅如此，一些有学识的老小姐们还卷入到了尤尔根·哈贝马斯所称之的"文学公共空间"中去。到18世纪早期，一些受过教育的妇女开始将写作当成一项职业选择。她们以戏剧作家、诗人、小说家并且偶尔还以政治史家的身份从事写作。通过写作，老小姐在男人掌握话语权的社会中以自己的声音诠释着单身生活，也是在未能成为妻子和母亲的情况下为自己建构另一种身份。老小姐们努力涉足公共领域，其自我意识和独立倾向日渐增长，社会对待她们的态度也就变得越来越轻蔑和敌视，愈来愈否定其形象。毕竟，倘若她们在生活上获得成功的话，可能会鼓励其他妇女也选择单身生活，进而影响父权社会的运转和维持。

综上所述，近代早期英国社会中的老小姐形象发生了巨大转变。经历了一个从无到有，从同情到诅咒的过程。在17世纪中叶，人们开始注意到老小姐这一社会群体的存在，将之视为因缺乏结婚对象而被迫保持单身的社会牺牲品。然而，到18世纪，老小姐成为社会诟病的对象。一个丑陋、挑剔、懒惰、长舌、好色、好妒忌、好管闲事甚至是带有兽性的负面形象形成了。从时间上来说，老小姐形象开始发生转变之际也正是其人数达到历史高峰的时期，但纯粹的数字并不能说明问题。"不断加强的有关老小姐的负面形象与英国社会中老小姐的权利和重要性的增加直接相连。"在一个要求女人顺从男人的社会里，老小姐们却挑战着男性权威。未婚身份不仅使其在私人空间里更少受到男人的束缚，在法律层面上拥有与男子相近的权利，在公共领域不断地侵犯男性特权，而且还从根本上威胁了父权社会存在的基础——父权制家庭的建立。因此，为了捍卫男性权威不受挑战，为了保证父权社会的顺利运转，负面的老小姐形象也就作为一种规训手段而建构出来。事实证明，这一方

---

① Amy M. Froide, *Never Married, Single Women in Early Modern England*, p. 142.

法是行之有效的。"在18世纪，英国流行起来的老小姐的负面形象有利于催生更加强烈的结婚欲望。"① 18世纪的人们不仅初婚年龄提前了，而且结婚率也提高了。这正如罗森塔尔（Naomi Braun Rosenthal）所指出的那样，"老小姐的负面形象不仅塑造了现实，而且也是对现实的一种回应"②。

第二节 好色淫荡的寡妇形象

在许多父权文化中，寡妇一词通常与倒霉、邪恶和巫术等负面含义相联系。寡妇（Widow）以及与之相对应的鳏夫（Widower）也是英语中少数几个从阴性词派生出阳性词的例子。寡妇一词在古英语当中是Widewe，在中世纪的荷兰语当中是Weduwe，在德语中是Witwe，在拉丁语中是Vidua，在西班牙语中是Viuda，在意大利语中是Vedova，在法语中是Veuve。这些单词都源于印欧语系的字根ghe，意思是"离开成空"（Left Empty）或是"遗弃"（Forsaken）。除欧洲文化外，其他一些文化中的寡妇一词往往也暗含贬损。Almanah在希伯来语中用来指寡妇，其字根是Alem，意思是"无法说出的"。Almanah一词还特指寡妇的无助，与遭受欺压和粗暴对待相等同。因此，寡妇是与无权无助相联系的。寡妇一词的负面含义也在孟加拉和印度出现。在这些地方，寡妇被叫作Rand，Raki和Randi。这事实上是辱骂性的粗俗词汇，意指"妓女""娼妇"和"人尽可夫的女人"。在印度北部，寡妇被称为"走来走去的人"，这同样是指她在性关系上的乱交。寡妇也被叫作Daken，它的意思是女魔法师或是女巫。从上述各种文化中所使用的寡妇一词来看，不仅暗含了"缺乏""空虚"或是"放荡"的倾向，而且无端指责寡妇是有邪恶和恶毒的天性。

---

① Amy M. Froide, *Never Married，Single Women in Early Modern England*, p. 218.
② Naomi Braun Rosenthal, *Spinster Tales and Womanly Possibilities*, Albany: Sate University of New York Press, 2002, p. 153.

第七章　单身妇女的社会形象

一　有关寡妇的刻板印象

在近代早期的英国社会，寡妇是一个相当常见的社会群体。她们构成了成年女性人口的 14.9%。① 然而，作为丧夫的女人，她们非但没有得到舆论的同情，反而惨遭嘲讽和奚落。

薄情是寡妇经常遭受的指控之一。彼脱罗尼亚②的《以弗所的寡妇》是寡妇薄情形象之典范。故事讲述了一位对先夫无比"忠贞"的以弗所妇人。在丈夫去世之后，这名妇人坚持在先夫的墓室，守望先夫的尸体，夜以继日地啼哭并且滴水未进，整个城市都将她视为忠贞的典范。但是，在第六个晚上，一名看守盗贼尸体的士兵发现了她。士兵先是劝说她吃下了食物，而后又说服她放弃守贞。结果，当天晚上这名妇人便与士兵结了婚。在以后的日子里，他们竟然一起睡在墓室。一天，士兵发现他所看守的尸体少了一具，这名"忠贞"的以弗所妇人却让士兵用她先夫的尸首去代替。③

到了近代早期，该故事已出现多个语言版本并广泛流传于欧洲各国。这一故事的广泛流传，一方面是因为每个男人都能代入士兵的角色，满足自己的性幻想，更重要的还因为这反映了每个男人内心最深的恐惧——自己的死亡和妻子的背叛。但此时的英国版本显然比彼脱罗尼亚的正统版本带有更多的嘲弄和谴责。因为这名妇人不仅提出用先夫尸体去冒充，而且还亲自将尸体挂上十字架并加以残忍破坏，以使二者特征相符。她敲掉先夫的牙齿、狠狠拽掉他的头发、打断他的胳膊，而这些举动连那名士兵都不忍心看到。一些版本还讲述了这名妇人的先夫是因为不小心弄伤了她的拇指或胳膊而伤心至死的。通过在丈夫之于妻子的疼爱与妻子的残忍行为之间做出鲜明对比，近代早期的英国叙述者们更加强烈地控诉了寡妇令人发指的薄情。

---

① Peter Laslett, "Mean Hosehold Size in England since the Sixteenth Century", p. 146.
② 彼脱罗尼亚（？—66），古罗马讽刺作家，一度为罗马皇帝尼禄的宠臣。
③ 方东方编：《外国经典小小说》，石油工业出版社 2012 年版，第 16—30 页。

戏剧大师查普曼①还以《以弗所的寡妇》为蓝本创作了《寡妇的眼泪》(The Widow's Tears)。剧中的辛西娅起初也是一名对丈夫"忠贞不贰"的妇女。她发誓，如果自己不幸成为寡妇，将会为先夫终身守贞。她的丈夫莱桑德对妻子的这份忠贞深信不疑。然而，莱桑德的弟弟塔杉利奥对此却不相信。他劝说哥哥通过假死来考验嫂子。与以弗所的寡妇一样，辛西娅跟着丈夫的空棺进了墓室，同样哭泣绝食、伤心欲死。丈夫则伪装成看守罪犯尸体的士兵对她进行引诱。结果，发誓终身守节的辛西娅很快便忘记了自己的誓言，嫁给了这名"士兵"。当丢失了一具罪犯尸体时，她也打算用丈夫的尸体去取代。

寡妇的薄情不仅是文学作品渲染的主题，而且也是公众舆论嘲讽的对象。伊丽莎白时代的剧作家罗伯特·格林尼（Robert Greene）就曾讥讽说："令人恐惧的声音可以让人害怕三个月，但寡妇的悲伤却只有两个月。一个月是在哀悼先夫，而另一个月是为了寻觅新的伴侣。"② 英国著名诗人和散文家托马斯·欧柏利（Thomas Overbury）则如是评价寡妇："丈夫的死亡让她开始哭泣，但她的眼泪止于一名新丈夫。"③ 如此这般的言论更加集中地反映在了同时代的谚语中："寡妇的悲伤就像撞到胳膊肘一样，很痛却很短暂。"④

除薄情外，好色被认为是寡妇的另一本性。根据当时的社会观念，妇女一旦有过性经历，将会比处女更加渴望性爱。因此，寡妇

---

① 查普曼（1559？—1634），英国著名戏剧家、诗人。因翻译荷马史诗而扬名。其最大的成就是在悲剧上，但是其喜剧《全是傻瓜》《绅士管家》和《寡妇的眼泪》也被传颂一时。

② Charles Carlton, "The Widow's Tale: Male Myths and Female Reality in 16th and 17th Century England", *Albion: A Quarterly Journal Concerned with British Studies*, Vol. 10, No. 2, 1978, p. 120.

③ N. H. Keeble ed., *The Cultural Identity of Seventeenth - Century Woman*, London: Routledge & Kegan Paul Plc., 1994, p. 245.

④ Charles Carlton, "The Widow's Tale: Male Myths and Female Reality in 16th and 17th Century England", *Albion: A Quarterly Journal Concerned with British Studies*, Vol. 10, No. 2, 1978, p. 120.

第七章 单身妇女的社会形象

都是潜在的色情狂,没有寡妇能够克制肉体的欲望。为了满足自己的性欲,她们总是乐于像鳏夫娶年轻貌美的填房一样,嫁给精力旺盛的年轻男子。《寡妇的眼泪》中的尤多拉就是这样。尤多拉最初是一名"贞洁的寡妇"。然而,当游手好闲的、没有爵位的塔杉利奥借一名妓院老鸨之口向其透露自己具有非凡的性能力时,她立即心动不已,坚持嫁给了塔杉利奥。

这种将寡妇视为色情狂的看法也反映在了民间谚语上。近代早期的英国有不少谚语讽刺寡妇欲壑难填。例如,"追求一名少女不得不撒谎和阿谀奉承,但是追求一名寡妇只需要解开裤头满足她便可"[①]。"追求一名少女必须尽量避免在她的视野里出现,追求一名寡妇则必须白天黑夜地向她求爱。""追求一名少女必须要讲究技巧,需要整洁英俊的外表,追求寡妇只需要证明自己是个男人就行。"[②]

寡妇的好色还得到了这一时期医学著述的"证实"。近代早期的医学知识认为,妇女和男人都会产生怀孕所需的精液,而精液在体内的积累则会带来疾病。如果没有定期的性生活加以疏导,妇女将会患上"黄萎病"和"子宫狂乱症(frenzy of the womb)"[③]。这一时期最为流行的性行为指导手册——《亚里士多德的名著》(*Aristotle's Masterpiece*)认为,所有的寡妇都有一种急切的改嫁愿望,因为单身会让她们患上黄萎病。方塔内斯(Nicholas Fontanus)在《妇科医生》(*Womans Doctour*)(1652)中断言:"关于寡妇……我们一定能够推断出:如果她们年轻,脸色和头发发黑且脸颊上没有什么血色的话,她们肯定拥有强烈的性冲动,会自己感觉到一种频繁的愉悦。她们的本质热切而好色,这刺激且加剧着她们

---

① Morris Palmer Tilley, *A Dictionary of the Proverbs in England in the Sixteenth and Seventeenth Centuries*, Ann Arbor: University of Michigan Press, 1950, p. 18.

② G. L. Apperson, *English Proverbs and Proverbial Phrases: A Historical Dictionary*, London: J. M. Dent and Sons limited, 1929, p. 708.

③ P. Crawford, "The Construction and Experience of Maternity in Seventeenth-century England", in V. Fildes, eds., *Women as Mothers in Pre-Industrial England*, London: Routledge & Kegan Paul plc., 1990, pp. 6 - 7.

（妥协于）性欲。"① 1662年，库尔佩伯（Nicholas Culpeper）在其《助产士词典》（Dictionary for Midwives）中也明确指出，寡妇拥有过多的精液而出现子宫狂乱症，这会致使她们因强烈的性欲和无数的男人而疯狂。②

甚至近代早期的司法实践也将寡妇预设为好色之徒。1628年11月19日晚上，一名叫作伊丽莎白·贝纳特（Elizabeth Bennet）的年轻寡妇在家中睡觉时，被伦敦内科医生约翰·雷文（John Reeves）所骚扰。就在7个月前，伊丽莎白的丈夫去世了。作为一名继承了2万英镑遗产的寡妇，伊丽莎白很快便被众多的追求者所包围。这名叫作约翰的追求者自信能够得到伊丽莎白的青睐。因此，他买通伊丽莎白的仆人，让他们故意为自己留门，以便顺利进入她的卧室。深夜两点，约翰叫醒了伊丽莎白并"将自己的腿放到了床上"，同时向伊丽莎白表明他愿意提供一些"特殊服务"。当伊丽莎白认出他时，惊呼"小偷""谋杀"，并将这位过于热切的追求者带到治安法官面前。但令人惊讶的是，约翰最初受到的指控仅仅是轻罪而不是重罪（在近代早期的英格兰，入室行窃和谋杀都是重罪）。③ 根据卡尔顿（Charles Carlton）的解释，这是因为法官们往往相信寡妇是淫荡的，容易成为大胆求爱者追求的对象。④ 这表明，由男性主宰的公权力也为男性对寡妇的性幻想背书。

从上述材料来看，近代早期的英国社会文化建构了一种薄情好色的寡妇形象。然而，当我们使用其他材料时，其中所反映的寡妇形象则会为之一变。

首先，我们能发现不少孀妇对先夫怀有深切情感的证据。上文

---

① Jennifer Panek, *Widows and Suitors in Early Modern English Comedy*, p. 1.

② Elizabeth Foyster, "Marring the Experience Widow in Early Modern England: The Male Perspective", in Sandra Cavallo, Lyndan Warner, ed., *Widowhood in Medieval and Early Modern Europe*, 1999, p. 112.

③ Jennifer Panek, *Widows and Suitors in Early Modern English Comedy*, p. 1.

④ Charles Carlton, "The Widow's Tale: Male Myths and Female Reality in 16th and 17th Century England", *Albion: A Quarterly Journal Concerned with British Studies*, Vol. 10, No. 2, 1978, p. 127.

◈ 第七章 单身妇女的社会形象 ◈

中,我们已经列举了在上层妇女留下的日记和回忆录中存在不少对先夫的死亡感到痛苦难过并且深切缅怀先夫的例子。从更具代表性的医疗档案来看,妇女对丈夫的离世也多感悲痛。1597—1634 年间,有超过 700 人因内心悲伤而找理查德·纳皮尔(Richard Napier)[①]看过病,其中有 42% 的人是因为在配偶死亡之后生病或是感到绝望。在这些人中,妇女人数超过了男人,比例高于 3∶1。在纳皮尔的记录中,有一名叫作玛格丽特·麦克唐纳(Margaret MacDonald)的寡妇,这人"对于丈夫的死亡过于悲伤……充满了忧郁和病态的想法,白天晚上都睡不着,非常不舒服,自己都快崩溃了,成天地掉眼泪"[②]。霍尔布鲁克(Ralph A. Houlbrooke)在研究中也指出,"虽然绝大多数人都没有留下失去丈夫或是妻子时的情感记录,但是有足够证据表明这一经历普遍是悲伤的"[③]。

其次,从历史统计数据来看,寡妇并非如社会舆论所言的那样乐于改嫁且急于改嫁。如前文所述,即便是在改嫁率更高的城市地区,寡妇改嫁的也从未超过半数。同样,根据里格利和斯科菲尔德的研究,寡妇的改嫁速度也绝非社会舆论所渲染的那样迅速。即便是在寡妇再婚速度最快的伦敦,也没有出现大量寡妇匆忙改嫁的现象。在 16—17 世纪的伦敦,当一名自由民去世之后,法庭平均需要花一年的时间对其财产进行登记造册。在财产清册未制作完成之前,寡妇原则上不能够改嫁。从这一时期伦敦孤儿法庭的记录来看,超过一万例的案件中只有一起是寡妇在财产登记完成之前就匆忙改嫁的。事实上,在整个中世纪和近代早期,鳏夫远比寡妇更倾向于再婚,而且他们通常在妻子死后很短的时间内就再婚了。[④]

最后,历史数据也反驳了寡妇性欲旺盛,喜欢年轻男人的固有

[①] 理查德·纳皮尔是 17 世纪英国牧师、占星家和医师,留下的近 4 万宗病历,其中包括精神疾病患者的详细记录。

[②] Michael Macdonald, *Mystical Bedlam: Madness, Anxiety and Healing in Seventeenth-century England*, Cambridge: Cambridge University Press, 1981, pp. 159 - 160.

[③] Ralph A. Houlbrooke, *The English Family*, *1450 - 1700*, p. 209.

[④] Sandra Cavallo, Lyndan Warner, "Introduction", in Sandra Cavallo & Lyndan Warner, ed., *Widowhood in Medieval and Early Modern Europe*, p. 10.

偏见。根据卡尔顿的研究，孀妇不像鳏夫那样，倾向与比自己年轻的对象结合。在科利顿的142起婚姻中，只有2起是老寡妇嫁给了年轻男人，同时却有18例是鳏夫娶了平均比自己小11岁的年轻女性。① 在托德的研究中，年老孀妇一般都很少改嫁。婚龄在20年以上的寡妇，其改嫁率仅为七分之一左右。② 布罗茨基和博尔顿的研究进一步揭示，寡妇在45岁以后就很少改嫁了。③

二 负面寡妇形象流行的缘由

如何解释以上两类材料在寡妇形象建构中的矛盾？这种与事实严重不符的寡妇形象之所以能流行起来，追根溯源是因为男性的焦虑。

首先，对寡妇的贞洁的担忧是其中的一个重要方面。父权社会素来关注女人的贞洁。古典和基督教传统认为女人拥有比男人更强的性能力和性冲动，因此所有的女性都是潜在的荡妇，特别是那些有过性经历又缺乏丈夫束缚的寡妇更是如此。然而，在以妻子对丈夫的忠诚为基本原则的父权社会中，男人不仅严苛地要求妻子在自己生前保持忠贞，而且还很难接受妻子在自己死后改嫁他人。即便是到了近代早期，"绝大多数新教的思想家和雄辩家……仍然将寡妇的改嫁视为对已逝者的背叛"。可是，自己一旦死亡，则再也无法管束妻子。这时妻子会怎么做呢？是改嫁还是守贞？这可能都是男子在临死之前会考虑和担忧的事情。既然对妻子的直接控制已随自己的死亡而丧失，那么以社会舆论来束缚妻子则不失为一种有效手段。因此，在男人掌控着话语权的社会，他们通过戏剧、散文、诗歌、谚语以及行为指导手册等各种传播媒介，编造了一个个淫荡

---

① Charles Carlton, "The Widow's Tale: Male Myths and Female Reality in 16th and 17th Century England", *Albion: A Quarterly Journal Concerned with British Studies*, Vol. 10, No. 2, 1978, p. 127.

② Barbara J. Todd, "The Remarrying Widow: A Stereotype Reconsidered", in Mary Prior eds., *Women in English Society, 1500–1800*, p. 84.

③ Jeremy Boulton, "London Widowhood Revisited: The Decline of Female Remarriage in the Seventeenth and Early Eighteenth Centuries", *Continuity and Change*, Vol. 5, No. 3, 1990, p. 334.

第七章　单身妇女的社会形象

好色的寡妇形象,通过挖苦嘲讽和悲惨的下场来打消寡妇改嫁的念头。"'否定的'和'有害的'寡妇形象成为社会批评家用来督促寡妇继续守贞的一种意识形态上的武器。""对女性贞洁的担忧,也解释了为什么在英国社会中长期流行一种好色淫荡的寡妇形象——作为一种威胁性的策略。"[1]

其次,男人对自己的死亡和被遗忘也深感焦虑。尼古拉斯[2](Alexander Nicholes)在其《论婚姻和嫁娶》(*A Discourse of Marriage and Wiving*)中就表达了男人在这方面的焦虑:"她们(寡妇)与死亡联系在一起……我讨厌她们迅速改嫁,因为她们如此之快就忘记了年轻时的新郎、最初的爱情和友爱的青春……谁会喜欢这样的生活——在自己去世之后很快就会被人所遗忘……然而,死亡和遗忘将如此之快地发生在你身上,就好像你从来没有存在过一样。"[3] 有什么办法能让自己不被遗忘? 这显然需要控制寡妇的行为,需要将她们置于为自己哀悼的位置之上,置于为自己守贞的状态之中。因为只有这样,她的身份才仍旧是某某人的遗孀,丈夫也才可能在这种象征符号中得以继续存在。这种担忧和考虑也可以从这一时期兴起的寡妇肖像画中得到证实。基廷斯(Clare Gittings)指出,"近代早期以一种不断上升的、对死亡的忧虑为时代特征"[4]。这反映到绘画上,则兴起了一种新的女性肖像画——寡妇肖像画。这种画法将身着丧服的女性置于黑色的背景之中。这实则是将女性的服丧行为永久化,以此来纪念她的丈夫。这一目的在那些丈夫过早将妻子绘制成寡妇的情形中表现得最为充分。多维茨画廊中一幅叫作《简·卡特莱特夫人》(Mrs Jane Cartwright)(图 7 - 1)的画就是这种情况。"寡妇"简是威廉的最后一任妻子。威廉

---

[1] Jennifer Panek, *Widows and Suitors in Early Modern English Comedy*, pp. 7, 9.
[2] 17 世纪英国清教牧师,颂扬婚姻,赞美婚姻里的性事是美好的。
[3] Lloyd Davis eds., *Sexuality and Gender in the English Renaissance*, New York: Garland Pub., 1998, pp. 222-223.
[4] Clare Gittings, *Death, Burial and the Individual in Early Modern England*, London: Routledge, 1984, p. 102.

在世的时候就委托画家为其画像。简被画作是一位面戴黑纱的寡妇。然而,简先于她的丈夫死去,她从未成为过寡妇。那么,威廉为何要将寡妇的身份施加在她身上呢?事实上,威廉让妻子变成寡妇,让她为自己哀悼,并不是简单地因为作画时间过早,而是他内心忧虑的一种反映。因为他担心,没有遗孀为其哀悼、为其守贞的话,自己将很快被遗忘。负面寡妇形象的建构也存在同样的考虑。男人将负面寡妇形象作为一种威胁手段,督促遗孀继续为自己守贞,以此维持世人对自己的记忆。因此,这一负面形象也可以被视为斯泰顿(Henry Staten)所称之的死亡—性爱忧虑的一种回应。

图 7-1 图片来自于 Amtower, Laurel & Kehler, Dorothea, *The Single Woman in Medieval and Early Modern England*: *Her Life and Representation*, Tempe: Arizona Center for Medieval and Renaissance Studies, 2003, p. 148.

◆ 第七章 单身妇女的社会形象 ◆

再次,对家产传承和孩子未来的担忧也造成了男人对寡妇的厌恶。伍德布里奇(Linda Woodbridge)指出,站在丈夫的角度来说,如果他们先于妻子过世的话,其财富和姓氏的传承将会使他们感到严重的不安和忧虑[1]。虽然传教士经常劝导继父继母应该像对待亲生子女那样对待继子女,但孩子们其实很难在再婚家庭中得到善意对待。控诉继父谋夺生父留给孩子那部分遗产的案件经常上演,继父虐待继子女的故事也司空见惯。在继父眼中,继子女可能一直都在提醒自己,妻子是个"二手货"。而对母亲来说,孩子可能会成为平衡新家中各种关系的牺牲品。因此,16世纪的人文主义者维韦斯曾严厉地指出:"母亲改嫁不是给孩子找到父亲而是带来敌人,不是增添一名家长而是带来一位暴君。"[2] 要防止孩子在自己死后遭到继父的虐待,唯一的方法便是限制寡妇改嫁。这也在很大程度上解释了为何一些男人在遗嘱中明确规定如果妻子改嫁,将会被排除在财产继承之外。性嫉妒固然是一个原因,但更重要的是为了维护孩子的利益,保护自己的财产不至于落到妻子的新丈夫手中。从这一层面来看,"欲壑难填的寡妇形象成为'一种社会担忧的反映',也是'控制她的性以便让她不再生育孩子来与继承人竞争'的一种尝试"[3]。

从更大的方面来讲,男人的忧虑还源自于寡妇对传统两性秩序所造成的威胁。按照传统两性秩序,所有的妇女都应该处于男人的领导和控制之下。这种理念在开放的世系家庭中很容易办到。因为孀妇可以很方便地转移到儿子、父亲或是其他男性亲戚的控制之下。然而,到了近代早期,随着英国家庭结构从开放的世系家庭转变为封闭的核心家庭,遗孀往往会接替先夫成为户主。艾瑞克森(Amy Louise Erickson)的研究表明,近代早期有74%的寡妇是户主,而对更加富裕的孀妇来说,这一百分比高达84%。[4] 户主角色

---

[1] Jennifer Panek, *Widows and Suitors in Early Modern English Comedy*, p. 9.
[2] Juan Luis Vives, *The Education of a Christian Woman*, p. 323.
[3] Jennifer Panek, *Widows and Suitors in Early Modern English Comedy*, p. 8.
[4] Amy Louise Erickson, *Women and Property in Early Modern England*, p. 187.

的扮演不仅使寡妇获得了生活在男性家户之外的权利,也获得了对子女、仆人、学徒以及家庭生意的权利。前文已证实,在许多地方她们可以继承先夫的职业或公职,有权招收和指导学徒。一些寡妇甚至还在传统意义上的男性行业中崭露头角。同时,她们还利用政治民主化进程中的有利契机,积极参与政治活动并彰显自己的社会影响力。伴随公共空间的参与,寡妇的独立意识也日渐彰显。一些寡妇"想要朋友和情人,但不想要丈夫……从一个丈夫的主宰之下解脱出来,在她们看来似乎就是天堂。毫无疑问,她们拥有自己的财产权……任何事情都由她们经手……她们能够追求自己的快乐并享受按自己意愿行事的乐趣"[1]。然而,寡妇所表现出的独立性却已严重僭越了传统两性秩序,造成了男性在是否能够维持自身对女性的统治上充满了焦虑。为了重整男性权威,男权社会不仅在经济领域加强了对寡妇的限制和排挤[2],而且还在社会文化上不断地丑化其社会形象。"因寡妇固有的行动自由而提出的好色指控与其他文学证据的结合证明了,好色的指控是一种反对(寡妇)过分自信和自由的一种诽谤性的策略。"[3]

总而言之,寡妇在任何男权社会中的存在都是问题,因为她们的身份映射了男人内心深处的各种不安。故而,在前殖民时代的印度,寡妇要被活活烧死;在传统的日本和中国社会,寡妇被称之为未亡人;在基督教时代的英国,寡妇则被视为无主之人。虽然耶稣称赞穷寡妇的施舍行为,但是基督教经典却甚少论及世人应该如何面对寡妇。许多寡妇接受了圣保罗的劝告,遁入修道院,过安贫守贞的生活。[4] 然而,到了近代早期,寡妇的处境发生了剧烈变化:

---

[1] Nancy Lyman Roelker, "Widowhood and Rational Domesticity: Modes of Independence for Women in Early Modern Europe", *Journal of Family History*, Vol. 7, No. 2, 1982, pp. 376-378.

[2] Margaret L. King, *Women of the Renaissance*, Chicago: University of Chicago Press, 1991, p. 57.

[3] Jennifer Panek, *Widows and Suitors in Early Modern English Comedy*, p. 8.

[4] 林中泽:《中世纪与宗教改革时期西欧寡妇状况探析》,《学术研究》2004年第9期。

第七章 单身妇女的社会形象

宗教改革关闭了作为寡妇倾倒场的女修院，大量寡妇涌入了公众视野；世系家庭向核心家庭的转变，寡妇得以自立门户，享受户主的地位和权利；资本主义生产关系的产生与发展，推动更多寡妇涉足公共领域，男女经济冲突日渐突出。不过，社会转型带给寡妇的独立性却将她们推向了更加尴尬的位置：一方面，男性一如既往地希望寡妇能为自己守贞，以确保男性的尊严、记忆以及子女的利益；另一方面，守贞寡妇却因社会转型而获得了更大的独立性，进而僭越了传统的两性秩序。面对这无法解决的矛盾，男性陷入了更大的焦虑当中，男权社会对寡妇固有的不满和敌视加深了。人们怀揣着恐惧与发泄，在大众文学、医学著作乃至是司法实践中成功地塑造了一个个薄情好色的寡妇形象，以社会舆论来约束各方面都享有较大独立性的寡妇。就如帕内克（Jennifer M. Panek）所言，"给寡妇打上社会贱民的烙印……是为了牵制那群拥有独立身份，生活在男人直接控制之外的妇女"[1]。故而，负面寡妇形象的建构，是男性舒缓其内心焦虑，巩固和强化男权的一种手段。

在近代早期，老小姐与寡妇的社会形象变得越来越负面。老小姐从值得同情的对象变成了为社会诟病的目标，一个好色、淫荡和充满兽性的老小姐刻板印象在近代早期被建构了出来。与此同时，寡妇的社会形象也日渐负面化。贞洁虔诚的一面不断弱化，而好色淫荡的孀妇形象却日渐突出。老小姐和寡妇在社会形象上的变化其实是男权重整的手段和结果。在这一时期，未婚女和孀妇在经济、政治和思想文化等各方面所表现出来的自主性和独立性对传统的两性秩序构成了严重威胁，也引起了父权社会深深的忧虑和不满。为了重振和强化男性权威，父权机制在这一被舆论所管理的社会中采用了意识形态的"软权力"以规训这些跨越社会性别藩篱的妇女。虽然这种手段不像经济、政治和法律手段那样赤裸和强硬，但是它所产生的效果往往却更有力和持久。

---

[1] Jennifer Panek, *Widows and Suitors in Early Modern English Comedy*, p. 8.

它通过潜移默化的影响敦促妇女按照社会期望来塑造自己，确保她们的言行不违背社会性别秩序，从而更加有效和持久地维持了对妇女的压迫。

结语　单身妇女境遇的变革与新的挑战

在长期的妇女史研究中，学者们倾向于将婚姻和家庭视为压迫妇女的工具而加以强调，因此在很大程度上忽略了那些处于婚姻关系之外的妇女。然而历史事实告诉我们，这类妇女不仅人数众多，而且还为冲破父权制的枷锁，争取妇女独立起到了先锋作用。本书以近代早期英国单身妇女之社会经历为考察对象，揭示了单身妇女在公共空间和私人领域向父权社会发起的冲击与挑战。

首先，从经济生活来看，近代早期的妇女比中世纪的姐妹们更加广泛地参与到劳动力市场和金融市场当中。近代早期，随着资本主义因素的发展壮大，以家庭为基本生产单位的自然经济遭到了瓦解，代之而起的是雇佣劳动为基础的资本主义手工工场。经济组织模式的根本性变革给广大妇女群体，特别是单身妇女造成了深远的影响。由于没有丈夫可以依靠，通常也没有子女需要照料，因此她们比已婚姐妹更加积极地投身社会生产，从家庭的依附性劳动者转变为独立的工资赚取者。在更加"消极"的经济活动——放贷活动当中，单身妇女的表现也相当突出。特别是对未婚女来说，由于她们通常不需要单独维持家户的运转，往往也没有孩子需要抚养，因此她们对现金的需求并不像已婚人士那样迫切。故而，她们不仅乐于放贷而且敢于贷出自己的大部分财产。通过劳动和放贷，单身妇女在一定程度上增强了自身的经济独立性。经济上或多或少的独立，不仅给单身妇女带来了一定的尊严和自主，而且也有利于其开阔眼界并激发她们的抗争意识。

其次，单身妇女抓住社会转型所带来的契机，比以往更加热切地投入到了政治生活当中。伴随资本主义经济的发展，自由平等和个人主义思潮勃发。在这种新思潮的影响之下，一部分妇女开始冲破"女主内，男主外"的社会性别空间的划分，开始质疑男尊女卑的社会性别秩序。与此同时，英国政治组织形式发生的根本性变革和动荡的政治局势又给妇女参与政治提供了有利的契机。这种由社会政治和思想领域的巨大变革所激荡起来的动员力，以压倒性的力量推动着妇女对传统两性秩序进行反思，推动着她们冲破传统性别空间的划分，进入更加广阔的公共空间。在这些参与政治活动的妇女当中，单身妇女的表现最为积极。她们借助没有丈夫束缚的优势，凭借自己独立的法律存在和完整的财产所有权，比已婚妇女更加自由和直接地参与了政治活动。她们不仅依靠血缘和庇护关系等传统手段影响政治，而且还通过获取官职、参与党派政治和效忠宣誓等资产阶级宪政的方式来施展政治影响力。

再次，单身妇女建构了一个宽泛的，以单身妇女为中心的社会关系网络。在自给自足的自然经济条件下，人们之间的交往通常是有限的。随着近代早期商品经济的发展、圈地运动及城市化进程的加快，人口的流动性增加了。大量的单身妇女走出家庭，其社会交往也随之扩大。对单身妇女来讲，除了核心家庭成员之外，她们也与其他亲属成员及朋友邻里保持着有效互动，并没有出现劳伦斯·史东所认为的16—17世纪英国家庭核心成员的情感联系不断增强，而邻里和亲属的重要性日趋减淡的现象。她们比已婚人士更加关注核心家庭成员以外的血亲和非血亲关系。兄弟姐妹、侄儿侄女、堂表兄弟姐妹甚至邻里朋友等都是单身妇女重要的社会交往对象。在这一宽泛的社会关系网络中，她们显然更加偏爱女性，尤其偏爱那些同属单身的女性。她们不仅倾向于与单身妇女一起居住，而且乐于给她留下更多的遗赠。这种以单身妇女为中心的社会关系网络显然不符合男权社会的规范。因为它给那些"不受控制的"单身妇女提供了一个支持平台，使得这一边缘群体能够在不利于她们的环境中坚强地生存下去。

此外，在这一时期也有更多的妇女走上了单身的道路。妇女晚

◈ 结语 单身妇女境遇的变革与新的挑战 ◈

婚或是独身的现象明显增加了，更多的寡妇选择了寡居而非改嫁。对于这些保持单身的妇女来说，她们的婚姻状态既有社会背景的制约，也有偶然境遇的作祟；既可能是出于被动地接受，也可能是主动的选择。需要引起我们注意的是，我们决不能将单身全然视为是女性的不幸，因为她们中不乏为了自由和独立而主动选择单身生活的人。然而，单身妇女的大量存在，却是近代早期的英国社会所不愿意看到的。这不仅是因为一些单身妇女所表现出的自我意识，而且也因为她们游离于父权制家庭的控制之外，从而动摇了国家秩序的基础。

面对单身妇女在公共空间和私人领域中对传统性别秩序所构成的威胁和挑战，父权机制加强了运作，对单身妇女进行了多方面的限制和束缚，其处境在某些方面不仅没有改善，反而有所恶化。

其一，单身妇女的劳动地位降低了。单身妇女虽然广泛参与社会生产，但却并没有带来劳动地位的提高。与中世纪的姐妹相比，她们在劳动组织中的地位明显恶化。行会和公会分别是中世纪和近代早期英国重要的经济组织形式。只要获得行会或公会成员的身份就意味着可以在社会经济和日常生活中享受诸多的好处和权利。在中世纪，单身妇女，特别是寡妇加入行会并不罕见。但是到了近代早期，随着商品经济的发展和竞争的加剧，很多公会都对女性关闭了。在中世纪有权从事先夫生前行业的寡妇也遭受了更多的限制和为难。另外，单身妇女还被从需要技能的，地位较高的工作中排挤了出来，转移到了低报酬、低稳定性和低技能的工作当中。到了近代早期，在中世纪很普遍的女技工的观念和现实都遭到了动摇和颠覆。绝大多数妇女都被限制在了家庭服务业以及由纺织品制造和衣服贸易所构成的产业当中，她们的工作日渐呈现次等劳动力市场的特征。

其二，在家庭财产的继承上，单身妇女的处境也日渐糟糕。虽然中世纪和近代早期的人们在不动产的分配上都更偏爱儿子，但是中世纪妇女继承不动产的可能性仍明显大于近代早期。从都铎时代开始，由女性继承的土地开始急剧减少。在这一过程当中，寡妇处

263

境的恶化最为明显。她们在近代早期获得土地、房屋和其他财产的可能性降低了，被指定为遗嘱执行人的机会也下降了。在先夫未立遗嘱的情况下，1670年后的教会法庭也将她们能享有的份额严格地控制在了法定的份额上。

其三，单身妇女在司法层面上遭到了严厉打击。这一时期发生的打击卖淫和猎巫运动其实与惩罚单身妇女之间存在着密切关系。近代早期的英国社会一改中世纪容忍卖淫的态度，转而严厉地打击卖淫活动。这一转变的出现固然有着特殊的宗教和政治背景，但是我们却不得不反思恶意将单身妇女等同于妓女的社会观念背后的动机。父权社会在司法层面上对单身妇女的恶意打击更加鲜明地体现在了猎巫运动上。诸多学者已经发现，猎巫运动实则是猎捕妇女。通过进一步的分析我们发现，猎巫运动其实是在猎捕单身妇女。那些年老的、未婚的和寡居的妇女最容易招致巫术指控。单身妇女之所以成为打击卖淫和猎巫运动的主要牺牲品，在很大程度上源于她们在挑战传统性别秩序和男性权威上所呈现的主导性。因此，从女性主义的视角来看，这一时期的打击卖淫和猎巫运动也是重构两性关系与强化男性权威的手段，其目的是为了惩戒和规训这些违背父权社会规范的妇女，也为了教导其他妇女按照主流女性观来塑造自己。

最后，单身妇女的社会形象在这一时期也逐渐被扭曲了。除司法层面的强制之外，父权机制还将意识形态的"软权力"运用到了对单身妇女的规训当中。在中世纪，有关未婚女的描述基本都是正面的，主要集中在她们的年轻、贞洁、浪漫以及对爱情婚姻的追求上。而到了近代早期，那些迟迟未婚的老小姐逐渐被发现并且从一个值得同情的对象转变为被社会所诟病的目标。一个丑陋的、好色的且充满兽性的老小姐刻板印象被建构了出来。与此同时，社会舆论中所流行的寡妇形象也不断被丑化。在中世纪舆论中时常出现的有关孀妇的贞洁和神秘力量的描述和赞美逐渐消失了，对寡妇的嘲讽和指责成为舆论主流。一个好色淫荡的寡妇形象在近代早期的社会舆论中被建构了出来。单身妇女在社会形象上所发生的改变，其

结语 单身妇女境遇的变革与新的挑战

实也是父权机制规训和控制单身妇女的手段与结果。

总而言之，近代早期是英国从传统社会向现代社会转型的重要历史时期。期间，英国原有的经济、政治和思想文化等各方面都面临着强烈的挑战和重新建构，两性关系也不例外。广大女性群体在经济、政治和思想意识等各方面对传统的两性关系发起了冲击和挑战。在这一过程中，单身妇女的表现最为突出。她们不仅积极争取劳动权益和政治权利，而且更难能可贵的是她们中的一部分人还萌生了女性主义意识。如此而言，这一时期主要由单身妇女发起的挑战实为女权运动的先声。这也在一定程度上修正了我们对西方女权主义运动的传统认识。然而，由于英国社会对女性的歧视和否定源远流长，社会层面上不利于妇女的性别结构也根深蒂固，这些都是属于历史进程中超稳定的长时段因素，相对短暂的社会转型所激起的浪花很难从根本上动摇上千年的文化传统。虽然我们承认这一时期经济、政治、宗教信仰和思想文化领域所发生的变革在一定程度上震撼了传统的社会性别观念，并使妇女——特别是单身妇女获得了争取女性权利的行动契机。但是从历史的眼光来看，她们在各方面对传统两性关系的冲击并没有带来女性地位的彻底改善和提高。相反，面对她们的挑战，父权机制加强了运作，对传统的两性关系进行了重新确证，出现了劳伦斯·史东所称之的"父权制的强化"。然而，如同社会是在挑战和应战中进步一样，两性关系也会在不断的挑战和应战中逐步改善。虽然今天我们对单身妇女的为难和歧视在很大程度上仍在继续，但是我们相信通过男女两性的携手努力，传统的社会性别秩序必将冲破，平等的两性关系终将到来。

参考文献

一 中文文献

《乔叟文集》，方重译，上海译文出版社1979年版。

《莎士比亚十四行诗集》，梁实秋译，中国广播电视出版社2002年版。

蔡蕾：《近代英国国家建构视域中的都铎宗教改革》，《河南师范大学学报》（哲学社会科学版）2010年第6期。

蔡骐：《英国宗教改革研究》，湖南师范大学出版社1997年版。

陈曦文、王乃耀：《英国社会转型时期经济发展研究：16世纪至18世纪中叶》，首都师范大学出版社2002年版。

陈勇：《近代早期英国家庭关系研究的新取向》，《武汉大学学报》（人文科学版）2002年第1期。

陈志坚：《英国中世纪及近代早期的家庭分配方案》，《世界历史》2007年第5期。

成德宁：《英国前工业化时期的农业革命及其在社会转型中的作用》，《安徽史学》2002年第3期。

丁湘莲：《西欧近代早期妇女社会生活状况探析》，硕士学位论文，内蒙古大学，2007年。

冯英：《人文主义：近代西欧社会转型的文化支撑》，《求索》2005年第5期。

谷延方：《前工业化时期英国农村劳动力转移和城市化的制约因素》，《史学月刊》2007年第5期。

郭蕊：《中世纪晚期近代早期英国农村雇工初探》，硕士学位论文，天津师范大学，2009 年。

郭伟峰：《英国家庭作坊和工厂制定下劳工生活状况比较》，《辽宁工程技术大学学报》（社会科学版）2005 年第 4 期。

侯建新：《社会转型时期的西欧与中国》，高等教育出版社 2005 年版。

黄磊：《近代早期英国高利贷观念的转变》，硕士学位论文，天津师范大学，2008 年。

姜德福：《近代早期英国社会的等级性质》，《安徽史学》2004 年第 3 期。

金彩云：《中世纪晚期至近代早期英国私人社会交往探析》，《史学理论研究》2010 年第 2 期。

兰桂莎：《英国都铎王朝时期雇工问题初探》，硕士学位论文，首都师范大学，2007 年。

李化成：《黑死病与英国人口研究》，硕士学位论文，曲阜师范大学，2003 年。

李银河：《女性主义》，山东人民出版社 2005 年版。

林中泽：《中世纪和宗教改革时期西欧寡妇状况探析》，《学术研究》2004 年第 9 期。

刘贵华：《近代早期公会在英国城市管理中的作用》，《世界经济与政治》2010 年第 9 期下半月。

刘明翰主编：《欧洲文艺复兴史·城市与社会生活卷》，人民出版社 2008 年版。

刘霓：《西方女性学——起源、内涵与发展》，社会科学文献出版社 2001 年版。

刘淑青：《近代早期英国猎巫运动中的妇女研究》，《学术交流》2008 年第 11 期。

刘岩：《女性身份研究读本》，武汉大学出版社 2007 年版。

刘耀春：《文艺复兴时期妇女史研究》，《历史研究》2005 年第 4 期。

陆启宏:《近代早期西欧的巫术与巫术迫害》,博士学位论文,复旦大学,2006年。

陆启宏:《巫术审判、着魔和近代早期西欧对身体的控制》,《华东师范大学学报》(哲学社会科学版)2010年第1期。

吕晓燕:《社会性别视角下近代早期英国妇女的家庭地位探析》,《社会科学论坛》2010年第13期。

马克垚:《西欧封建经济形态研究》,人民出版社2001年版。

彭克宪:《社会科学大词典》,中国国际广播出版社1989年版。

任灵兰:《评〈英国社会转型时期的家庭研究〉——兼谈西方家庭史研究中的"变革与延续之争"》,《世界历史》2010年第1期。

舒丽萍:《英国女性主义妇女史研究的典范——读〈近代早期英格兰的妇女,1550—1720〉》,《妇女研究论丛》2005年第5期。

舒小昀:《分化与整合:1688—1783年英国社会结构分析》,南京大学出版社2003年版。

孙庆桃:《英国社会转型时期土地市场发展的原因及特点》,《首都师范大学学报》(社会科学版)2007年增刊。

王昊:《中世纪晚期近代早期英国家庭财产分配方式初探》,硕士学位论文,天津师范大学,2008年。

王晋新、姜德福:《现代早期英国社会变迁》,上海三联书店2008年版。

王晋新:《论近代早期英国社会结构的变迁与重组》,《东北师大学报》(哲学社会科学版)2002年第5期。

王萍:《现代英国社会中的妇女形象》,江苏人民出版社2005年版。

王晓焰:《18—19世纪英国妇女的生活和工作状况研究》,博士学位论文,四川大学,2006年。

王晓焰:《英国工业化进程中劳动按性别分工的形成及其社会意义》,《四川大学学报》(哲学社会科学版)2006年第1期。

王晓焰:《英国社会转型时期妇女就业地位边缘化的成因》,《西南民族大学学报》(人文社会科学版)2007年第8期。

王学增:《中世纪和近代早期英国的社会救济问题》,硕士学位论文，天津师范大学，2007年。

王亦蛮：《对抗与包涵——论十八世纪英国妇女的价值实现》，《国外文学》1995年第3期。

王莹：《近代早期英国个人主义的成长与核心家庭的兴起》，《武汉科技大学学报（社会科学版）》2008年第6期。

王宇：《女性新概念》，北京大学出版社2007年版。

王越旺：《前工业化"家内制"生产的兴衰与英国工业城镇的崛起》，《锦州师范学院学报》2000年第1期。

魏国英、王春梅：《女性学：理论与方法》，吉林人民出版社2002年版。

向荣：《文化变革与西方资本主义的兴起——读韦伯〈新教伦理与资本主义精神〉》，《世界历史》2000年第3期。

谢标：《16世纪宗教改革与英国近代政治观念的演变》，《广东石油化工学院学报》2011年第2期。

谢敏：《17世纪到18世纪中期英国城市家庭女仆生存状况研究》，硕士学位论文，武汉大学，2005年。

徐慧：《近代早期英格兰妇女财产权研究》，硕士学位论文，河南大学，2011年。

徐善伟：《男权重构与欧洲猎巫运动期间女性所遭受的迫害》，《史学理论研究》2007年第4期。

许二斌：《军事革命对近代早期欧洲经济发展的积极影响》，《社会科学战线》2004年第2期。

许洁明：《十七世纪的英国社会》，中国社会科学出版社2004年版。

叶慧：《试论17世纪革命时期英国妇女的政治表达》，硕士学位论文，浙江师范大学，2007年。

裔昭印：《西方妇女史》，商务印书馆2009年版。

尹丽曼：《论工业革命时期英国妇女的社会地位》，硕士学位论文，湖南师范大学，2008年。

于文杰：《改革开放以来的中国英国史研究》，《史学月刊》2009年第8期。

俞金尧：《中世纪晚期和近代早期欧洲的寡妇改嫁》，《历史研究》2000年第5期。

元振科：《17—18世纪英国社会转型时期婚姻的演变》，硕士学位论文，湖南师范大学，2009年。

臧书磊、颜国芳：《试析英国近代早期寡妇的生活状况》，《湛江师范学院学报》2009年第4期。

张奎勤：《关爱与互助：近代早期英国家庭亲子关系新探》，《昆明师范高等专科学校学报》2005年第3期。

张弢：《16、17世纪英国妇女地位细分》，硕士学位论文，湖南科技大学，2011年。

张卫良：《英国社会的商业化历史进程》，人民出版社2004年版。

张艳玲：《"我们如何作妇女史研究——理论、方法、史料和其他"研讨会综述》，《中华女子学院学报》2011年第1期。

张瑜：《近代早期英格兰的婚姻家庭状况》，硕士学位论文，内蒙古大学，2010年。

周静：《浅谈18世纪英国妇女财产权》，硕士学位论文，中国政法大学，2005年。

左家燕：《现代化早期英国社会的婚姻与家庭状况研究》，硕士学位论文，天津师范大学，2001年。

［法］米歇尔·福柯：《疯癫与文明：理性时代的疯癫史》，刘北成等译，三联书店1999年版。

［法］米歇尔·福柯：《性史》，姬旭升译，青海人民出版社1999年版。

［法］皮埃尔·布迪厄：《男性统治》，刘晖译，中国人民大学出版社2012年版。

［加］伊丽莎白·艾宝特：《独身》，邱维珍译，中国友谊出版公司2003年版。

［美］罗斯玛丽·帕特南·童：《女性主义思潮导论》，艾晓明等译，华中师范大学出版社2002年版。

［美］玛格丽特·金：《文艺复兴时期的妇女》，刘耀春等译，东方

出版社2008年版。

［美］约瑟芬·多诺万：《女权主义的知识分子传统》，赵育春译，江苏人民出版社2003年版。

［美］詹姆斯·W. 汤普逊：《中世纪晚期欧洲经济社会史》，徐家玲等译，商务印书馆1992年版。

［英］W. H. B. 考特：《简明英国经济史：1750年—1939年》，方廷钰等译，商务印书馆1992年版。

［英］阿萨·勃里格斯：《英国社会史》，陈叔平等译，中国人民大学出版社1991年版。

［英］劳伦斯·史东：《英国十六至十八世纪的家庭、性与婚姻》（上），刁筱华译，麦田出版社2000年版。

［英］罗宾·布里吉斯：《与巫为邻：欧洲巫术的社会和文化语境》，雷鹏等译，北京大学出版社2005年版。

［英］莎士比亚：《哈姆雷特》，梁实秋译，中国广播电视出版社2002年版。

二 英文文献

（一）英文图书

Alan Macfarlane, *Marriage and Love in England 1300 – 1840*, Oxford: Basil Blackwell, 1986.

Alan Macfarlane, *Witchcraft in Tudor and Stuart England*, London: Routledge & Kegan Paul plc., 1999.

Alexander Roberts, *A Treatise of Witchcraft: Wherein Sundry Propostions Are Laid Downe, Plainely Discovering the Wickedness of that Damnable Art*, London: Printed by N. O. for Samuel, 1616.

Amanda L. Capern, *The Historical Study of Women, England, 1500 – 1700*, Basingstoke: Palgrave Macmillan, 2008.

Anthony Fletcher, John Stevenson, *Order and Disorder in Early Modern England*, Cambridge: Cambridge University Press, 1985.

Barbara J. Harris, *English Aristocratic Women, 1450 – 1550*, Oxford: Oxford University Press, 2002.

Barbara Kanner, ed., *The Women of England from Anglo – Saxon Times to the Present*, Hamden: Archon Books, 1979.

Barbara Rosen, *Witchcraft in England, 1558 – 1618*, Amherst: The University of Massachusetts Press, 1991.

B. Manning, ed., *Politics, Religion and the English Civil War*, London: Edward Arnold, 1973.

Bengt Ankarloo, Gustay Henningsen, *Early Modern European Witchcraft: Centres and Peripheries*, Oxford: Clarendon Press, 1993.

Bridget Hill, *Women Alone: Spinsters in England, 1660 – 1850*, New Haven: Yale University, 2001.

Catherine Salmon, Todd K. Shackelford, *Family Relationships: an Evolutionary Perspective*, Oxford: Oxford University Press, 2008.

C. H. Mayo, A. W. Gould, *The Municipal Records of the Borough of Dorchester, Dorset*, Exeter: William Pollard, 1908.

Cordelia Beattie, *Medieval Single Women: The Politics of Social Classification in Late Medieval England*, Oxford: Oxford University Press, 2007.

Christopher Durston, *The Family in the English Revolution*, Oxford: Basil Blackwell, 1989.

Christopher Dyer, *Lords and Peasants in a Changing Society: The Estate of the Bishopric of Worcester, 680 – 1540*, Cambridge: Cambridge University Press, 1980.

C. Larner, *Enemies of God: The Witch – Hunt in Scotland*, Oxford: Basil Blackwell, 1983.

Christine Peters, *Women in Early Modern Britain, 1450 – 1640*, New York: Palgrave Macmillan, 2004.

Darren Oldridge, *The Witchcraft Reader*, London: Routledge & Kegan Paul plc., 2002.

Dame M. Scharlieb, *The Bachelor Woman and Her Problems*, London:

Williams & Norgate Ltd. , 1929.

Deborah Willis, *Malevolent Nurture, Witch - Hunting and Maternal Power in Early Modern England*, Ithaca: Cornell University Press, 1995.

Doris M. Stenton, *The English Woman in History*, London: Allen & Unwin, 1977.

Dympna C. Callaghan, ed. , *The Weyward Sisters: Shakespeare and Feminist Politics*, Oxford: Basil Blackwell Ltd. , 1994.

D. A. Wrigley, R. S. Chofield, *Population History of England, 1541 - 1871*, Cambridge: Cambridge University, 1989.

D. E. Ginter, *A Measure of Wealth: The England Land Tax in Historical Analysis*, London: The Hambledon Press, 1996.

D. Woodward, *Men at Work: Labours and Building Craftsmen in the Towns of Northern England, 1450 - 1750*, Cambridge: Cambridge University Press, 1995.

Elizabeth S. Wahl, *Invisible Relations: Representations of Female Intimacy in the Age of Enligh - Tenment*, Stanford: Stanford University Press, 1999.

Elizabeth Sheridan, *Betsy Sheridan's Journal: Letters from Sheridan's Sister, 1784 - 1790*, Oxford: Oxford University Press, 1986.

Elizabeth C. Sanderson, *Women and Work in Eighteenth - Century Ediburgh*, New York: St Martin's Press, 1996.

Eileen Spring, *Law, Land, and Family: Aristocratic Inheritance in England, 1300 - 1800*, Chapel Hill: The University of North Carolina Press, 1993.

Eric Kerridge, *Usury, Interest and the Reformation*, Aldershot: Ashgate Publishing ltd. , 2002.

Evelyn Heinemann, *Witches: A Psychoanalytic Exploration of the Killing of Women*, London: Free Association Books, 2000.

Fanny Burney, *Camilla*, Oxford: Oxford University Press, 1999.

Frances E. Dolan, *Dangerous Familiars: Representations of Domestic

Crime in England, 1550 – 1700, Ithaca: Cornell University, 1994.

F. Bacon, *The Essays or Counsels, Civil and Moral*, Whitefish: Kessinger Publishing Company, 1992.

F. M. Eden, *The State of the Poor: or, An History of the Labouring Classes in England*, Vol. 2, London: Printed by J. Davis, 1797.

Frances Finnegan, *Poverty and Prostitution: A Study of Victorian Prostitute in York*, Cambridge: Cambridge University Press, 1979.

G. L. Apperson, *English Proverbs and Proverbial Phrases: A Historical Dictionary*, London: J. M. Dent and Sons limited, 1929.

G. W. Day, ed., *The Pepys Ballads*, Vol. 5, Cambridge: Brewer, 1987.

Gertrude Saville, Alan Saville, *Secret Comment: The Diaries of Gertrude Savile, 1721 – 1757*, Nottingham: Kingsbridge History Society, 1997.

G. Martin, P. Spufford, ed., *The Records of the Nation*, Woodbridge: Boydell Press, 1990.

Hill Meldrum, *Domestic Service and Gender, 1660 – 1750: Life and Work in London Household*, Harlow: Longman, 2000.

Isobel Armstong, Virginia Blain, ed., *Women's Poetry in the Enlightenment: The Making of a Canon, 1730 – 1820*, New York: St Martin's Press, 1999.

IlanaKrausman, Ben Amos, *Adolescence and Youth in Early Modern England*, New Haven: Yale University Press, 1994.

James Daybell, *Women and Politics in Early Modern England, 1450 – 1700*, Aldershot: Ashgate Publishing Ltd., 2004.

Jacqueline Eales, *Women in Early Modern England, 1500 – 1700*, London: UCL Press Ltd., 1998.

Janet Todd, ed., *A Dictionary of British and American Women Writers 1660 – 1800*, Totowa: Rowman & Allanheld, 1985.

James Sharpe, *Instruments of Darkness: Witchcraft in England, 1550 – 1750*, London: Hamish Hamilton, 1996.

James Sharpe, *Witchcraft in Early Modern England*, Harlow: Pearson

Education, 2001.

J. Swain, *Industry before the Industrial Revolution: North East Lancashire, 1500 – 1640*, Manchester: Manchester University Press, 1986.

Jeanna Martin, ed., *A Governess in the Age of the Jane Austen*, London: Hambledon Press, 1998.

J. Gaule, *Select Cases of Conscience Touching Witches and Witchcraft*, London: Printed by W. Wilson, 1646.

Jeanna Martin, ed., *A Governess in the Age of Jane Austen: the Journals and Letters of Agnes Porter*, London: Hambledon Press, 1998.

Jennifer Panek, *Widows and Suitors in Early Modern English Comedy*, Cambridge: Cambridge University Press, 2004.

Jonathan Barry, ed., *Witchcraft in Early Modern Europe: Studies in Cultural and Belief*, Cambridge: Cambridge University, 1996.

Johnna Rickman, *Love, Lust and License in Early Modern England*, Aldershot: Ashgate Publishing Ltd., 2008.

John S. Morrill, etc., *Public Duty and Private Conscience in Seventeenth-century England*, Oxford: Clarendon Press, 1993.

John Neale, *The Elizabethan House of Commons*, London: Jonathan Cape, 1949.

Judith M. Bennett, Amy M. Froide, *Single Women in the European Past, 1250 – 1800*, Philadephia: University of Pennsylvania Press, 1999.

J. B. Black, *The Reign of Elizabeth, 1558 – 1603*, Oxford: Oxford University Press, 2004.

Joan Chandler, *Women without Husbands: An Exploration of the Margins of Marriage*, New York: St. Martin's Press, 1991.

J. Dupáquier, ed., *Marriage and Remarriage in Populations of the Past*, London: Academic Press, 1981.

J. Kirshner, S. F. Wemple, ed., *Women of the Medieval World: Essays in Honor of John H. Mundy*, Oxford: Basil Blackwell, 1985.

K. Bruland, P. Mathias, ed., *From Family Firms to Corporate Capital-*

ism, Oxford: Oxford University Press, 1998.

Lionel Munby, ed., *Life and Death in King's Langley: Wills and Inventories, 1498 – 1659*, California: Kings Langley Local History & Museum Society in association with Kings Langley W. E. A, 1981.

Katherine Crawford, *European Sexualities, 1400 – 1800*, Cambridge: Cambridge University Press, 2007.

Kathryn Gleadle, Sarah Richardson, ed., *Women in British Politics, 1760 – 1860: the Power of the Petticoat*, Basingstoke: Macmillian Publishers Ltd., 2000.

K. D. Reynolds, *Aristocratic Women and Political Society in Victorian Britain*, Oxford: Clarendon Press, 1998.

Keith Wrightson, David Levine, *Poverty and Piety in an English Village: Terling, 1525 – 1700*, New York: Academic Press, 1979.

Lloyd Bonfield, etc., *The World We Have Gained: Histories of Population and Social Structure*, Oxford: Basil Blackwell Ltd., 1986.

Lloyd Davis, ed., *Sexualiy and Gender in the English Renaissance: an Annotated Edition of Contemporary Documents*, New York: Garland Pub., 1998.

Lynn Botelho, Pat Thane, ed., *Women and Ageing in British Society, since 1500*, Harlow: Pearson Education Ltd., 2001.

Lorna Huston, *Feminism and Renaissance Studies*, Oxford: Oxford University Press, 1999.

Louis A. Knafla, *Class, Gender and Sexuality in Criminal Prosecutions*, New York: Greenwood Press, 1999.

Lindsey Charles, Lorna Duffin ed., *Women and Work in Pre – industrial England*, London: Croom Helm, 1985.

Linda E. Mitchell, *Women in Medieval Western European Culture*, New York: Garland Pub., 1999.

Lois G. Schwoerer, *Women and the Glorious Revolution*, North Carolina: Appalachian State University, 1986.

参考文献

Lawrence Stone, J. F. C. Stone, *An Open Elite? England, 1540 – 1880*, Oxford: Oxford University Press, 1984.

Lawrance Stone, *Uncertain Union: Marriage in England, 1660 – 1753*, Oxford: Oxford University Press, 1992.

Mavis E. Mate, *Women in Medieval English Society*, Cambridge: Cambridge University Press, 1999.

Margaret R. Hunt, *The Middling Sort: Commerce, Gender, and the Family in England, 1680 – 1780*, Berkeley: University of California Press, 1996.

Mary Astell, *Some Reflections upon Marriage*, London: Printed for William Parker, 1706.

Mary Daly, *Gyn/Ecology: the Metaethics of Radical Feminism*, Boston: Beacon Press, 1990.

Marie – Francoise Alamichel, *Widows in Anglo – Saxon and Medieval Britain*, Oxford: Peter Lang, 2008.

Marion Gibson, *Early Modern Witches: Witchcraft Cases in Contemporary Writing*, London: Routledge & Kegan Paul plc., 2000.

Margaret Phillips, William S. Tompkinson, *English Women in Life and Letters*, Oxford: Oxford University Press, 1927.

Merry E. Wiesner, *Women and Gender in Early Modern Europe*, Cambridge: Cambridge University Press, 1993.

Michael Macdonald, *Mystical Bedlam: Madness, Anxiety and healing in Seventeenth – Century England*, Cambridge: Cambridge University Press, 1981.

Mavis E. Mate, *Women in Medieval English Society*, Cambridge: Cambridge University Press, 1999.

Marjorie K. McIntosh, *Controlling Misbehavior in England, 1370 – 1600*, Cambridge: Cambridge University Press, 2002.

Natalie Zemon Davis, *Fiction in the Archives*, Stanford: Stanford University Press, 1987.

Norman Davis, *Paston Letters and Paper of the Fifteenth Century*, Vol. 1, Oxford: Oxford University Press, 2006.

Naomi Braun Rosenthal, *Spinster Tales and Womanly Possibilities*, Albany: Sate University of New York Press, 2002.

N. H. Keeble, *The Cultural Identity of Seventeenth - Century Woman*, London: Routledge & Kegan Paul plc., 1994.

Paul Griffiths, *Youth and Authority: Formative Experiences in England, 1560 - 1640*, Oxford: Clarendon Press, 1996.

Peter Laslett, Richard Wall, ed., *Household and Family in Past Time*, Cambridge: Cambridge University Press, 1972.

Peter Laslett, *The World We have Lost: Further Explored*, London: Methuen & Co. Ltd., 1983.

P. W. Joseph, *Violence, Politics, and Gender in Early Modern England*, New York: Palgrave MacMillan, 2008.

Richard Grassby, *Kinship and Capitalism: Marriage, Family and Bussiness in the English - Speaking World, 1580 - 1740*, Cambridge: Cambridge University Press, 2001.

Roger Finlay, *Population and Metropolis: The Demography of London, 1580 - 1650*, Cambridge: Cambridge University Press, 2009.

Ruth Mazo Karras, *Common Women: Prostitution and Sexuality in Medieval England*, New York: Oxford University Press, 1996.

R. B. Outhwaite, *Marriage and Society: Studies in the Social History of Marriage*, London: Europa Publications Ltd., 1981.

R. B. Outhwaite, *Studies in the Social History of Marriage*, London: Europa Publications Ltd., 1981.

R. B. Shoemaker, *Gender in English Society, 1650 - 1850: The Emergence of Separate Spheres?*, London: Longman, 1998.

Richard M. Smith, ed., *Land, Kinship and Life - Cycle*, Cambridge: Cambridge University Press, 2002.

R. Tittler, *Townspeople and Nation: English Urban Experience, 1540 -*

1640, Stanford: Stanford University Press, 2001.

Robert Tittler, Norman Jones, *A Companion to Tudor Britain*, Oxford: Basil Blackwell, 2004.

Samuel Pepys, Robert Latham, *The Diary of Samuel Pepys*, Vol. 1, London: Harpercollins, 2000.

Sophie Carter, *Purchasing Power Representing Prostitution in Eighteenth - Century English Popular Culture*, Aldershot: Ashgate Publishing Ltd. , 2004.

Sara Mendelson, Patricia Crawford, *Women in Early Modern England, 1550 – 1720*, Oxford: Clarendon Press, 1998.

Stuart Clark, *Thinking with Demons: The Idea of Witchcraft in Early Modern Europe*, Oxford: Oxford University Press, 1999.

Wallace Notestein, *A History of Witchcraft in England from 1558 to 1718*, New York: Corwell Company, 1968.

W. Denham, *A Satyr upon Old Maids*, London: Printed by W. Denham, 1713.

William Gouge, *Of Domesticall Duties*, Amsterdam: Theatrum Orbis Tarrarum, 1976.

William Hayley, *A Philosophical, Historical and Moral Essay on Old Maid*, Vol. 1, London: Printed for T. Cadell, 1785.

William Perkins, *A Discourse of the Damned Art of Witchcraft*, London: Printed by Cantrell Legge, 1608.

William Stout, John Duncan Marshall, *The Autobiography of William Stout of Lancaster, 1665 – 1752*, Manchester: Manchester University Press, 1967.

William W. Sanger, *History of Prostitution: Its Extent, Causes and Effects Throughout the World*, New York: The Medical Publishing Co. , 1919.

（二）英文期刊

Ariela R. Dubler, "In the Shadow of Marriage: Single Women and the Legal Construction of the Family and the State", *The Yale Law Journal*, Vol. 112, No. 7, 2003.

Bridget Hill, "The Marriage Age of Women and the Demographers", *History Workshop*, Vol. 28, No. 1, 1989.

B. A. Holderness, "Credit in a rural community, 1660 – 1800", *Midland History*, Vol. 3, No. 2, 1975.

Carmel Biggs, "Women, Kinship, and Inheritance: Northamptonshire 1543 – 1709", *Journal of Family History*, Vol. 32, No. 2, 2007.

ChristineAdams, "A Choice Not to Wed? Unmarried Women in Eighteenth – centuty France", *Journal of Social History*, Vol. 29, No. 4, 1996.

Charles Carlton, "The Widow's Tale: Male Myths and Female Reality in 16th and 17th Century England", *Albion: A Quarterly Journal Concerned with British Studies*, Vol. 10, No. 2, 1978.

Carol Z. Wiener, "Is a Spinster and Unmarried Woman?", *The American Journal of Legal History*, Vol. 20, No. 1, 1976.

Clive Holnes, "Women: Witness and Witches", *Past and Present*, Vol. 140, No. 1, 1993.

Christine Peters, "Single Women in Early Modern England: Attitudes and Expectations", *Continuity and Change*, Vol. 12, No. 3, 1997.

Dave Postles, "Surviving Lone Motherhood in Early – Modern England", *Seventeenth-century*, Vol. 21, No. 1, 2006.

David Cressy, "Kinship and Kin Interaction in Early Modern England", *Past and Present*, Vol. 113, No. 1, 1986.

D. A. Kent, "Ubiquitous but Invisible: Female Domestic Servants in Mid – Eighteenth Century London", *History Workshop*, Vol. 28, No. 1, 1989.

George L. Haskins, "The Development of Common Law Dower", *Harvard Law Review*, Vol. 62, No. 1, 1948.

Laura K. Deal, "Widows and Reputation in the Diocese of Chester, England, 1560 – 1650", *Journal of Family History*, Vol. 23, No. 4, 1998.

Lynn Botelho, "The Old Woman's wish: Widows by the Family Fire? Widows' Old Age Provisions in Rural England, 1500 – 1700", *The History of the Family*, Vol. 7, No. 1, 2002.

Ira Clark, "The Widow Hunt on the Tudor – Stuart Stage", *Studies in English Literature, 1500 – 1900*, Vol. 41, No. 2, 2001.

Ilana Krausman, Ben Amos, "Women Apprentices in the Trades and Crafts of Early Modern Bristol", *Continuity and Change*, Vol. 6, No. 2, 1991.

Jeremy Boulton, "London Widowhood Revisited: the Decline of Female Remarriage in the Seventeenth and Early Eighteenth Centuries", *Continuity and Change*, Vol. 5, No. 3, 1990.

J. M. Beattie, "The Criminality of Women in Eighteenth – Century England", *Journal of Social History*, Vol. 8, No. 4, 1975.

Judith Bennett, "Feminism and History", *Gender and History*, Vol. 1, No. 3, 1989.

Judith M. Spicksley, "Fly with a Duck in Thy Mouth: Single Women as Sources of Credit in Seventeenth-century England", *Social History*, Vol. 32, No. 2, 2007.

Katherine L. French, "Maidens' Lights and Wives' Stores: Women's Parish Guilds in Late Medieval England", *Sixteenth Century Journal*, Vol. 29, No. 2, 1998.

Katrina Honeyman, Jordan Goodman, "Labour Markets in Europe, 1500 – 1900", *Economic History Review*, Vol. 44, No. 4, 1991.

Leslie McGranahan, "The Widow's Offering: Inheritance, Family Structure, and the Charitable Gifts of Women", *Explorations in Eco-*

nomic History, Vol. 46, No. 3, 2009.

L. Schwarz, "London Apprentices in the Seventeenth-century: Some Problems", *Local Population Studies*, Vol. 38, 1987.

Maxine Berg, "Women's Property and the Industrial Revolution", *Journal of Interdisciplinary History*, Vol. 2, No. 2, 1993.

Michael Anderson, "Marriage Partner in Victorian Britain: An Analysis Based on Registration District Data for England and Wales 1861", *Journal of Family History*, Vol. 1, No. 1, 1976.

Miranda Chaytor, "Household and Kinship: Ryton in the Late 16th and Early 17th Centuries", *History Workshop*, Vol. 10, No. 1, 1980.

Marjorie K. McIntosh, "Money Lending on the Periphery of London, 1300 – 1600", *Albion: A Quarterly Journal Concerned with British Studies*, Vol. 20, No. 4, 1988.

Nancy Lyman Roelker, "Widowhood and Rational Domesticity: Modes of Independence for Women in Early Modern Europe", *Journal of Family History*, Vol. 7, No. 4, 1982.

Olwen Hufton, "Women Without Men: Widows and Spinsters in Britain and France in the Eighteenth Century", *Journal of Family History*, Vol. 9, No. 4, 1984.

Paul Griffifths, "The Structure of Prostitution in Elizabeth London", *Continuity and Change*, Vol. 8, No. 1, 1993.

Pamela Sharpe, "Literally Spinsters: A New Interpretation of Local Economy and Demography in Colyton in the Seventeenth and Early Eighteenth Centuries", *Economic History Review*, Vol. 44, No. 1, 1991.

Pamela Sharpe, "Dealing with Love: The Ambiguous Independence of the Single Woman in Early Modern England", *Gender and History*, Vol. 11, No. 2, 1999.

Peter Earle, "The Female Labour Market in London in the Late Seventeenth and Early Eighteenth Centuries", *Economic History Review*, Vol. 42, No. 3, 1989.

Peter King, "Female Offender, Work and Life-cycle Change in Late Eighteenth-Century London", *Continuity and Change*, Vol. 11, No. 1, 1996.

Pierre J. Payer, "Early Medieval Regulations Concerning Marital Sexual Relations", *Journal of Medieval History*, Vol. 6, No. 4, 1980.

Richard Levin, "Frailty, Thy Name is Wanton Widow", *Shakespeare Newsletter*, Vol. 55, No. 1, 2005.

Ruth Mazo Karras, "The Regulation of Brothels in Later Medieval England", *Signs*, Vol. 14, No. 2, 1989.

Ruth Larsen, "For Want of a Good Fortune: Elite Single Women's Experiences in Yorkshire 1730-1860", *Women's History Review*, Vol. 16, No. 3, 2007.

Richard Vann, "Wills and the Family in an English Town: Banbury, 1550-1800", *Journal of Family History*, Vol. 4, No. 3, 1979.

Richard Wall, "Widows and Unmarried Women as Taxpayer in England before 1800", *The History of the Family*, Vol. 14, No. 4, 2007.

Richard Wall, "Bequests to Widows and Their Property in Early Modern England", *The History of the Family*, Vol. 15, No. 3, 2010.

Susan C. Watkins, "Spinsters", *Journal of Family History*, Vol. 9, No. 4, 1984.

Susan Wright, "Holding up Half the Sky: Women and Their Occupations in Eighteenth-Century Ludlow", *Midland History*, Vol. 14, No. 1, 1989.

S. M. Wyntjes, "Survivors and Status: Widowhood and Family in the Early Modern Netherlands", *Journal of Family History*, Vol. 7, No. 4, 1982.

Sarah Richard, "The Role of Women in Electoral Politics of Yorkshire During the Eighteen-Thirties", *Northern History*, Vol. 32, No. 1, 1996.

SophieCarter, "This Female Proteus: Representing Prostitution and Masquerade in Eighteenth Century English Popular Print Culture", *Oxford Art Journal*, Vol. 22, No. 1, 1999.

Walter J. King, "Punishment for Bastardy in Early Seventeenth – Century England", *Albion: A Quarterly Journal Concerned with British Studies*, Vol. 10, No. 2, 1978.

Wallace Shugg, "Prostitution in Shakespeare's London", *Shakespeare Studies*, Vol. 10, 1977.

Zsuzsa Berend, "The Best or None! Spinsterhood in Nineteenth – Centruy New England", *Journal of Social History*, Vol. 33, No. 4, 2000.

后　　记

在整理和出版此书时，正值学校工作最为繁忙的一学期，也是女儿幼小衔接的关键阶段。所幸在这段时期得到了父母和丈夫最大的支持和帮助。母亲承担了几乎所有的家务劳动，而丈夫则在这段时期接手了大部分的育儿工作，使我能够有充分的时间和精力来完成此书。对于家人的数十年如一日的付出，我既感动又愧疚。母亲七十高龄仍毫无怨言地照顾一家人的生活起居；父亲在我遇到困难和挫折时，总是给予宽慰和鼓励；丈夫更是我强有力的后盾，他总是鼓励我去做自己喜欢做的事情；女儿则给我带来了无穷的快乐和动力。

此书是在博士论文的基础之上整理完善而成，在此我由衷地感谢我的恩师——四川大学的王挺之教授，徐波教授和刘耀春教授。三位恩师对我的博士论文悉心指导。从论文选题到文献收集，从框架搭建到语句润色，无不凝结着三位恩师的心血。恩师们不仅在学术上为我指引道路，而且也在生活和工作上助益颇多。直到现在，恩师们仍然给予我个人成长以高度的关注，继续为我的学术研究和工作生活提出宝贵的意见和建议。也要感谢四川大学的王磊副教授、邓丽副教授为我查阅资料提供的诸多便利与支持。

感谢绵阳师范学院的恩师和领导廖胜教授、邹洪伟教授、高梧教授和罗建军副教授。自2006年进入绵阳师范学院工作，四位领导对于我的深造和工作给予了很多的帮助和鼓励。感谢我的同事马泽民副教授为我查阅和复印诸多的资料；感谢彭绍辉老师不厌其烦地为我调整课程安排；感谢世界史教研室的岳红雨副教授、严润成副教授、刘华英副教授为我提供的帮助和支持；感谢我院的龚胜泉教授、罗华文教授张天明教授、赵正强副教授、徐明波副教授、王晓南副教授、赵海红副教授、覃育斌副教授、吴文志老师、张启容老师和贺方润老师在生活上的指点和帮助。

还要特别感谢武汉大学的陈勇教授、河南大学的杨松涛副教授。陈勇教授是我博士论文的答辩主席。当时大病初愈的陈教授大到论据的使用，小到标点符号都提出了宝贵意见，并且不辞辛劳远赴成都主持我的论文答辩。陈教授严谨的治学态度及对学生的关爱令我深深折服。杨松涛副教授与我因犯罪史研究而相识。此后的十多年里，松涛兄在学术上和生活上给予了多方面的帮助和提点，在此对松涛兄深表谢意。

考察历史上单身妇女的生活面貌并不容易。虽然我已经尽力将此书写得接近自己的理想标准，但难免存在各种纰漏和不足。在此，恳请各位专家批评、指正。

曾亚英
2019 年 12 月 3 日